대한민국 No.1 AI 능력시험

AICE
JUNIOR
―― 이론편 ――

최정원·박지훈·서성원·김형기·권현기·오채은 지음
KT NexR Data Science팀 감수

일러두기

외래어는 외래어 표기법을 따랐으며, 한글로 표기하는 것을 원칙으로 하였으나, 영어로 된 용어를 써서 설명해야 하는 경우 알파벳으로 표기했다. 문맥에 따라 AIDU ez에 표기된 용어를 살려서 사용했다.

ⓒ 주식회사 케이티, 2024

저작권법에 의해 보호를 받는 저작물이므로 무단 전재와 무단 복제를 금지하며,
이 책 내용의 전부 또는 일부를 이용하려면 반드시 저작권자와 (주)웅진씽크빅의 서면 동의를 받아야 합니다.

대한민국 No.1 AI 능력시험

AICE
JUNIOR
— 이론편 —

최정원·박지훈·서성원·김형기·권현기·오채은 지음
KT NexR Data Science팀 감수

kt × 웅진윙스

들어가는 말

옛날 애기 좀 하겠습니다. 1990년대 초반 중고등학교 시절 이야기입니다. 학교에 방과후 컴퓨터 교실이 생겼다고 해서 가봤습니다. 선생님이 칠판에 써주신 글을 키보드로 치니까 화면에 똑같은 글자가 나타나는 것이 너무나 신기했던 기억이 생생합니다. (당시 컴퓨터는 윈도우가 없어 다루기가 매우 어려웠습니다.)

그때 컴퓨터의 매력에 빠진 친구들 중 누군가는 나중에 플랫폼 기업을 만들고, 게임 회사를 세우고, 디지털 세상을 키웠습니다. 또 누군가는 개발자로 성장해서 세상에 없던 서비스를 창조했습니다. 당시에 컴퓨터에 전혀 흥미가 없던 친구들조차 이제는 직장에서 모든 업무를 컴퓨터로 하고, 모든 일상을 스마트폰으로 처리합니다. 이렇듯 기술은 빠르게 발전하고 우리의 삶에 엄청난 변화를 줍니다.

AICE와 함께 여러분이 배우게 될 인공지능도 마찬가지입니다. 불과 몇 년 전만 해도 인공지능은 낯선 기술이었습니다. 하지만 이제는 모두가 중요하다고 생각하고, 머지않아 우리 일상에 없어서는 안 될 기술이 될 것입니다. 컴퓨터가 그러했던 것처럼 말이죠. 그렇기 때문에 배워야 합니다.

학교에서 여러분이 배우는 대부분의 과목은 이론적으로나 사회적으로 정립이 된 지식입니다. 수학시간에 배우는 정리들은 사실임이 입증된 질서입니다. 국어시간에 배우는 문법은 오랜 기간 사람들이 쓰면서 합의된 체계입니다.

하지만 인공지능은 조금 다릅니다. 인공지능은 새로운 기술이고 하루하루 계속 발전하고 있기 때문입니다. 바둑 인공지능 알파고가 세상을 놀라게 한 지 몇 년 안 돼 무엇이든 척척 대답해주는 챗GPT가 등장했습니다. 지금은 우리에게 새롭고 신기한 기능이 얼마 후에는 익숙하고 당연한 것이 될 수 있습니다. 여러분이 지금 배우는 지식이 몇 년 뒤에는 전혀 다르게 바뀔 수 있습니다.

이렇게 빠르게 발전하는 인공지능 기술을 효과적으로 공부하려면 어떻게 해야 할까요? 이럴 때일수록 기본이 가장 중요합니다. 인공지능의 기본 이론과 원리에 대한 이해를 탄탄하게 갖추는 것이 지름길입니다. 왜냐하면 기술이 어떻게 발전하더라도 그 근간을 이루는 이론적·기술적 원리는 변하지 않기 때문입니다.

《AICE JUNIOR 이론편》은 여러분이 인공지능을 배우는 데 있어 가장 기초가 되는 이론을 담고 있습니다. 이론보다는 직접 인공지능을 다뤄보는 실습이 더 재미있을 수 있습니다. 하지만 이론을 단단히 다져두면 실습이 훨씬 더 재미있을 겁니다. 막연히 실습을 따라하는 것보다는 인공지능의 원리를 이해하고서 인공지능을 직접 만들어보면 보이지 않던 것들이 보이고 이해되지 않던 것들이 이해되는 경험을 하게 될 거라 믿습니다. AICE가 여러분이 인공지능과 보다 가까워지는 계기가 되기를 바랍니다.

2024년 1월
Team AICE

이 책을 내며

이 수험서를 펼친 학생 여러분, 반갑습니다. 이 책은 초등학생 → 중고등학생 → 대학생 → 성인으로 이어지는 단계별 AICE 자격 중에서 중고등학생 대상 인공지능 자격증 취득을 위한 대한민국 첫 수험서입니다. AICE 자격증은 주요 대학의 졸업 요건이나 기업의 직원 교육에 채택되고 있어 그 명성과 중요성은 더 이상 말할 필요도 없습니다.

이 책은 인공지능, 머신러닝, 딥러닝의 이론과 실습을 세심하게 설명하며, 수험에 필요한 출제 유형을 익힐 수 있게 구성되어 있습니다. 하지만 이 책의 목표는 단순히 '합격' 그 이상으로, 실제 인공지능에 대해 깊이 이해하고, 사회의 복잡한 문제를 해결하는 경험을 제공하고 있습니다.

중고등학교 교사의 현장 교육 경험을 토대로 집필된 이 책을 통해 여러분은 인공지능에 대한 탄탄한 기초를 다지게 될 것입니다. 그뿐만 아니라 어떤 새로운 문제에 직면하더라도 인공지능을 이용하여 쉽게 문제를 해결하는 능력을 길러줄 것입니다.

여러분의 흥미로운 인공지능 여정을 위한 첫 걸음, 함께 시작해봅시다!

— 상인천중학교 최정원 교사

안녕하세요, 미래의 주인공이 될 여러분.

AI는 과학, 기술, 수학, 예술, 언어, 철학까지 아우르며, 우리의 창의력과 사고력을 발휘하도록 돕는, 변화하는 세상의 중심 기술입니다. AICE 자격시험을 준비하는 동안 AI는 단지 자격증을 취득하는 도구가 아닌, 세상을 이해하고 새로운 가능성을 만들어내는 능력을 키울 수 있게 도와주는 기술임을 체험하게 될 것입니다.

AI는 누구에게나 공평한 기회를 제공합니다. 여러분의 나이, 배경, 지식에 상관없이 노력, 열정, 호기심만 있다면 AI는 중요한 문제의 해답을 찾아내는 데 도움을 주는 훌륭한 친구가 될 것입니다.

이 책을 통해 AI를 공부하고 활용하는 것은 새로운 지식을 얻는 것 이상의 의미가 있습니다. 여러분은 세상의 흐름과 혁신의 중심인 AI 기술을 습득하고, 현대사회의 당면 과제를 이해하고 해결할 수 있는 능력을 갖추기 위한 기초를 닦게 될 것입니다. 이 책과 함께 미래의 변화를 이끌 AI 세계로의 여정을 같이 떠나봅시다.

— 대전과학고등학교 박지훈 교사

'인공지능'이라는 단어를 들었을 때 무엇이 떠오르나요? 챗 GPT 같은 인공지능 서비스를 떠올리는 사람도 있을 것이고 막연한 기대감과 동시에 불확실성 같은 감정을 먼저 느끼는 사람도 있을 겁니다. 그 이유는 인공지능에 대해 정확하게 이해하지 못했기 때문입니다. '지피지기 백전불태'라는 속담처럼 적을 알고 나를 알면 이길 수 있습니다. 인공지능은 알아야 할 기술이지 피해야 할 기술이 아닙니다. 이제 새로운 도전을 시작해볼 시간입니다.

수학을 배우면 논리적인 문제를 해결하는 능력을 키울 수 있고, 외국어를 배우면 소통의 문제를 해결할 수 있습니다. 새로운 지식을 배운다는 것은 나의 문제 해결 방법이 하나 더 늘어난다는 것을 의미합니다. 인공지능을 배우면 데이터를 이용한 예측 문제를 해결하는 역량을 키울 수 있습니다.

이 책은 KT AIDU ez 플랫폼을 이용하여 기초적인 이론을 익히고 다양한 실습을 할 수 있도록 구성되어 있습니다. 또한 KT의 AICE JUNIOR 자격증 취득에 도움을 줄 수 있는 수험서입니다. 인공지능과 자격증도 모두 내 것으로 만들어볼까요? 여러분과 함께 인공지능의 세계에서 새로운 시각을 넓혀가는 탐험을 시작하겠습니다.

― 마포고등학교 서성원 교사

컴퓨팅 사고력이 필요한 시대를 넘어,
인공지능과 함께해야 하는 필연적인 시기의 주인공인 여러분.
첫 시작이 어렵고 막막하다면 이 책을 펼쳐보세요.
이 책은 중고등학생들이 머신러닝과 딥러닝을 사례와 실습을 통해 쉽게 이해하고, 나아가 인공지능 자격증 취득까지 준비할 수 있도록 돕는 수험서입니다. 인공지능의 모든 것을 책 한 권에 담을 수는 없지만, 적어도 인공지능을 이제 공부하기 시작한 학생들이 꼭 알아야 할 내용을 담았습니다.
첫 걸음을 두려워하지 마세요.
인공지능 시대의 주인공이 될 여러분을 위해 이 책이 작지만 큰 밑거름이 되길 소망합니다.

― 인하대학교 사범대학 부속중학교 김형기 교사

AICE JUNIOR란?

1. AICE 개요

AICE(AI Certificate for Everyone)는 인공지능 활용능력을 검증하는 대한민국 No.1 AI 능력시험입니다. KT가 개발하고 한국경제신문이 함께 주관하는 AICE는 AI 역량 기준을 제시하고, 인공지능 기술을 제대로 다룰 수 있는지를 검증합니다.

2. AICE 종류

초등학생부터 성인까지, 비전공자부터 전문 개발자까지 생애주기별로 요구되는 AI 역량에 따라 5개의 레벨로 구성되어 있습니다.

AICE JUNIOR 자격증 예시

3. AICE JUNIOR 특징

1) 기업 실무 과정을 응용한 AI 교육에 특화된 이론 및 사례 실습 구성(No 코딩 방식)
2) 현직 정보교사들이 정규 교과에서 활용할 수 있는 수준과 내용으로 강의
3) AI 전문가들의 검증을 거친 국내 최초 AI 활용능력시험

4. AICE JUNIOR 시험 안내

1) 주요 내용

AICE JUNIOR는 AI 개념, 용어, 프로세스 등 AI 문해력을 이해하고 활용하는 역량을 평가합니다. 생활 속 AI 적용 사례와 데이터를 가지고, 코딩이 아닌 AIDU ez를 활용하여 데이터 분석과 AI 모델을 구현합니다.

2) 문항 수와 출제 범위

총 13문항으로 구성되어 있으며, 아래 출제 범위에 따라 데이터 분석과 AI 관련 용어를 이해한 후 실습을 통해 풀이합니다.

출제 범위	내용
AI 모델링 프로세스 이해	AI 모델링 전체 프로세스 및 용어 이해
탐색적 데이터 분석 및 전처리(가공)	기초정보 분석, 시각화를 통한 데이터 이해, 데이터 전처리(가공)
AI 모델링	딥러닝
AI 모델 성능평가	모델 성능평가 이해, 해석

3) 접수 및 응시 방법

AICE 홈페이지(https://aice.study)에서 온라인으로 시험 접수 및 응시가 진행됩니다. 시험에 대한 자세한 사항은 공지사항을 참고하세요.

4) 응시 시간 및 응시료

시험은 총 60분 동안 진행되며, 시험 시작 30분 전부터 온라인 감독을 위한 사전 환경 세팅이 진행됩니다. 응시료는 50,000원입니다.

5) 합격 기준

시험 응시 약 2주 후 결과를 확인할 수 있습니다. 80점 이상(100점 만점 기준)이면 AICE JUNIOR 자격증이 발급됩니다.

AIDU ez 소개 및 기능

1. AIDU ez 란?

AIDU ez(에이 아이 두 이지)는 AICE를 위한 AI 실습 플랫폼으로, AIDU는 'AI do, I do + Education'의 합성어입니다. 교육, 실습 그리고 시험까지 AICE의 모든 서비스는 AIDU ez를 통해 제공됩니다.

▶ **Jupyter lab** (AICE Associate·Professional에 활용)
실제 개발 환경과 동일한 환경에서 파이썬 코딩 기반으로 실습할 수 있는 AI 개발 Tool.

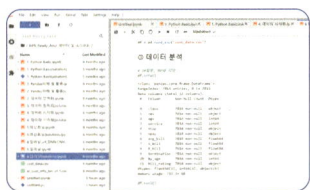 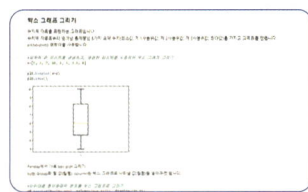 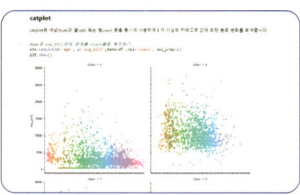

▶ **AIDU ez** (AICE Junior·Basic에 활용)
코딩 없이 마우스 클릭만으로 데이터 분석부터 AI 모델링까지 가능한 Auto M/L 기반 AI 개발 Tool.

 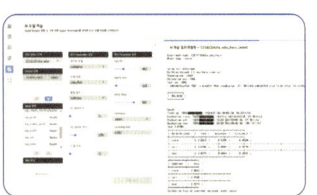 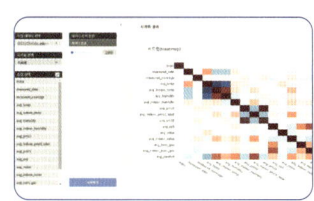

2. AIDU ez 설치 및 실행하기

AIDU ez는 크롬(chorme) 브라우저에 최적화되어 있으므로 크롬 사용을 권장합니다. 크롬이 설치되어 있지 않은 경우 먼저 크롬을 다운로드한 후 설치합니다.

☞ https://www.google.com/intl/ko/chrome

1) AICE 홈페이지 접속

AICE 홈페이지(https://aice.study) 내에서 회원가입을 한 후 로그인해야 AIDU ez에 접속이 가능합니다.

2) AICE 실습 → 나의 프로젝트 접속

AIDU 기능은 로그인 후 'AICE 실습 → 나의 프로젝트'에서 실행 가능합니다. 직접 프로젝트를 생성할 수도 있고, AICE가 제공하는 프로젝트에 참여할 수도 있습니다.

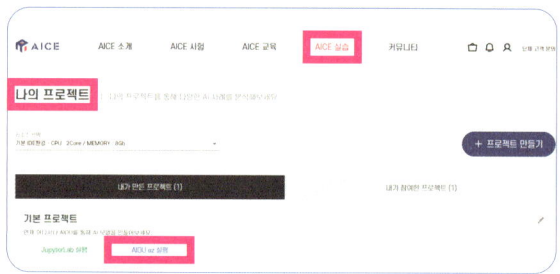

3) AICE ez 실행

하단에 있는 'AIDU ez 실행' 버튼을 누르면, 팝업으로 IDE(통합개발환경)이 열립니다. 창이 뜨지 않는 경우 URL 창에서 해당 사이트가 팝업 차단이 되어 있는지 확인합니다.

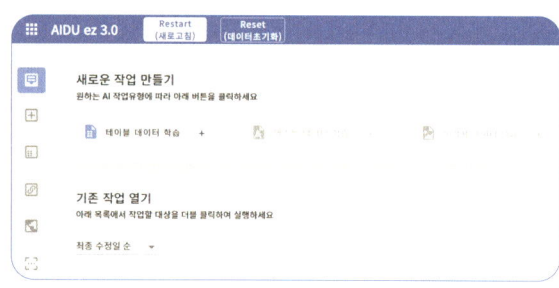

3. AIDU ez 살펴보기

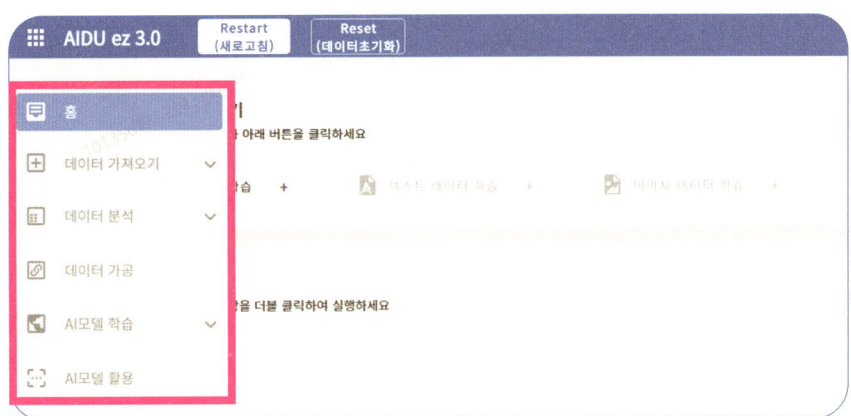

메뉴명	기능
① 홈	새로운 작업을 만들기 위해 원하는 AI 작업 유형을 선택합니다.
② 데이터 가져오기	AI 학습에 사용할 데이터를 AIDU ez 작업 공간으로 가져옵니다.
③ 데이터 분석	데이터에 대한 기본적인 통계 정보를 확인합니다.
④ 데이터 가공	성능이 좋은 AI 모델을 만들기 위해 데이터 가공을 수행합니다.
⑤ AI 모델 학습	학습한 모델로 시뮬레이션 해봅니다.
⑥ AI 모델 활용	학습한 모델을 활용합니다.

1) 홈 → 테이블 데이터 학습

새로운 작업을 만들기 위해 '테이블 데이터 학습'을 선택합니다.

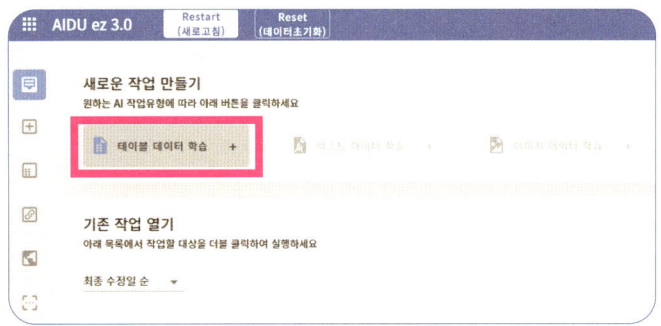

2) 데이터 가져오기 → AIDU에서 가져오기 / PC에서 가져오기

데이터를 프로젝트에 미리 업로드한 후, AIDU ez에서 데이터를 가져올 수 있습니다. PC에서 데이터를 직접 가져오는 것도 가능합니다. 이 책의 실습에 필요한 데이터 파일*(.csv)은 AICE 홈페이지에서 다운로드할 수 있습니다.

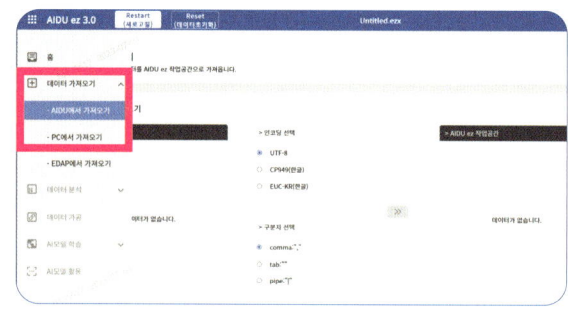

※ 실습 데이터는 KT의 자산이므로 일부 또는 복사, 복제, 판매, 재판매 공개, 공유 등을 할 수 없습니다. 이를 위반할 경우 지식재산권 침해에 대한 책임을 부담할 수 있습니다.

3) 데이터 분석 → 기초정보 분석 / 시각화 분석 / 비지도학습 분석 / 데이터 샘플 보기

데이터의 특성이나 패턴을 확인하기 위한 과정입니다. AIDU ez의 데이터 분석 기능을 통해 데이터의 현상을 다양한 방식으로 파악할 수 있습니다.

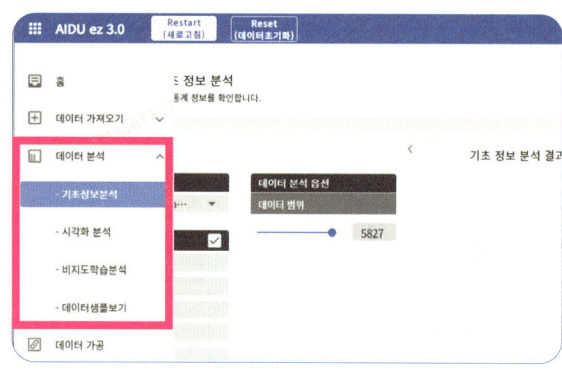

4) 데이터 가공

데이터 가공은 AI 모델 학습을 위해 데이터를 구조화하고 품질을 높이는 과정입니다. 데이터 가공은 데이터의 형태(Type)에 따라 가공 방법을 다르게 적용해야 합니다.

대표적으로 데이터 정제 기법(결측값 처리, 이상치 처

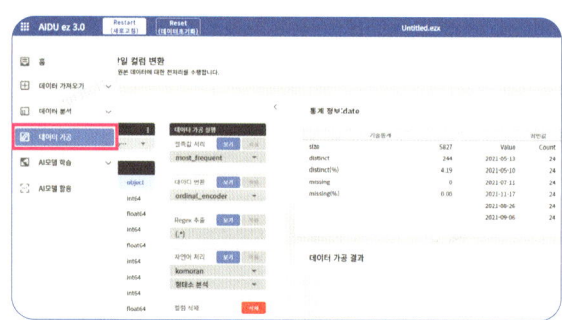

리) 기법과 데이터 변환 기법(인코딩, 스케일링)이 활용됩니다.

5) AI 모델 학습 → 머신러닝 학습 / 딥러닝 학습

AI 모델을 만든다는 것은 데이터에 적합한 알고리즘을 선택하여 AI 모델링을 해나가는 과정을 포함합니다. AIDU ez는 각각의 데이터에 따라 자동으로 알고리즘과 AI 모델링 과정이 세팅되도록 하여, 사용자가 편리하고 쉽게 AI 모델 성능을 구현할 수 있도록 지원합니다.

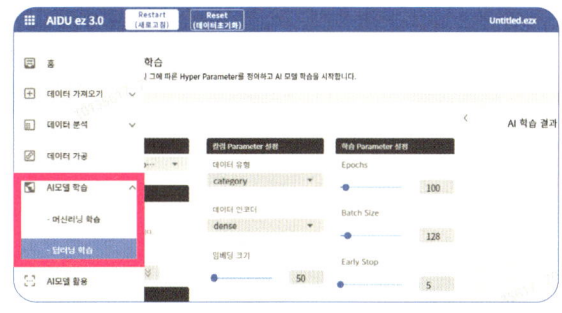

6) AI 모델 활용

우리가 만든 모델을 활용하여 변수 영향도를 확인하고 시뮬레이션을 통해 예측 결과를 확인할 수 있습니다.

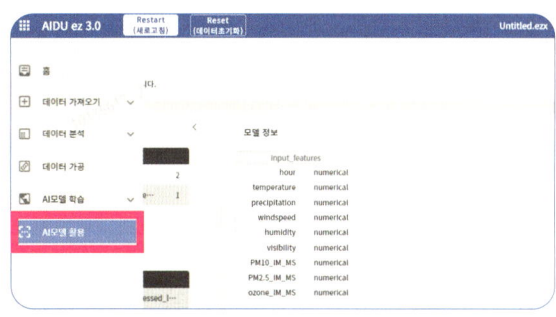

차례

들어가는 말 · 4
이 책을 내며 · 6
AICE JUNIOR란? · 8
AIDU ez 소개 및 기능 · 11
INTRO 이 책의 활용 및 구성 · 18

CHAPTER 01 인공지능 알아보기 – 인공지능은 무엇일까
1. 인공지능 개념과 특성 · 26
2. 인공지능과 학습 · 34
3. 머신러닝으로 해결 가능한 문제 · 54

CHAPTER 02 인공지능 문제 해결 과정의 이해 – 날씨에 따른 놀이공원 입장객 수 예측하기
1. 문제 정의 · 61
2. 데이터 수집 · 64
3. 데이터 분석 및 가공 · 72
4. AI 모델 학습 · 85
5. AI 모델 활용 · 87

CHAPTER 03 딥러닝의 원리 – 딥러닝은 어떤 원리와 방법으로 학습할까
1. 딥러닝의 개요 · 92
2. 딥러닝 모델의 이해 · 96
3. 딥러닝은 어떻게 학습할까 · 107
4. 활성함수 · 117

CHAPTER 04 딥러닝의 실습 - AIDU ez에서 딥러닝의 학습은 어떻게 진행될까
1. 문제 정의 · 128
2. 데이터 수집 · 130
3. 데이터 분석 및 가공 · 136
4. AI 모델 학습 - 딥러닝(분류) · 149
5. AI 모델 학습 - 딥러닝(회귀) · 155
6. AI 모델 활용 · 159

CHAPTER 05 체질량지수 예측하기 - 회귀 모델을 이용한 머신러닝
1. 문제 정의 · 166
2. 데이터 수집 · 171
3. 데이터 분석 및 가공 · 178
4. AI 모델 학습 · 192
5. AI 모델 활용 · 204

CHAPTER 06 동물 데이터 분석 및 동물 분류하기 - 분류 모델을 이용한 머신러닝
1. 문제 정의 · 210
2. 데이터 수집 · 216
3. 데이터 분석 및 가공 · 221
4. AI 모델 학습 · 236
5. AI 모델 활용 · 245

모범 답안 · 249
AICE JUNIOR 샘플 문항 및 풀이 · 259
한눈에 살펴보는 AI 용어 · 267

INTRO
이 책의 활용 및 구성

| 학습 내용 |

이해하기

실습하기

책 목차	온라인 콘텐츠 목차
CHAPTER 01 인공지능 알아보기	1. 인공지능 알아보기(1)
CHAPTER 02 인공지능 문제 해결 과정의 이해	2. 인공지능 알아보기(2)
CHAPTER 03 딥러닝의 원리	3. 딥러닝의 원리 및 실습(1)
CHAPTER 04 딥러닝의 실습	4. 딥러닝의 원리 및 실습(2)
CHAPTER 05 체질량지수 예측하기	5~6. 정확한 체질량지수 예측하기(1),(2)
CHAPTER 06 동물 데이터 분석 및 동물 분류하기	7~8. 동물 데이터 분석 및 동물 분류하기 (1),(2)

※ 온라인 콘텐츠는 https://aice.study → AICE 교육 메뉴에서 학습하실 수 있습니다.

| 이 책의 구성 및 활용법 |

- AI 모델을 생성하여 문제를 해결하는 실습 과정을 한 단계씩 차근차근 거치도록 안내되어 있습니다. 실제 문제를 해결하는 방법을 익히고 활용할 수 있습니다.

- 다양한 퀴즈를 통해 인공지능 문제 해결 과정을 깊이 있게 익힐 수 있도록 합니다. 온라인 콘텐츠와 연계하여 풀이 강의도 들을 수 있습니다.

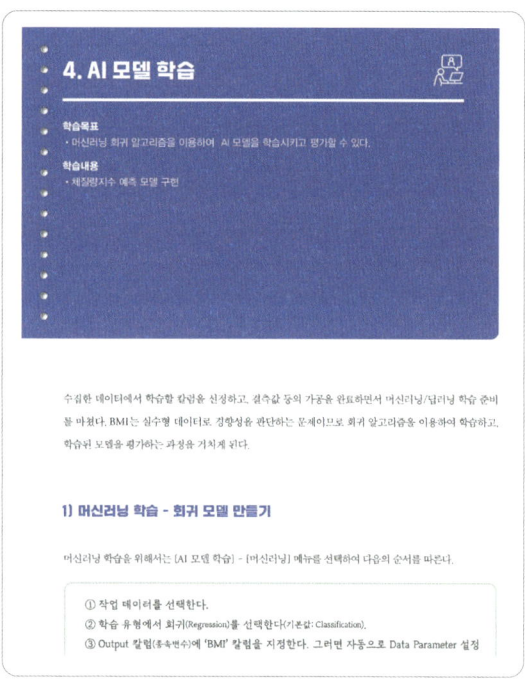

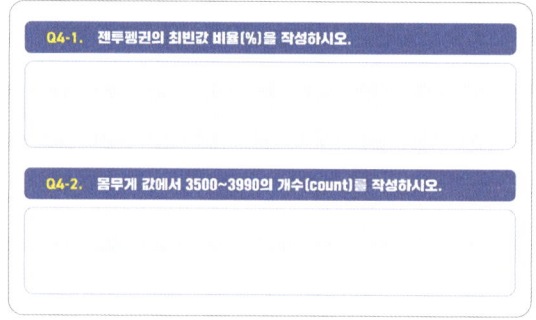

- '더 알아보기'를 통해 AI 문제 해결 과정과 연계된 이론을 학습할 수 있습니다.

- '모범 답안'에는 퀴즈에 대한 정답과 친절한 해설이 포함되어 있어 자기주도적으로 실력을 다질 수 있습니다.

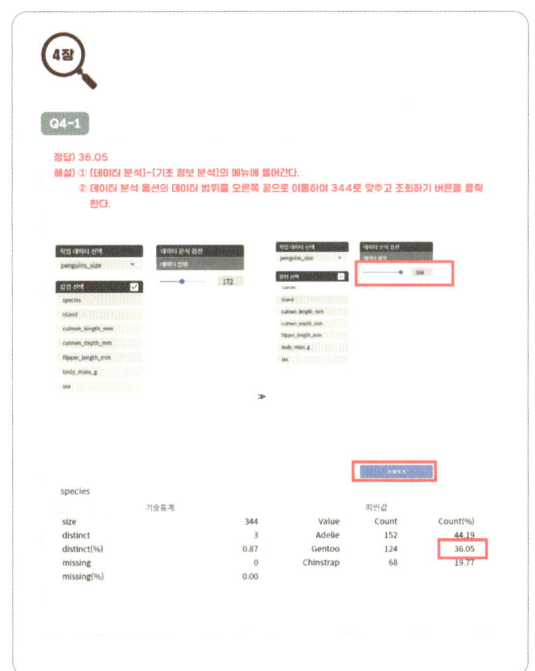

INTRO 이 책의 활용 및 구성 21

CHAPTER 01

인공지능 알아보기

인공지능은 무엇일까

1. 인공지능 개념과 특성
2. 인공지능과 학습
3. 머신러닝으로 해결 가능한 문제

1장
한눈에 살펴보기

1. 인공지능 개념과 특성

생활 속에서 인공지능을 활용하는 다양한 사례를 바탕으로 인공지능이 무엇이고 어떤 특성을 가지고 있는지 파악한다.

2. 인공지능과 학습

인공지능의 학습에서 데이터의 역할과 학습의 중요성을 파악한다.

3. 머신러닝으로 해결 가능한 문제

머신러닝으로 해결 가능한 문제의 특징과 유형, 사례를 파악한다.

■ 학습 내용

- 인공지능 개념
- 인공지능 특성
- 데이터의 개념과 역할
- 데이터 유형
- 데이터 종류
- 인공지능의 학습
- 인공지능의 종류
- 머신러닝과 딥러닝
- 지도학습과 비지도학습
- 회귀, 분류, 군집화

■ 학습 목표

- 실생활 속에서 인공지능을 활용하는 사례를 토대로 인공지능의 개념과 특성을 설명할 수 있다.
- 인공지능 학습에서 데이터의 중요성, 유형, 종류 등을 이해하고, 인공지능에서 학습의 의미와 중요성을 설명할 수 있다.
- 인공지능이 규칙 기반 인공지능과 학습 기반 인공지능으로 구분되는 것을 이해하고 딥러닝과 머신러닝의 차이를 설명할 수 있다.
- 인공지능의 학습 방법으로서 지도학습과 비지도학습의 특징과 차이를 예시를 바탕으로 설명할 수 있다.
- 인공지능으로 해결 가능한 분류, 회귀 문제의 특징과 차이를 설명할 수 있다.

1. 인공지능 개념과 특성

학습목표
- 실생활 속에서 인공지능을 활용하는 사례를 토대로 인공지능의 개념과 특성을 설명할 수 있다.

학습내용
- 인공지능 개념
- 인공지능 특성

우리가 실생활에서 사용하는 전자제품에 탑재된 인공지능이 활용되는 사례를 바탕으로 인공지능이 무엇이며, 어떤 특성을 가지고 있는지 알아본다.

1) 실생활 속 인공지능 찾아보기

인공지능은 우리 일상생활에서 다양한 방식으로 적용되고 있다. 주변에서 볼 수 있는 인공지능 탑재 제품에 대해 살펴보자.

(1) 인공지능 스피커

다음 사진은 호텔에서 사용되고 있는 음성 인식 인공지능 스피커이다. QR코드를 스마트폰 카메라로 스캔하여 영상을 살펴보자.

영상 속 인공지능 스피커는 아침에 일어나 인사를 하면 커튼을 열어주고, 수영장을 사용할 수 있는지 물어보면 사용 가능한 시간대를 알려준다. 와이파이 비밀번호를 물어보면 답해주고, 피트니스 센터의 위치를 물어보면 몇 층에 있는지 안내한다. 욕실 타월이 필요하다고 하면 호텔 직원에게 이를 알려 타월을 가져다 주도록 돕는다. 분위기 있는 음악을 요청하면 음악을 검색하여 들려주고, 음성 안내에 따라 욕실 불을 켜기도 하고, 체크아웃을 해주기도 한다.

호텔에서 사용되는 음성 인식 인공지능 스피커

인공지능 스피커는 가정에서도 활약하고 있다. 네트워크로 연결된 여러 제품을 제어하여 아침이 되면 사람의 음성 명령에 따라 블라인드를 걷고, 청소하라는 말을 이해하여 로봇청소기를 가동하고, 환풍기를 켜기도 한다. 음성에 따라 온라인 마트에서 장을 보고, 아파트의 엘리베이터를 호출하거나 자동차의 시동을 걸고 차량이 주차된 위치를 안내한다.

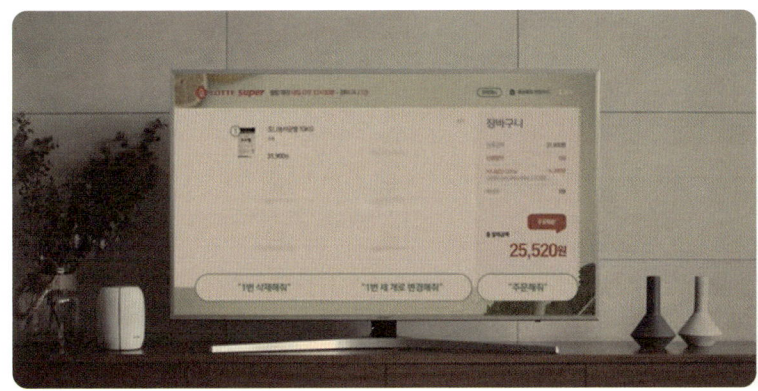

가정에서 사용되는 인공지능 스피커

(2) 인공지능 로봇

호텔에서 사용하는 인공지능 로봇은 평소에는 충전을 하며 대기하고 있다가 고객이 요청한 물품을 직원이 담아주면, 스스로 엘리베이터에 탑승하고 여러 장애물을 피해 이동한다. 복도를 따라 이동한 후, 방 번호를 인식하여 투숙객에게 물건이 도착했음을 알리고 물품을 전달한다.

호텔에서 사용되는 인공지능 로봇

(3) 인공지능 추천 시스템

인공지능 추천 시스템은 사용자의 과거 행동, 선호, 관심사 등을 분석하여 개인 맞춤형 추천을 제시한다. 예를 들어, 온라인 쇼핑몰에서는 사용자가 이전에 검색하거나 구매한 상품을 기반으로 비슷한 상품이나

영화나 드라마 같은 영상 추천 시스템   상품 추천 시스템

인공지능 추천 시스템

관심을 가질 가능성이 높은 상품을 제안하여 쇼핑 구매력을 향상시킨다. 넷플릭스(Netflix)나 스포티파이(Spotify)와 같은 온라인 스트리밍 서비스에서도 추천 시스템이 사용된다. 사용자가 이전에 시청하거나 들었던 콘텐츠와 유사한 콘텐츠를 추천하거나 유사한 선호도를 가진 다른 사용자들이 선호한 항목을 추천함으로써 새로운 콘텐츠를 시청하거나 감상할 수 있도록 한다.

(4) 자율주행 자동차

자율주행 기술은 운전자의 안전성을 높이고 교통체증을 줄이도록 돕는다. 인공지능은 자율주행 자동차의 핵심 기술로 운전에 관련된 다양한 데이터를 학습한 결과를 토대로 주변 환경을 인식하고 위험을 예측하여 필요한 조치를 취한다. 자율주행 자동차에 사용되는 센서는 차량 주변의 물체, 차선, 교통신호, 보행자 등을 탐지하고 정보를 수집하고 데이

출처: 〈Unite.Ai〉. https://t.ly/wkwAz

터를 학습하여 다가오는 도로 상황을 예측하고 다른 차량이나 보행자의 행동을 이해하도록 돕는다. 또한 복잡한 패턴과 상황을 이해하고 예측 주행을 점차 개선해 나간다. 이후 컴퓨터 비전 기술을 기반으로 하는 센서를 통해 수집한 이미지, 비디오 데이터를 바탕으로 다른 차량, 보행자, 도로 표지판, 신호 등을 인식하고 이해하여 제어 시스템을 관리하면서 차량의 속도, 방향, 브레이크 등을 제어한다.

2) 인공지능의 개념 이해하기

앞에서 살펴본 인공지능 스피커, 인공지능 로봇, 인공지능 추천 시스템, 자율주행 자동차 등을 토대로 인공지능이 무엇인지 살펴보면 다음과 같이 정의할 수 있다.

> 인공지능은 컴퓨터나 기계가 인간의 지능적 기능을 모방하여 문제를 해결하는 기술이나 연구 분야

인공지능은 컴퓨터를 다룬다는 점에서 컴퓨터 공학에 속한다. 그러나 데이터 분석 및 통계, 하드웨어 및 소프트웨어뿐 아니라 언어, 신경 과학, 더 나아가 철학과 심리학 등 다양한 학문을 포괄하고 있어 매우 광범위한 분야라 할 수 있다. 인공지능은 컴퓨터가 주어진 작업을 기존의 방식보다 더 다양하고 폭넓게 잘 해결할 수 있도록 돕고 있으며 우리 삶에 큰 영향을 미칠 수 있는

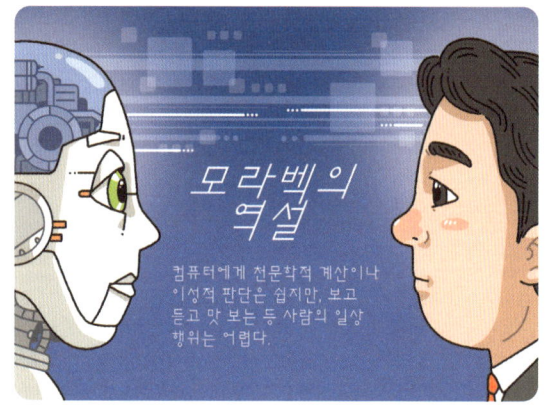

잠재력을 갖고 있다. 아직 완벽하게 사람처럼 생각하거나 행동하는 것은 아니지만 인공지능 기술은 계속 발전하고 있으며 향후 더 많은 분야에서 효과적으로 활용될 것으로 기대된다.

미국의 로봇 공학자인 한스 모라벡(Hans Moravec)은 사람에게 쉬운 일이 컴퓨터나 로봇에게는 어렵고, 반대로 사람에게 어려운 일이 컴퓨터나 로봇에게 쉽다는 '모라벡의 역설(Moravec's paradox)'을 주장했다. 체스는 복잡한 전략과 패턴을 이해하고 계획을 세울 수 있어야 이길 수 있는 게임이다. 그만한 지능을 필요로 하는 게임이기 때문에 인간보다는 인공지능이 잘 수행할 수 있는 일이라고 할 수 있다.

체스 인공지능 vs 체스 선수. 체스 인공지능은 체스 세계 챔피언과의 대결에서 승리했다.

사람은 꽃을 쉽게 쥘 수 있지만 인공지능은 꽃을 부러뜨리거나 떨어뜨리지 않고 잡는 운동 능력을 구현하기가 어렵다.

이에 비해 인공지능은 바느질을 하거나 사물의 강도를 고려하여 손으로 잡는 것과 같은 일을 어려워한다. 사물의 모양을 파악하고 어떻게 잡을지 판단해야 하고, 달걀처럼 약한 사물은 너무 세게 잡았다가 깨지지 않도록 힘을 조절해야 하며, 무거운 물건은 너무 가만히 잡았다가 떨어뜨리지 않도록 해야 하는데, 이는 인공지능에게는 복잡하고 어려운 일이다. 이 역설은 현재 인공지능 분야에서 여전히 중요한 주제이며 수많은 연구자가 이 주제에 관해 연구하고 있다.

학습을 기반으로 하는 인공지능은 점점 발전하고 있다. 아래 그림은 강아지와 블루베리 머핀의 이미지이다. 사람은 한 번에 강아지와 머핀을 구분할 수 있으나 인공지능은 2010년대에 들어서야 이를 구분하게 되었다. 그러나 최근에는 사람의 시각보다 더 정확하게 사물을 구분하는 수준으로 발전했다.

구별하기 어려운 치와와 강아지와 블루베리 머핀 사진

Q1-1. 다음에 해당하는 것은 무엇인가?

컴퓨터나 기계가 인간의 지능적 기능을 모방하여 사람처럼 학습하고 문제를 해결하는 성능을 부여하는 기술이나 연구 분야

3) 인공지능의 특성 이해하기

인공지능은 상황 인식 및 이해, 자율성, 학습, 최적화, 예측이라는 5가지 특성이 있다. 인공지능 드론을 통해 이 특성들을 하나씩 알아보자.

상황 인식 및 이해
자율주행 드론은 내장 센서와 카메라를 통해 주변 환경을 인식하고 이해한다. 예를 들어, 드론은 센서를 통해 장애물이나 건물, 나무 등을 인식한다.

자율성
드론은 사람의 직접적인 조종 없이도 스스로 비행경로를 계획하고, 장애물을 피하며, 목표 지점까지 도달한다.

학습
드론은 다양한 사물과 주행에 대한 데이터를 학습하여 새로운 환경에 적응하고, 이전의 오류를 개선한다.

최적화
드론은 여러 비행경로 중에서 효율적이고 안전한 경로를 선택한다. 이는 인공지능이 복잡한 상황에서 최적의 결정을 내릴 수 있는 최적화에 해당한다.

예측
드론은 환경을 분석하여 어떤 행동을 해야 할지 예측하기도 한다. 예를 들어, 드론은 주변 장애물을 파악하여 비행경로를 설정하고, 이에 따른 예상 도착 시간 등을 예측할 수 있다.

인공지능 드론 사례로 본 인공지능의 특성

이러한 특성을 바탕으로 건설현장에서 활용되는 인공지능 드론은 공사 현장의 토지를 측량하기도 하고 건설 상황 데이터를 기록하여 공사 진척 상황을 실시간으로 파악하기도 한다. 또한 현장 근로자와 실시간 통신함으로써 현장의 위험성을 알리고 안전환경 문제를 개선함으로써 사고를 예방하기도 한다.

건축 현장을 관리 및 감독하는 인공지능 드론

Q1-2. 다음은 인공지능의 어느 특성에 해당하는 내용인가?

로봇청소기는 센서와 카메라를 통해 집에서 기르는 반려동물이 집 안을 어지르고 있는 것을 인식하고 이해한다.

2. 인공지능과 학습

학습목표
- 인공지능 학습에서 데이터의 중요성, 유형, 종류를 이해하고, 인공지능에서 학습의 의미와 중요성을 설명할 수 있다.
- 인공지능이 규칙 기반 인공지능과 학습 기반 인공지능으로 구분되는 것을 이해하고 딥러닝과 머신러닝의 차이를 설명할 수 있다.
- 인공지능의 학습 방법으로서 지도학습과 비지도학습의 특징과 차이를 예시를 바탕으로 설명할 수 있다.

학습내용
- 데이터의 개념과 역할
- 데이터 유형 및 데이터 종류
- 인공지능의 학습 및 종류
- 머신러닝과 딥러닝
- 지도학습과 비지도학습

인공지능의 학습에서 데이터가 하는 역할을 파악하고 데이터의 중요성, 유형, 종류를 이해한다. 인공지능에서 학습이 무엇을 의미하는지, 얼마나 중요한지를 알아본다. 또한 규칙 기반 인공지능과 학습 기반 인공지능을 이해하고 학습 기반 인공지능에 해당하는 딥러닝과 머신러닝의 차이, 지도학습과 비지도학습의 차이를 파악한다.

1) 데이터의 역할

사람은 다양한 경험과 지식을 통해 배우고 점차 성장해 나간다. 그리고 이러한 경험과 지식은 새로운 상황에 대처하거나 문제를 해결할 때 필요한 정보의 기반이 된다. 예를 들어, 사람은 언어를 배우고 사용하는 과정에서 수많은 문장과 상황을 접하며 이를 기반으로 언어 사용 능력을 향상시킨다.

데이터는 인공지능에게 사람의 경험과 지식 같은 역할을 한다. 데이터는 인공지능이 학습하여 제 기능을 하고 점점 더 성능을 향상해 나가도록 만드는 재료이며 인공지능 학습의 핵심 요소이다. 인공지능은 대량의 데이터를 학습하고 분석하여 패턴을 인식 및 예측하며 의사결정을 한다. 데이터가 충분하고 다양하면 인공지능이 더 정확한 예측과 분석을 수행할 가능성이 높아진다. 데이터의 품질과 양은 인공지능의 성능을 결정하는 데 큰 영향을 미치므로 좋은 데이터를 확보하는 것이 매우 중요하다.

데이터는 석유의 원유에 비유할 수 있다. 석유가 다양한 제품을 만드는 데 사용되는 연료인 것처럼 데이터는 다양한 기능을 하는 AI 모델을 만드는 데 사용되는 연료이다. 석유가 없다면 석유를 연료로 사용하거나 원료로 쓰는 제품을 이용할 수 없다. 마찬가지로 데이터가 없다면 데이터로 학습하는 AI 모델을 만들 수 없다. 데이터는 AI 모델을 학습시키고 학습이 잘 되었는지 평가하는 데 사용되며 데이터가 많을수록 AI 모델이 더 정확하고 효과적으로 작동할 가능성이 높다. 데이터는 인공지능의 성능을 숙련시키는 재료라고 볼 수 있다.

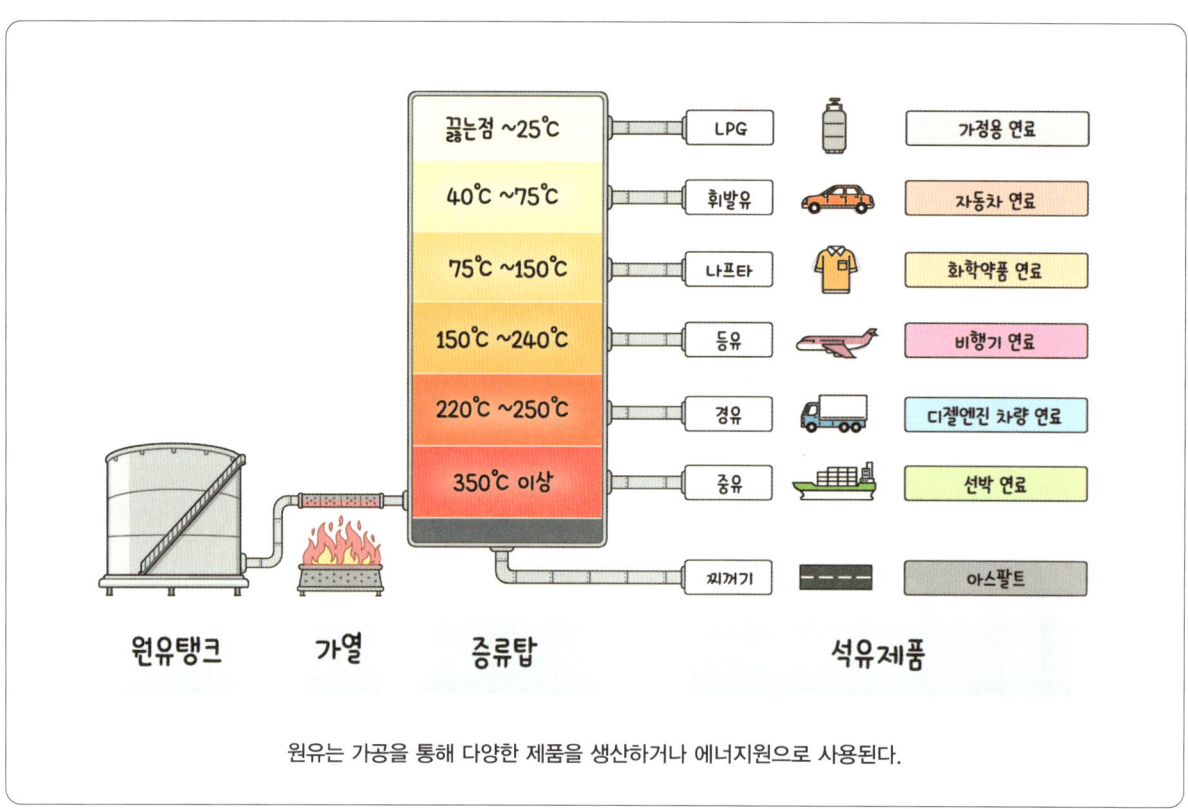

원유는 가공을 통해 다양한 제품을 생산하거나 에너지원으로 사용된다.

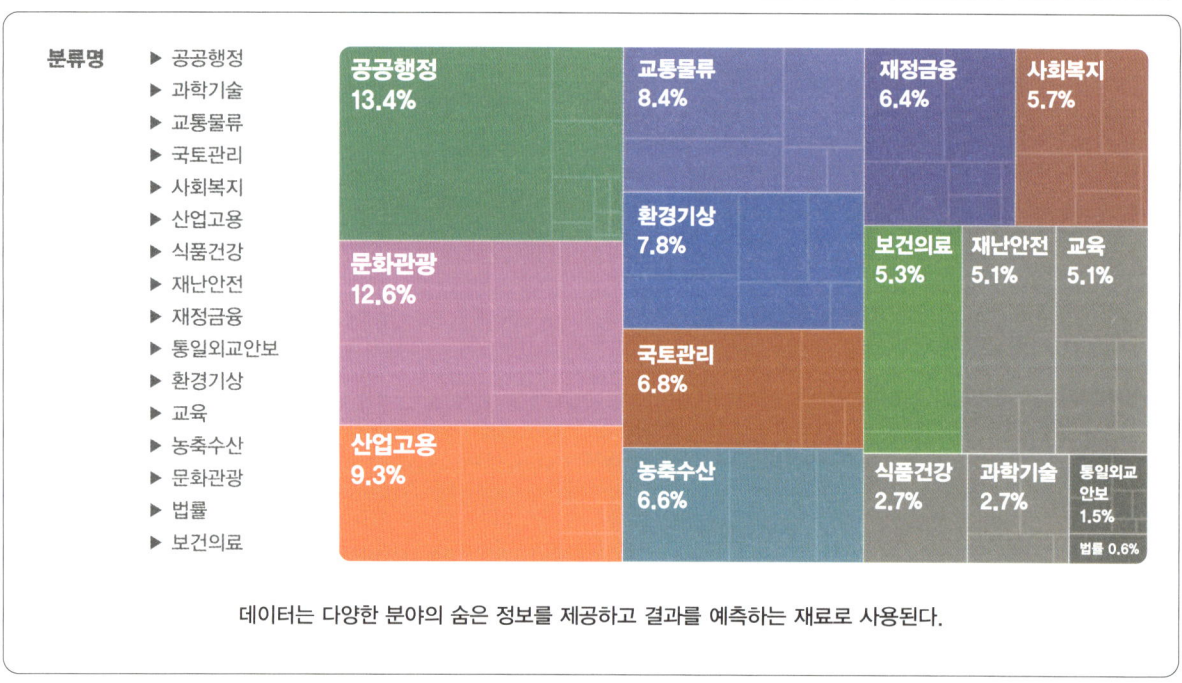

데이터는 다양한 분야의 숨은 정보를 제공하고 결과를 예측하는 재료로 사용된다.

원유만큼 다양한 용도로 활용되는 데이터 예시

인공지능에서 지능적인 역할의 핵심이 되는 부분을 인공지능 모델이라고 한다. 인공지능 모델은 데이터에서 패턴을 학습하고 이를 바탕으로 예측 또는 결정하는 프로그램이다. 인공지능 모델은 사람의 뇌에 비유되기도 하는데, 지능적인 역할을 담당한다는 점이 공통적인 특징이기 때문이다.

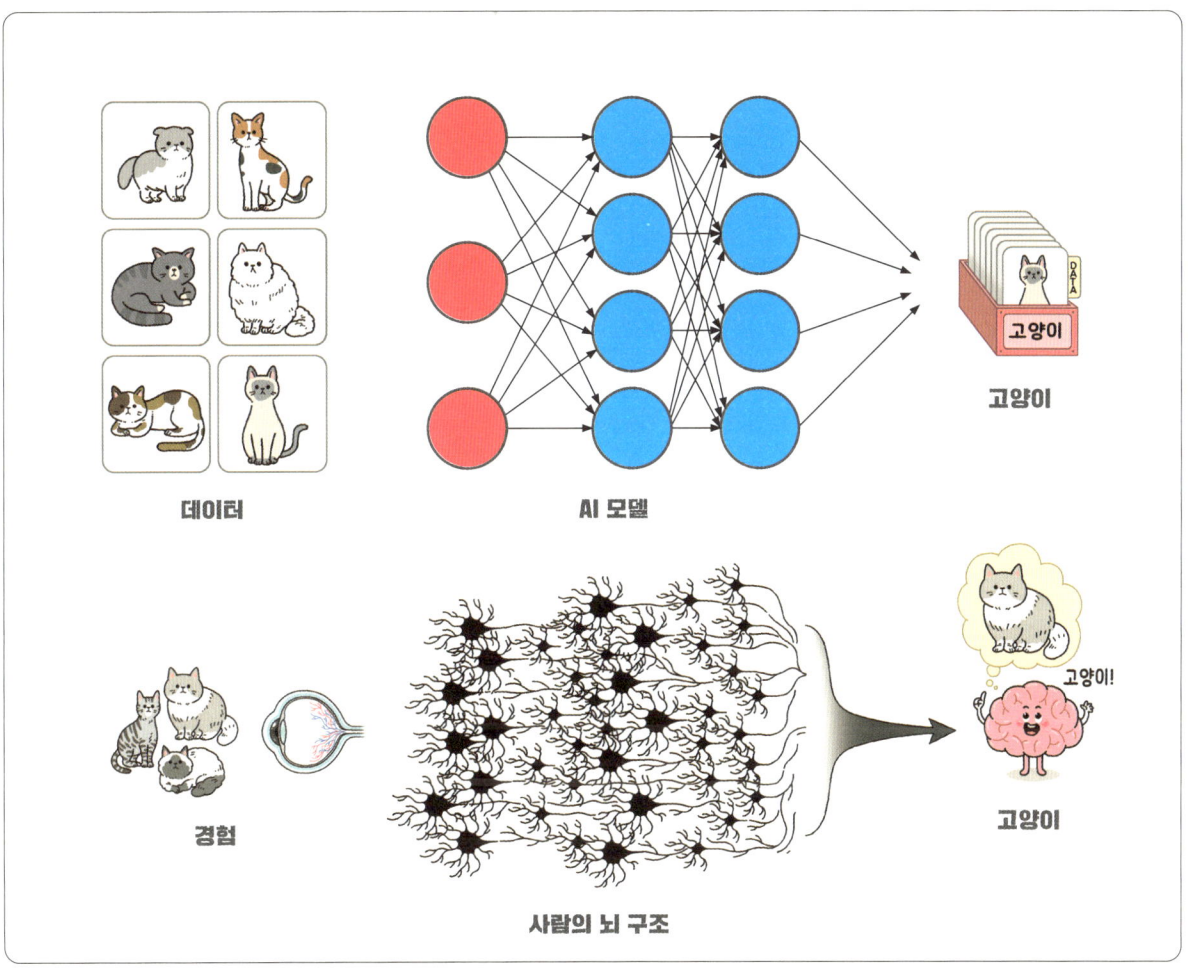

사람과 인공지능의 학습 비교

Q1-3. 다음 내용이 맞으면 O, 틀리면 X 표시하시오.

① 데이터는 사람의 경험이나 지식에 비유할 수 있다. ( )
② 양질의 데이터를 확보한다면 AI 모델의 성능은 매우 좋아진다. ( )

2) 데이터의 유형

데이터는 텍스트, 이미지, 비디오 등 다양한 형태와 유형으로 존재한다. 데이터는 형태와 구조에 따라 크게 정형 데이터와 비정형 데이터로 구분할 수 있는데, 정형 데이터는 사전에 정의된 구조를 가진 데이터, 비정형 데이터는 사전에 정의된 구조가 없는 데이터를 말한다. 이 둘을 비교하면 다음과 같다.

	정형 데이터 (Structured Data)	비정형 데이터 (Unstructured Data)
형태	ID / Name / Age / Sex 01 / KIM / 32 / M 02 / LEE / 26 / F 03 / PARK / 72 / F 04 / CHOI / 15 / M	PSD, AVI, DOC, MP3
구조	• 테이블이나 데이터베이스와 같은 컴퓨터 시스템에서 쉽게 저장하고 관리할 수 있는 구조 • 숫자, 날짜, 문자열 등 명확한 형식을 가짐	• 텍스트 문서, 이미지, 비디오 및 오디오와 같은 다양한 형식으로 제공될 수 있으므로 정형 데이터에 비해 컴퓨터 시스템에서 저장하고 관리하기 어려움 • 정해진 형식이 없음
예시	• 고객목록, 제품목록, 음악정보목록, 금융거래 등	• 웹 페이지, 소셜 미디어 게시글, 음원, 영상, 이미지, 이메일 등

정형 데이터와 비정형 데이터의 비율은 활용하는 분야와 환경에 따라 다르지만, 일반적으로 비정형 데이터가 전체 데이터의 대부분을 차지한다. IT 시장 분석 및 컨설팅 기관인 IDC(International Data Corporation)의 보고서에 따르면, 전 세계에서 생성되는 데이터의 약 80% 이상이 비정형 데이터로 추정되며, 이 비율은 계속 증가하고 있다. 반면, 정형 데이터는 전체 데이터 중 약 20% 미만을 차지한다. 두 유형의 데이터는 서로 특성과 용도가 다르다. 정형 데이터의 경우 뒤에서 배우게 될 머신러닝에 사용되고, 회귀, 분류 문제 등에서 활용된다. 비정형 데이터의 경우 딥러닝의 발전으로 비정형 데이터의 처리와 분석 능력이 크게 향상되어, 자연어 처리, 컴퓨터 비전, 음성 인식 등의 분야에서 중요한 역할을 한다. 단, 딥러닝이라고 해서 비정형 데이터만 처리하는 것은 아니며, 정형 데이터 또한 딥러닝 방식으로 처리할 수 있다.

비정형 데이터

세상 데이터의 대부분은 비정형 데이터에 속하며 그 양과 비중은 점차 증가하고 있다. 사람이 만들어내는 스프레드시트, 프레젠테이션, 워드프로세서 문서뿐 아니라 온라인상의 게시글, 책, 사진, 그림, 애니메이션과 같은 영상, 음악 등은 모두 비정형 데이터이다.

약 10여 년 전만 해도 비정형 데이터를 기계가 분석한다는 것은 어려운 일이었기 때문에 비정형 데이터가 제대로 활용되지 못했다. 비정형 데이터의 일부를 정형 데이터로 가공해야만 분석할 수 있었다. 하지만 비정형 데이터를 분석할 수 있는 새로운 도구들이 생겨나면서 비정형 데이터를 기계가 이해할 수 있게 되었고 이로부터 의미 있는 정보를 도출할 수 있게 되었다.

다만, 비정형 데이터를 다루기 위해서는 비정형 데이터를 다룰 수 있는 컴퓨터 과학 분야의 전문적인 지식을 필요로 할 때가 많으며, 의도한 목적대로 데이터를 다루려면 매우 높은 컴퓨팅 성능과 분석 도구가 필요하다.

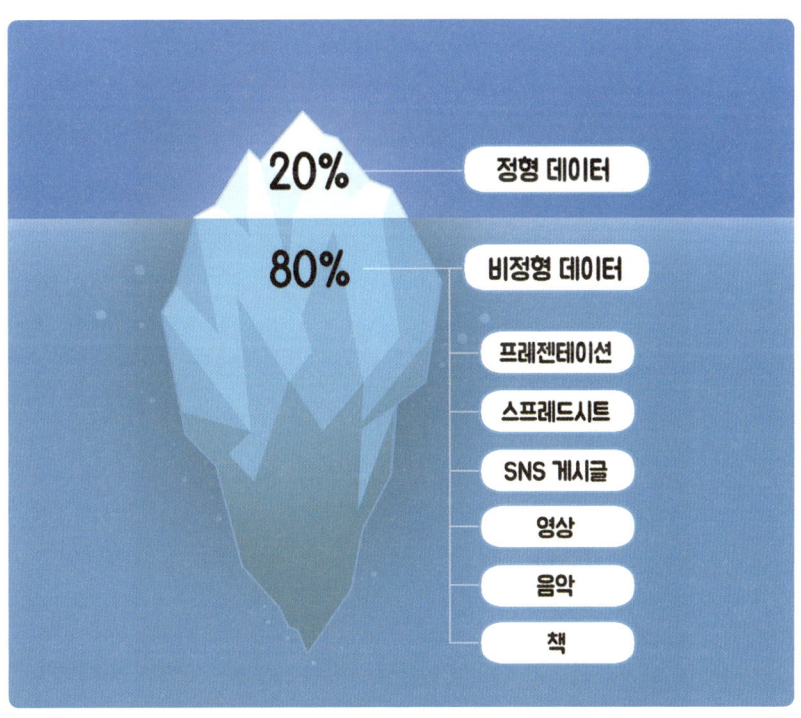

더 알아보기

1분간의 데이터 생산량

'Data Never Sleeps' 인포그래픽을 통해 인터넷에서 매분 생성되는 데이터를 살펴보자. 데이터의 양과 다양성은 계속 증가하고 있으며, 증가 속도는 줄지 않는 것을 확인할 수 있다. 2022년 4월 현재, 전 세계 인구의 약 63%가 인터넷을 사용하고 있는데 약 50억 인구에 해당하며 이들의 93% 가량은 소셜미디어를 사용한다. 또한 2022년에 97제타바이트(ZB, 1제타바이트 = 1012기가바이트)의 데이터가 소비되었는데 2025년까지 181제타바이트로 증가할 것으로 내다보고 있다.

* 텍스트로만 구성된 500쪽 분량 책의 데이터는 약 1MB이다.
* KB(킬로바이트) 〈 MB(메가바이트) 〈 GB(기가바이트) 〈 TB(테라바이트) 〈 PB(페타바이트) 〈 EB(엑사바이트) 〈 ZB(제타바이트)

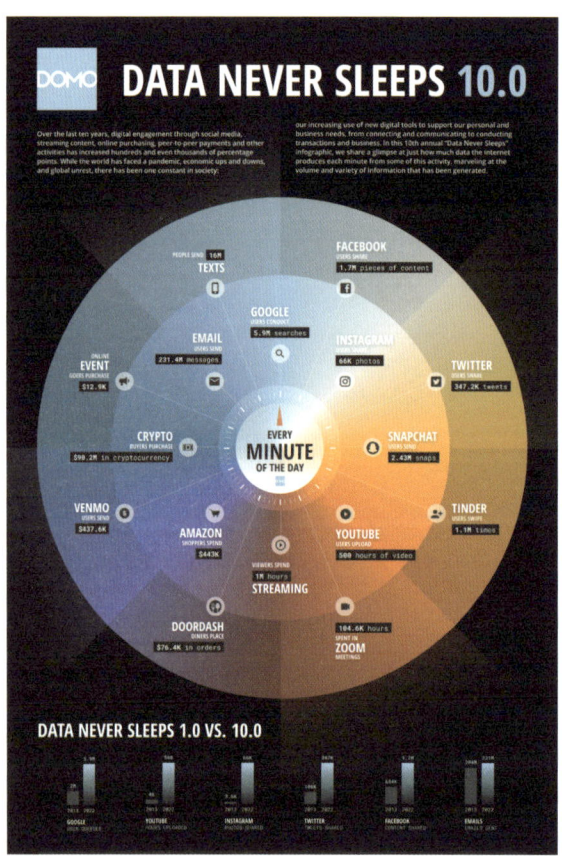

3) 데이터의 종류

데이터는 수치형 데이터와 범주형 데이터로 구분할 수 있다. 수치형 데이터는 숫자로 표현되는 데이터를 말하며 범주형 데이터는 숫자로 측정하여 표시하는 것이 불가능한 데이터를 말한다.

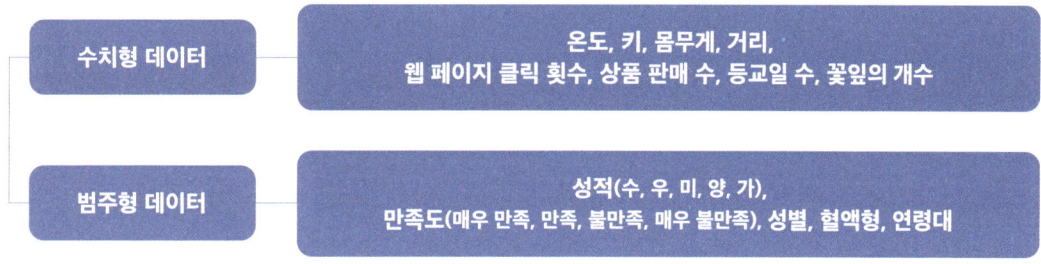

인공지능에서는 데이터의 종류에 따라 모델이 학습할 수 있는 형태로 변환하거나 활용하는 과정이 달라서 데이터의 종류를 올바르게 이해하는 것이 중요하다.

4) 인공지능에서 학습의 목적

인공지능에서 학습은 기계가 제 기능을 수행할 수 있도록 데이터를 통해 배우는 과정 또는 방법을 말한다. 인공지능이 학습을 하는 목적은 데이터와 알고리즘을 사용하여 예측하거나 분류, 추천하는 등의 작업을 수행하는 AI 모델을 만들어 새로운 상황을 예측하거나 결정을 내리기 위함이다. 인공지능의 학습이 중요한 또 다른 이유는 학습을 통해 인공지능의 정확성과 효율성 등의 성능을 향상시킬 수 있는 가능성이 있기 때문이다. 인공지능이 학습을 통해 사람의 작업을 자동화하고 새로운 상황에 적응하며 다양한 작업을 수행하고 미래를 예측하며 의사결정을 내릴 수 있도록 돕는다는 점 또한 인공지능이 학습을 하는 이유이다.

(1) 성능 개선

인공지능은 양질의 데이터를 학습하면서 기존보다 향상된 성능을 보여준다. 데이터의 패턴을 학습하고, 이를 바탕으로 새로운 문제를 해결하면서 지속적인 학습을 통해 성능은 점진적으로 개선되기도 한다. 이는 사람이 수학 공부를 할 때 문항을 많이 풀어보고 이해할수록 점차 수학 실력이 증진되는 것과 유사하다. 다음 이미지는 인공지능이 생성한 얼굴로 세상에 존재하지 않는 사람의 얼굴이다. 2014년 최초로 생성된 이미지와 2015~2016년 이미지까지의 얼굴은 눈동자 위치 등이 어색하다. 인공지능이 생성한 얼굴인지 실제 사람인지 쉽게 구분할 수 있는 수준이다. 그러나 시간이 지남에 따라 인공지능의 학습이 반복되면서 인공지능이 생성한 얼굴이 점점 실제 사람과 매우 흡사하여 어색하다는 느낌이 들지 않는다.

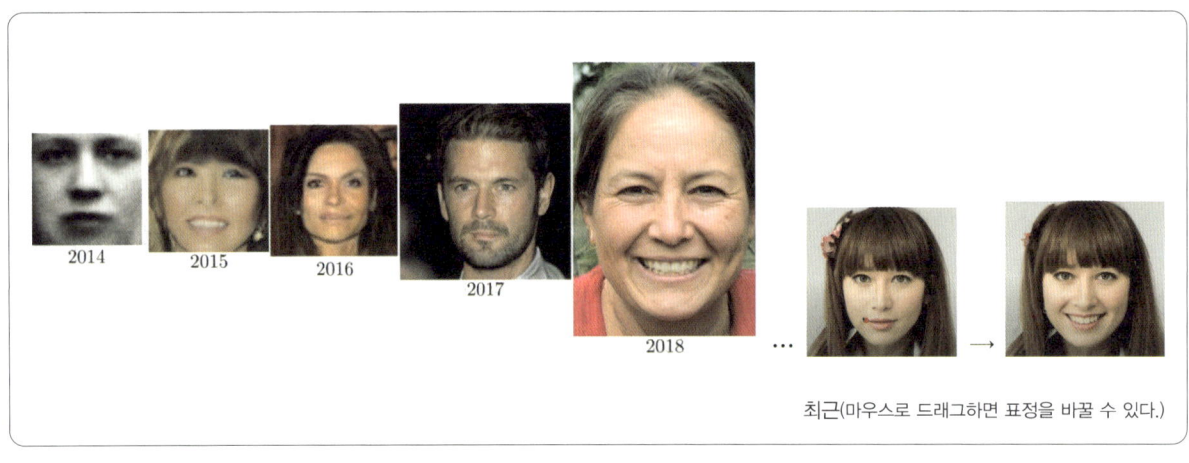

인공지능이 생성한 얼굴 이미지

(2) 변화 적응성

인공지능은 학습을 통해 새로운 데이터에 적응하고 변화하는 환경에 대응할 수 있다. 이를 통해 인공지능은 사람의 개입이나 지속적인 관리 없이도 자동화된 작업을 수행할 수 있다. 예를 들어, 자율주행 자동차는 주변의 차량, 사람, 차선, 신호등 등 다양한 데이터를 학습해 처음 가보는 길이라도 쉽게 적응하여 빠르게 예측 및 판단하게 되고, 이를 통해 사람이 특별히 조작하지 않아도 자율적으로 자동차를 제어하는 능력을 갖추게 된다.

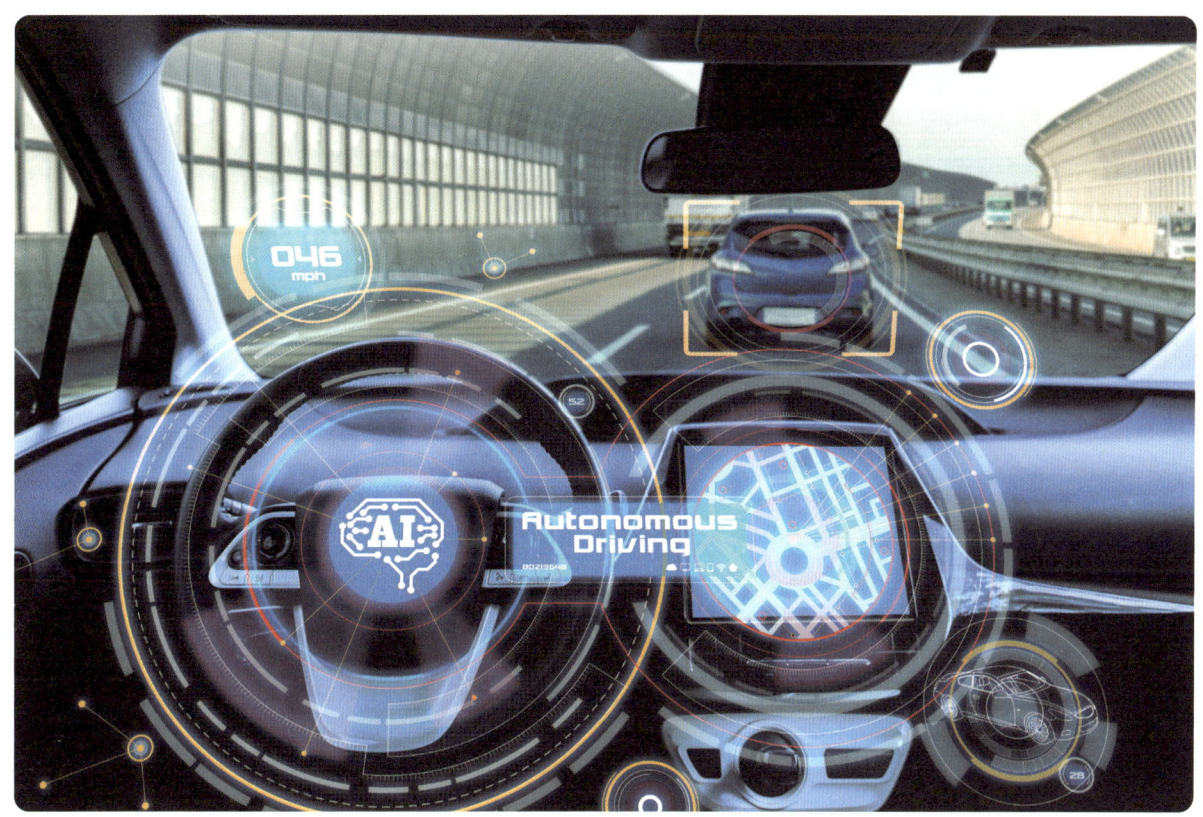

사람의 개입 없이 자율적으로 주행하는 자동차

(3) 범용성

학습 능력을 가진 인공지능은 다양한 분야에서 활용될 수 있다. 인공지능이 이미지, 텍스트, 음성, 시계열 데이터 등 다양한 유형의 데이터를 학습하게 되면 여러 분야의 다양한 문제를 해결할 수 있게 되어 범용성이 향상된다. 예를 들어, 챗 GPT 모델은 언어 모델로 여러 분야와 응용 분야에서 사용되고 있으며 혁신과 효율성을 추구하고 있다. 소설을 쓸 때 챗 GPT를 이용하면 "난 괜찮아요."라고 입력한 후 뒷 문장 작성을 요청하면 "그녀는 화를 낼 생각은 아니었지만 목소리가 갈라졌다. 그녀는 짝사랑 앞에서 울고 싶지 않았으나 그 상황의 감정적 스트레스가 그녀를 짓누르는 듯 했다."라고 뒷이야기를 만들어낸다. 또한 이메일에 답장할 때 핵심 키워드를 입력하면 인사말 등을 포함하여 격식을 갖춘 이메일을 자동으로 완성해주고, 원하는 프로그램 코드를 작성해주기도 하고 텍스트로 그림을 요청하면 해당 그림을 생성해주기도 한다.

(4) 예측 및 의사결정

인공지능은 학습을 통해 미래의 결과나 상황을 예측하고 이를 토대로 의사결정을 한다. 예를 들어, 자율주행 자동차는 사람이 길을 건널 가능성을 예측하여 속도를 줄이거나 멈추는 등의 의사결정을 한다.

자율주행 자동차 현장 테스트
출처: https://waymo.com

5) 인공지능의 종류

인공지능의 기본적인 유형은 크게 규칙 기반 인공지능과 학습 기반 인공지능으로 나뉜다. 이 2가지 인공지능 유형은 문제를 해결하는 방식과 그 성능에서 큰 차이점이 있으며, 각각의 장단점과 적합한 활용 분야가 다르다.

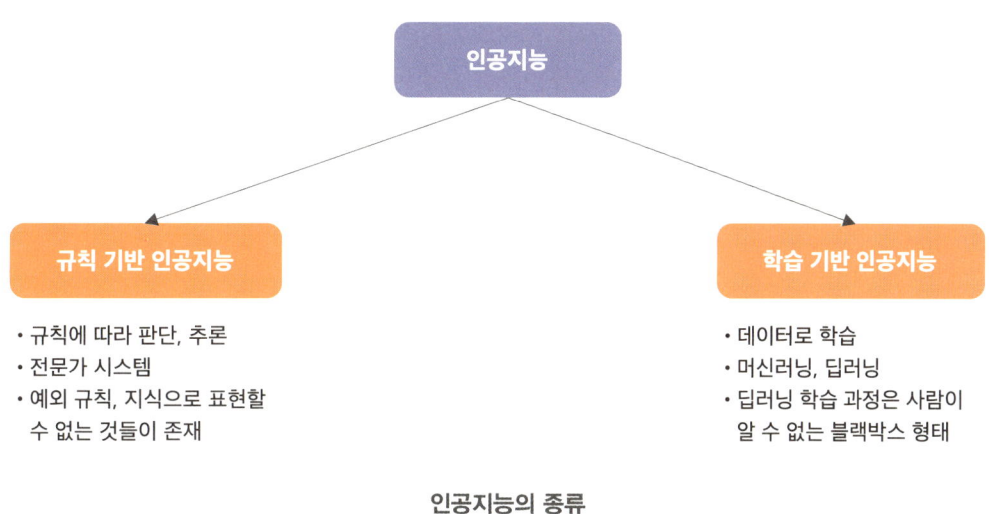

인공지능의 종류

규칙 기반 인공지능은 사람의 경험이나 지식을 규칙으로 표현하고, 이 규칙에 따라 시스템이 추론하는 인공지능의 한 종류이다. 이러한 규칙은 if-then과 같은 형태의 조건문, 전문가 시스템에서 사용되는 추론 규칙 등으로 구성된다. 규칙 기반 인공지능의 장점은 규칙이 명확하게 설정되어 있기 때문에 결과를 추적하고 이해하는 것이 비교적 쉽다는 것이다. 하지만 예외 상황과 같은 미리 정의된 규칙 외의 새로운 상황에 대응하거나, 암묵적 지식 혹은 직관을 표현하거나, 복잡한 패턴에 대응하기 어렵다는 단점이 있다.

학습 기반 인공지능은 머신러닝 알고리즘을 이용하여 데이터를 스스로 학습하고, 학습한 내용을 바탕으로 문제를 해결하는 방식의 인공지능이다. 학습 기반 인공지능은 규칙 기반 인공지능에 비해 성능이 우수하고 보다 복잡한 문제를 해결할 수 있기 때문에 최근에는 학습 기반 인공지능을 많이 사용하고 있다. 머신러닝 알고리즘을 사용하여 대량의 데이터 패턴을 학습한다는 점에서 복잡하고 불확실한 문제에 유연하게 대응할 수 있기 때문이다.

하지만 학습 기반 인공지능은 충분하고 정확한 데이터를 필요로 하며, 모델의 학습과 평가 과정이 복잡하고 시간이 많이 소요된다. 딥러닝 분야에서는 학습 결과를 해석하거나 예측의 근거를 이해하는 것이 어려운 '블랙박스(blackbox)'* 문제도 여전히 남아 있다. 그럼에도 불구하고, 학습 기반 인공지능은 그 성능과 범용성 때문에 많은 연구와 개발이 이루어지고 있으며 우리 일상생활의 다양한 부분에서 활용되고 있다.

6) 인공지능, 머신러닝, 딥러닝

인공지능, 머신러닝, 딥러닝은 모두 컴퓨터가 인간처럼 학습하고 행동할 수 있도록 하는 기술이지만 이들 사이에는 몇 가지 주요 차이점이 있다. 인공지능은 인간의 지적인 판단을 시뮬레이션할 수 있는 컴퓨터 프로그램의 개발을 다루는 광범위한 분야이다. 머신러닝은 데이터를 학습하는 인공지능을 다루는 분야이며, 딥러닝은 머신러닝 알고리즘 중에서 인공신경망 알고리즘을 사용하여 데이터를 학습하는 내용을 다루는 분야를 말한다. 따라서 인공지능, 머신러닝, 딥러닝은 다음과 같은 내포 관계를 가진다.

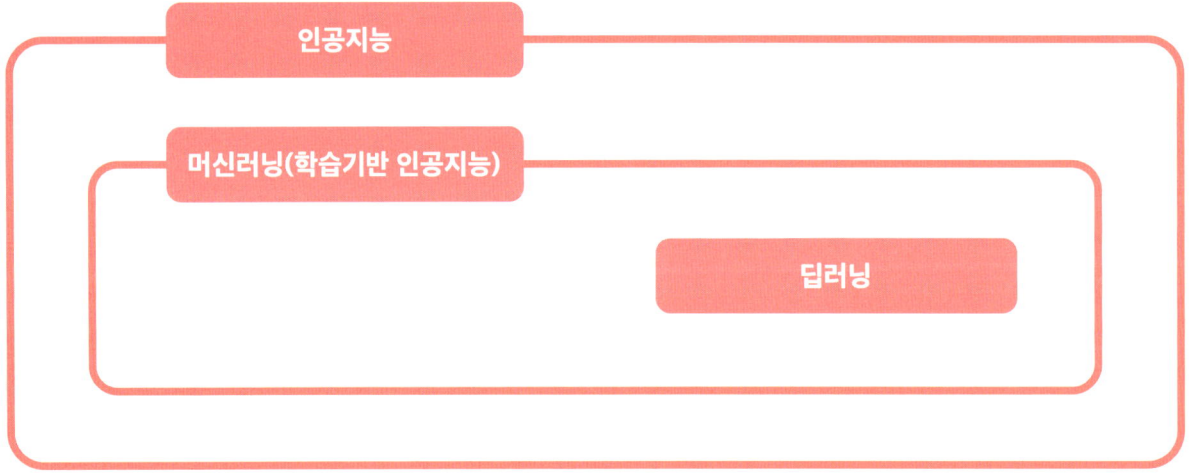

---

*AI 분야에서 쓰는 '블랙박스'라는 용어는, AI 모델의 내부 동작 원리나 결정 과정이 불투명하여 외부에서 완전히 이해하기 어려운 상태를 말한다. 즉 입력과 출력 사이의 관계는 알 수 있지만, 그 사이에서 어떤 과정이 일어나는지는 드러나지 않는 것을 의미한다.

(1) 인공지능

인공지능은 가장 넓은 범위의 개념으로, 기계가 인간처럼 사고하고 학습하며 문제를 해결하는 능력을 가진 것을 말한다. 기계가 인간의 지능을 모방하여 인간의 행동, 학습, 문제 해결, 언어 이해 등을 수행하게 하는 기술이다. 인공지능에는 머신러닝과 딥러닝 외에도 탐색, 지식표현, 추론 등 다양한 방법이 포함된다.

(2) 머신러닝

머신러닝은 인공지능의 한 분야로, 기계가 학습 데이터를 이용하여 학습하고, 학습한 내용을 바탕으로 예측이나 의사결정을 수행하는 인공지능을 말한다. 데이터를 통해 패턴을 학습하고, 학습한 패턴을 이용해 새로운 데이터에 대하여 결과를 예측한다. 머신러닝은 선형 회귀, 로지스틱 회귀, 서포트 벡터 머신, 의사결정 트리, 랜덤 포레스트, 인공신경망 등 다양한 알고리즘을 이용하여 데이터를 학습을 한 후 예측할 수 있는 모델을 만들어낸다.

(3) 딥러닝

딥러닝은 머신러닝의 한 분야로, 인공신경망을 기반으로 한 학습 방법을 사용한다. 뇌의 신경세포인 뉴런의 동작 원리를 모방한 인공신경망을 이용하여 복잡한 패턴을 학습한다. 특히 딥러닝은 다층 신경망 구조를 이용하여 복잡한 패턴을 학습하는 데 효과적이며, 이미지 인식, 음성 인식, 자연어 처리 등의 분야에서 뛰어난 성능을 보인다.

머신러닝과 딥러닝에 어떤 차이가 있는지 확인해보자. 학습을 한다는 점에서는 동일하다. 그러나 머신러닝에서는 학습에 어떤 속성을 포함할지를 사람이 선택하거나 설계한다. 반면 딥러닝은 원시 데이터에서 중요한 속성을 스스로 추출한다. 따라서 딥러닝은 이미지, 음성 등의 복잡한 비정형 데이터에서 강점을 보인다.

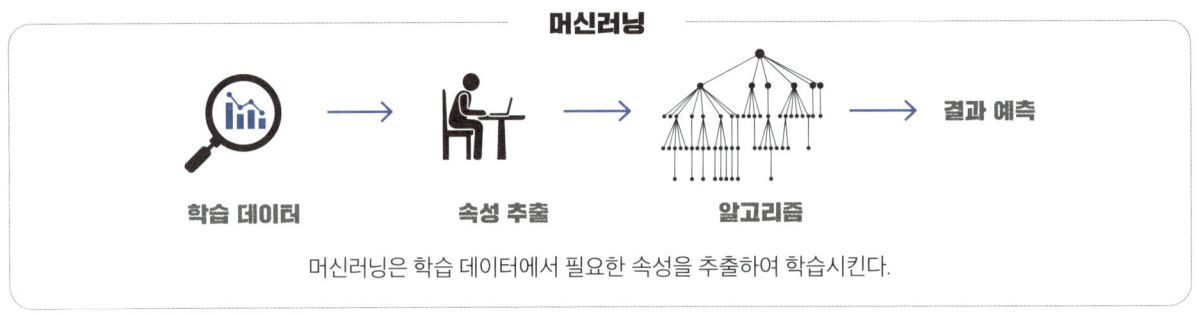

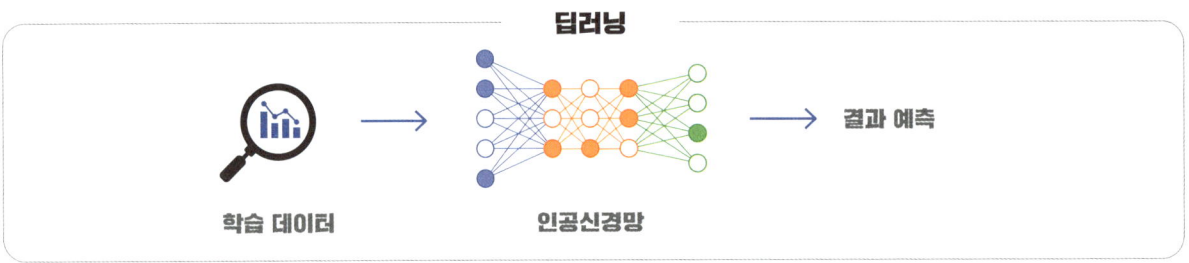

예를 들어, 사자와 개를 분류하는 AI 모델이 있다고 가정해보자. 딥러닝이 아닌 머신러닝은 사자와 개에 대한 다양한 데이터가 정형화된 테이블 형태로 존재하고, 그 속성이 눈동자 색깔, 눈 크기, 성별, 털 길이, 털 색깔, 코 길이, 코 너비, 코 생김새, 키, 몸무게 등 다양한 정형 데이터로 구성되어 있을 때, 이 속성들 중에서 어떤 속성이 사자와 개를 구분하는 데 필요한 속성인지 사람이 직접 분석한 후 AI 모델에게 이 속성들을 학습시켜 사자와 개를 분류하게 만든다. 그런데 딥러닝은 어떤 속성을 학습해야 하는지 굳이 정하지 않고 사진을 그대로 입력하면 스스로 특징을 찾아 학습한다.

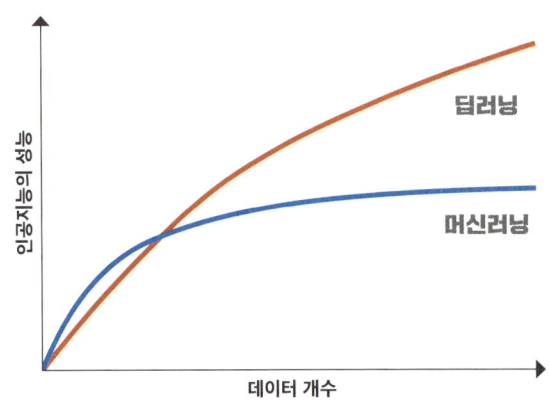

데이터 관점에서 머신러닝과 딥러닝 성능 비교

최근에는 머신러닝에 비해 우수한 성능을 보일 가능성이 높다는 점과 비정형 데이터의 처리 능력으로 인해 딥러닝이 각광받고 있다. 딥러닝은 이미지 인식, 음성 인식, 자연어 처리 등 다양한 분야에서 뛰어난 성능을 보여주고 있는데, 인간의 수준을 뛰어넘는 경우도 많다. 예를 들어, 자율주행 자동차에서의 주변 인식, 의료 분야에서의 질병 진단, 기계 번역 등에서 딥러닝은 이미 뛰어난 성능을 나타내고 있다.

7) 머신러닝에서의 학습 방법

머신러닝에서 학습 방법은 크게 지도학습, 비지도학습, 강화학습으로 나눌 수 있다.
3가지 학습 방법은 데이터의 종류와 문제의 특성에 따라 서로 다른 방식으로 학습을 진행한다. 지도학습은 주어진 문제 데이터에 대해 예상되는 정답을 알고 있는 경우에 사용되는 학습 방법이다. 이 방법은 알려진 데이터 쌍을 통해 모델을 학습시키고, 새로운 데이터에 대한 예측을 수행한다. 반면, 비지도학습은 정답 데이터 없이 문제 데이터만을 가지고 있는 경우에 사용하는 방법으로, 데이터의 숨겨진 구조나 패턴을 찾는 데 유용하다. 강화학습은 보상을 최대화하는 행동을 학습하는 방법으로, 복잡하고 예측할 수 없는 환경에서 최적의 결정을 내리는 데 사용한다.
이 중에서 지도학습과 비지도학습, 2가지에 대해 알아보자.

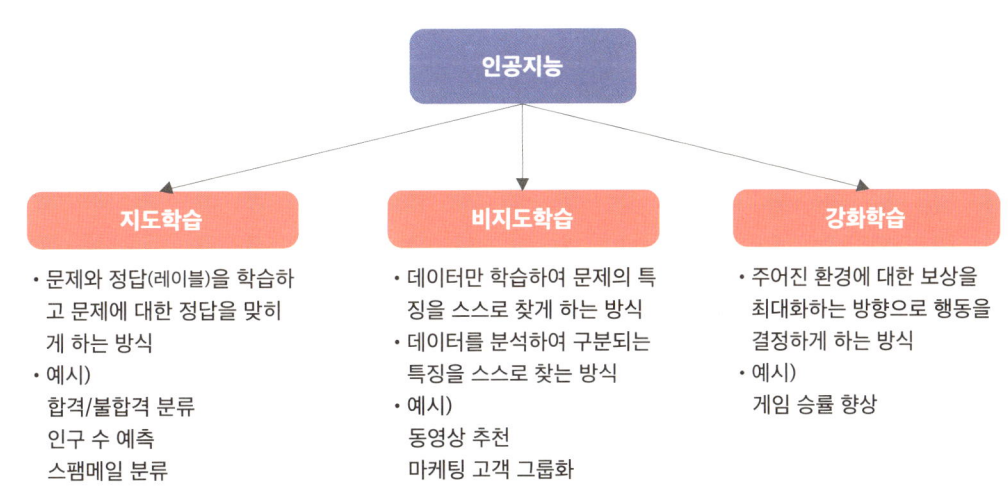

(1) 지도학습

지도학습은 가장 일반적인 학습 방법으로, 입력된 데이터와 그에 대응하는 정답 데이터를 학습시켜 정답을 찾아가는 패턴을 알아내고, 새로운 입력 데이터가 주어졌을 때 정답을 예측하는 방법이다. 입력 데이터는 특성(feature)이라고 부르며 정답에 해당하는 데이터는 레이블(label) 또는 타겟(target)이라고 부른다. 지도학습 방법은 스팸 메일을 필터링하거나 손글씨가 의미하는 글자를 분류하거나 신용카드를 올바로 사용했는지 여부를 탐지하거나 환자의 병을 진단하는 등 다양한 분야에서 활용된다.

예를 들어, 다음과 같이 강아지와 고양이 이미지가 주어졌을 때, 강아지 이미지와 고양이 이미지는 학습에 사용하는 입력 데이터에 속한다. 그리고 '강아지', '고양이'는 이 이미지 데이터의 레이블(정답)에 해당한다. AI 모델이 강아지 이미지와 고양이 이미지를 학습하면서 이 둘을 구분하는 규칙이나 패턴을 찾아내면, 새로운 데이터에 이 규칙이나 패턴을 적용하여 레이블(정답)이 무엇인지 알아낼 수 있다. 이때 알아낸 결과는 확률을 계산하여 몇 퍼센트의 확률로 고양이인지를 판단한다.

AI 모델의 학습 데이터

새로운 데이터

예측값: 고양이 확률 87.2%
강아지 확률 12.8%

또 다른 예시로, 사람의 연령, 성별, 키, 몸무게, BMI 속성이 담긴 데이터 테이블이 있을 때, 연령, 성별, 키, 몸무게를 통해 BMI를 예측할 수 있다면 연령, 성별, 키, 몸무게 속성은 학습에 사용하는 입력 데이터이고, BMI는 레이블(정답)에 해당하는 데이터이다. 학습이 완료되면 새로운 성별, 연령, 키, 몸무게 속성이 주어졌을 때 이 사람의 BMI가 얼마인지 예측할 수 있다.

AI 모델의 학습 데이터

(2) 비지도학습

비지도학습은 레이블(정답)이 없는 입력 데이터를 사용하여 AI 모델을 학습시키는 방법이다. 비지도학습을 사용하는 주된 이유는 데이터의 숨겨진 구조나 패턴을 발견하기 위함이다. 이를 통해 AI 모델이 데이터의 특성을 이해하여 데이터를 새로운 방식으로 표현할 수 있도록 돕는다. 비지도학습은 주로 클러스터링(Clustering)과 차원 축소(Dimensionality Reduction) 등의 문제 해결에 사용한다. 그뿐만 아니라 레이블이 있는 데이터를 얻기 어렵거나 레이블 작업에 비용이 많이 드는 경우 레이블을 위한 선행 작업으로 데이터의 숨겨진 패턴을 찾아낼 때 유용하게 사용되기도 한다.

예를 들어, 레이블이 없는 흰색, 누런색, 검은색의 고양이와 강아지가 있을 때, AI 모델은 이 이미지를 학습하고 규칙이나 패턴을 스스로 찾아낸다. 이때 레이블(정답)이 없기 때문에 때로는 귀, 눈, 코 등이 가진 모습의 특징을 토대로 강아지와 고양이로 군집을 만들어낼 수도 있으나, 때로는 색을 기준으로 흰색 강아지와 고양이, 누런색 강아지와 고양이, 검은색 강아지와 고양이라는 3개의 군집으로 만들어낼 수도 있다.

AI 모델의 학습 데이터

AI 모델이 특징을 분석하여 2개의 군집을 만든 경우

AI 모델의 학습 데이터

AI 모델이 특징을 분석하여 3개의 군집으로 만든 경우

Q1-4. 다음 설명에 해당하는 데이터의 유형은 무엇인가?

- 테이블(표)이나 데이터베이스와 같은 컴퓨터 시스템에서 쉽게 저장하고 관리할 수 있는 구조
- 고객목록, 제품목록, 음악정보목록, 금융거래내역 등을 다룰 때 사용

Q1-5. 다음 데이터 중 유형이 다른 것은 무엇인가?

① 웹 페이지 클릭 횟수
② 상품 판매 수
③ 등교일 수
④ 성적(수, 우, 미, 양, 가)
⑤ 꽃잎의 개수

Q1-6. 인공지능이 학습하는 것이 중요한 이유로 타당하지 않은 것은?

① 성능 개선
② 자동화 및 적응
③ 범용성
④ 예측 및 의사결정
⑤ 아날로그 감성

Q1-7. 인공지능, 머신러닝, 딥러닝에 대한 설명으로 잘못된 것은?

① 3가지 모두 컴퓨터가 인간처럼 학습하고 행동할 수 있도록 하는 기술이라는 공통적인 특징이 있다.
② 머신러닝은 데이터를 학습하는 인공지능을 다루는 분야이다.
③ 인공지능 ⊃ 머신러닝 ⊃ 딥러닝의 내포 관계를 갖는다.
④ 딥러닝은 머신러닝 알고리즘 중 신경망 알고리즘을 사용하는 분야이다.
⑤ 3가지 중 딥러닝은 규칙 기반 인공지능에 속한다.

3. 머신러닝으로 해결 가능한 문제

학습목표
- 머신러닝으로 해결 가능한 문제를 설명할 수 있다.

학습내용
- 회귀
- 분류

머신러닝으로 해결 가능한 문제의 여러 가지 유형과 방법을 알아본다.

1) 머신러닝으로 해결 가능한 문제의 유형

머신러닝으로 해결할 수 있는 문제들은 대표적으로 분류, 회귀, 군집화로 구분할 수 있는데 데이터와 해결할 문제의 특징에 따라 서로 다른 유형을 적용한다. 분류는 지도학습의 한 유형으로 주어진 입력에 대해 2개 이상의 범주로 구분하는 문제이다. 회귀 역시 지도학습의 한 유형이며, 주어진 입력에 대해 연속적인 값을 예측하는 문제를 다룬다. 예를 들어, 학습한 시간에 따라 성적을 예측하는 문제는 회귀 문제에 해당하지만, 학습한 시간에 따라 시험의 합격/불합격을 예측하는 문제는 분류 문제에 해당한다. 비지도학습의 군집화는 레이블이 없는 데이터를 유사한 특성을 가진 그룹으로 나누는 방법으로 데이터 내에 숨겨진 패턴이나 구조를 발견할 수 있다.

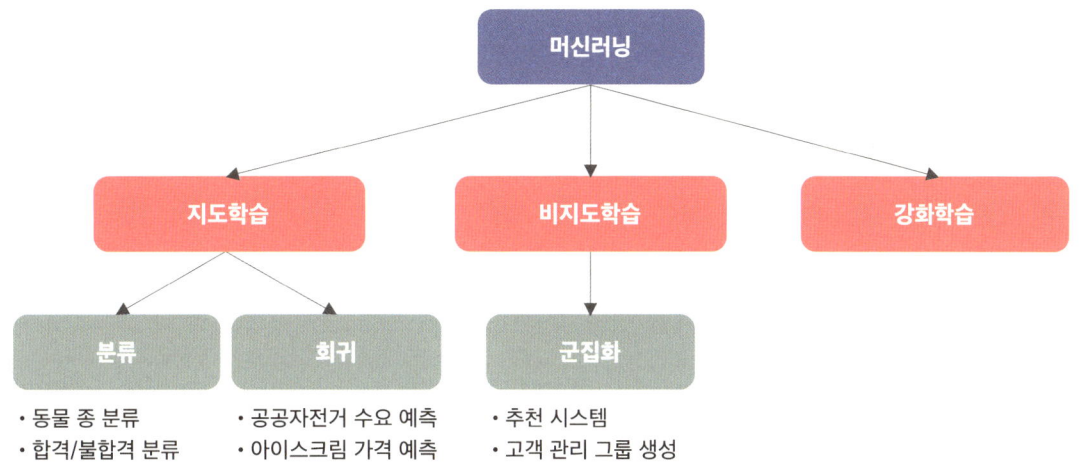

지금부터는 분류 문제와 회귀 문제에 대해 더 자세히 알아보자.

2) 분류 문제

분류(Classification)는 지도학습의 한 유형으로, 입력 데이터가 어떤 범주(레이블)에 속하는지 예측할 수 있으며, 이를 위하여 특정 범주에 속하는 데이터들을 레이블과 함께 학습한다. 분류 문제를 해결하는 AI 모델의 특징은 예측할 결괏값이 범주형 데이터라는 점이다. 예를 들어, 이메일이 스팸인지 아닌지를 판단하는 문제, 이미지에 특정 객체가 포함되어 있는지를 판단하는 문제, 가위/바위/보를 구분하는 문제 등이 분류 문제에 해당한다. 분류 문제는 분류하려는 레이블이 2개인 경우에는 이진분류(Binary Classification), 3개 이상인 경우에는 다중분류(Multiclass Classification)라고 부른다.

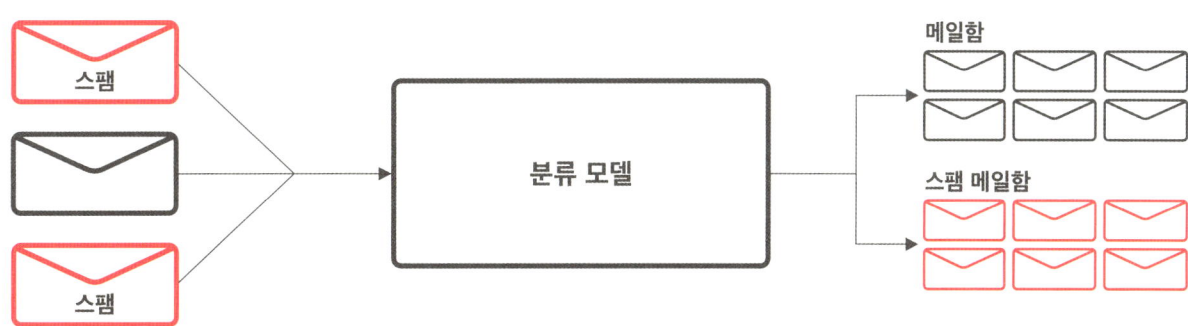

3) 회귀 문제

회귀(Regression) 또한 인공지능에서 주로 사용되는 지도학습의 한 유형이다. 회귀는 입력 데이터와 연속적인 출력 데이터 사이의 관계를 나타내는 규칙이나 패턴을 AI 모델이 스스로 찾아낸 다음 레이블(수치형 데이터)을 예측하는 문제를 다룬다. 입력 데이터에 따른 결과 데이터를 학습한 후 새로 입력된 데이터가 어떤 수치를 산출하는지 예측한다. 회귀 문제를 해결하는 AI 모델의 특징은 예측할 정답 데이터가 수치형 데이터라는 점이다. 예를 들어, 온도에 따른 개구리 울음 소리의 횟수, 온도에 따른 아이스크림 판매량, 학습 시간에 따른 성적, 키에 따른 몸무게, 온도에 따른 빙하 면적을 예측하는 문제는 회귀 문제에 해당한다.

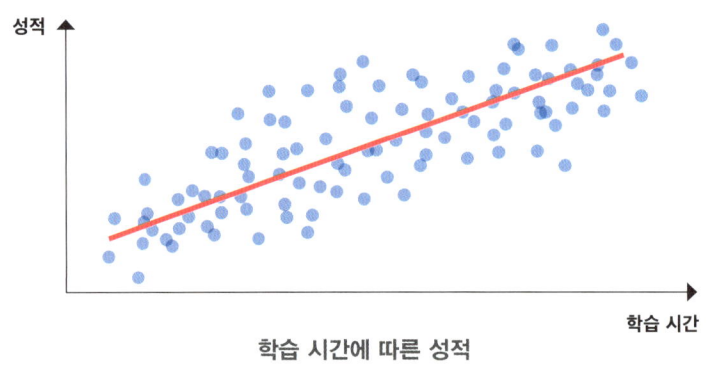

학습 시간에 따른 성적

> **Q1-8.** 머신러닝으로 해결 가능한 문제의 유형과 방법에 대한 설명으로 잘못된 것을 고르시오.

① 문제와 정답(레이블)을 학습하고 문제에 대한 정답을 맞히게 한다는 점은 분류와 회귀 문제의 공통적인 해결 방식이다.
② 회귀와 분류 문제는 문제만 학습하여 문제의 특징을 스스로 찾게 하는 방식이다.
③ 회귀 문제는 예측할 결과가 수치형 데이터인 경우를 말한다.
④ 분류 문제는 예측할 결과가 범주형 데이터인 경우를 말한다.
⑤ 가위/바위/보를 구분하는 문제는 분류 문제에 속한다.

CHAPTER 02

인공지능 문제 해결 과정의 이해

날씨에 따른 놀이공원 입장객 수 예측하기

1. 문제 정의
2. 데이터 수집
3. 데이터 분석 및 가공
4. AI 모델 학습
5. AI 모델 활용

2장
한눈에 살펴보기

1. 문제 정의
해결하려는 문제가 무엇인지 명확히 정의한다.

2. 데이터 수집
문제 해결에 필요한 데이터를 수집한다.

3. 데이터 분석 및 가공
결과를 예측하는 데 필요한 데이터를 파악하고 AI 모델이 학습 가능한 형태로 가공한다.

4. AI 모델 학습
데이터를 머신러닝이나 딥러닝 방법으로 학습하고 학습한 결과를 평가한다.

5. AI 모델 활용
학습한 모델을 이용하여 변수 영향도와 시뮬레이션 등에 활용한다.

■ 학습 내용

- 문제 이해 및 문제 정의
- 데이터 수집 시 고려사항, 데이터 수집 방법, 데이터 수집
- 데이터 분석 및 데이터 가공
- 결측값 처리, 이상치 제거, 데이터 스케일 조정, 인코딩
- AI 모델 학습, AI 모델 평가
- 모델 평가 결과 비교, 변수 영향도 평가, 결과 예측, 시뮬레이션

■ 학습 목표

- AI 모델을 구현하여 해결할 문제가 무엇인지 명확하게 정의할 수 있다.
- 데이터를 수집할 때 고려해야 할 사항을 이해하고 이를 토대로 문제 해결에 필요한 데이터를 수집할 수 있다.
- 데이터를 시각화하여 데이터로부터 의미 있는 정보를 찾아낼 수 있다.
- AI 모델이 학습 가능한 형태로 데이터를 가공할 수 있다.
- 문제 해결에 필요한 AI 모델을 구현할 수 있다.
- 학습을 완료한 모델을 문제 해결에 활용할 수 있다.

인공지능과 문제 해결 과정

인공지능으로 문제를 해결하는 과정은 문제 정의 – 데이터 수집 – 데이터 분석 및 가공 – AI 모델 학습 – AI 모델 활용의 5단계로 이루어진다. 이를 놀이공원의 입장객 수를 예측하는 사례를 바탕으로 살펴보면 다음과 같다.

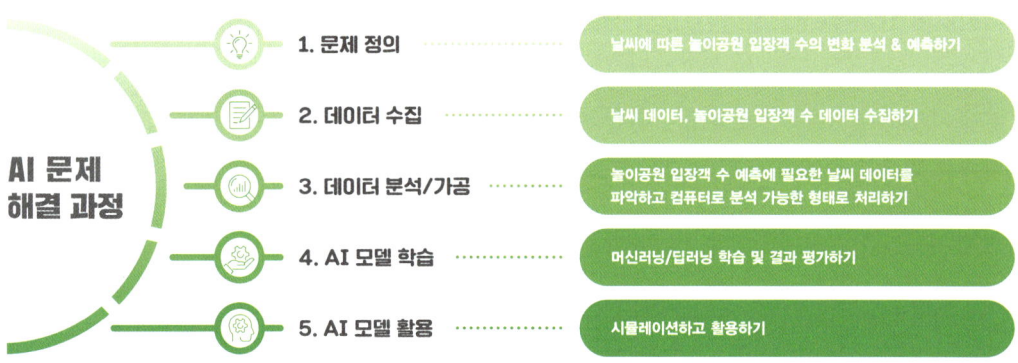

첫 번째, 무엇이 문제인지 정의하는 문제 정의 단계에서는, 입장객 수를 예측할 수 있다면 놀이공원 운영의 효율성을 높이는 데 도움이 될 것임을 고려하고, 날씨에 따라서 놀이공원 입장객 수에 변화가 있을 것이라는 가설을 세운다.

두 번째, 데이터 수집 단계에서는 문제 해결에 필요한 날씨 데이터와 놀이공원 입장객 수 데이터를 수집한다.

세 번째, 데이터 분석 및 가공 단계에서 놀이공원 입장객 수를 예측하는 데 필요한 온도, 습도, 풍속 등의 날씨 요소들을 파악하고, AI 모델이 학습할 수 있는 형태로 가공한다.

네 번째, AI 모델 학습 단계에서는 머신러닝이나 딥러닝 방식으로 학습을 진행하고 학습이 잘 되었는지 평가한다.

마지막으로, AI 모델을 활용하는 단계에서는 AI 모델을 활용하는 시뮬레이션을 해보고 학습한 모델을 활용한다.

1. 문제 정의

학습목표
- AI 모델을 구현하여 해결할 문제가 무엇인지 명확하게 정의할 수 있다.

학습내용
- 문제 이해
- 문제 정의

인공지능을 활용한 문제 해결 과정의 첫 번째 단계는 문제를 정의하는 것이다. 놀이공원에 대한 다음의 문제 상황을 살펴보고 문제를 정의하는 방법을 알아보자.

1) 문제 이해

놀이공원은 사람들이 일상에서 벗어나 잠시나마 흥미로운 경험을 할 수 있게 하려는 목적으로 만들어졌다. 18세기 후반 산업혁명으로 인해 기술이 발전하고 도시가 성장하면서 사람들은 여가를 보내는 장소를 찾기 시작했고, 놀이공원에서 가족이나 친구들과 함께 놀이기구를 타고 공연을 보며 스릴과 재미를 경험했다. 롤러코스터, 회전목마, 워터 플룸 라이드, 공포의 집 등은 인기 있는 놀이기구이며, 특히 롤러코스터는 아찔한 높이와 빠른 속도, 갑작스러운 방향 변경, 급하강으로 인한 무중력 상태 등으로 짜릿한 긴장감을 준다. 롤러코스터는 두려움과 공포심을 줌에도 불구하고 가장 인기가 많은 놀이기구이다.

사람들은 날씨가 좋은 휴일이나 방학 등을 이용해 놀이공원을 방문한다. 일반적으로 봄부터 가을까지의 따뜻한 기후 동안 놀이공원을 방문하는 사람들이 많다. 여름방학이면 많은 학생과 가족이 놀이공원을 찾는데, 겨울에는 추운 날씨 때문에 놀이공원 방문이 줄어들 수 있어, 겨울 테마의 이벤트를 개최하여 겨울방학 동안의 방문객을 유치하려고 노력하기도 한다.

또한 공휴일은 사람들이 일상생활에서 벗어나 여가 활동을 즐기기 좋은 날이라 놀이공원 방문이 많을 수 있다. 어린이날, 크리스마스 등의 공휴일에는 많은 사람들이 놀이공원을 방문하므로 이 기간 동안 놀이공원은 특별한 행사나 쇼를 준비하기도 한다.

기후 변화에 따라 놀이공원의 입장객 수를 예측할 수 있다면 안전 요원이나 안내 직원을 적절히 배치하고, 음식 재료나 필요한 물건을 주문할 때 불필요한 비용을 절감하여 효율적으로 운영할 수 있다. 또한 과도한 인파가 예상되면 사전 준비를 통해 대기 시간을 줄여 방문객의 만족도를 향상시킬 수도 있다.

2) 해결할 문제 정의

인공지능을 활용한 문제 해결 과정에서 문제를 정의할 때는 다음과 같은 핵심 질문들을 고려해야 한다.

(1) 문제를 어디까지 해결할 것인가

이 질문을 통해 문제의 범위와 규모를 결정하고 AI 모델의 학습 목표와 성능 기준을 설정할 수 있다. 예를 들어, 놀이공원 입장객 수를 예측하기 위해서 월별, 계절별, 연도별 등 여러 기준으로 입장객 수 변화를 살펴볼 수 있다. 이 중 AI 모델이 어느 정도 기간의 날씨 변화를 학습시키고, 입장객 수를 예측하게 할 것인지를 결정한다.

(2) 문제 해결의 목표는 무엇인가

이 질문은 인공지능이 해결해야 할 핵심 문제를 명확하게 지정하고, 그에 따른 기술적 요구 사항을 결정하는 데 도움을 준다. 예를 들어, 놀이공원의 입장객 수 변화를 단순히 분석하여 패턴만 살펴본다면 통계적인 기법으로 해결할 수 있지만, 미래의 입장객 수까지 예측하는 것을 목표로 둔다면 머신러닝의 회귀분석까지도 고려해야 한다.

(3) 어떤 결과를 기대하는가

이 질문은 AI 모델이 도출해낼 결과와 성능 수준에 대한 기대치를 설정하도록 돕는다. AI 모델을 활용하려면 성능 수준이 맞아야 하며 모델의 학습 수준을 평가하고 최적화하는 과정을 계획하도록 한다. 예를 들어, 놀이공원 입장객 수가 날씨 영향을 받을 것으로 예상할 수 있으므로 AI 모델이 날씨와 관련된 특성을 고려하여 입장객 수 변화를 정확하게 분석하고 예측하도록 완성하는 평가 및 최적화 전략을 설정하게 된다.

이러한 질문을 토대로 문제를 정의하면 다음과 같다.

> 연중 날씨에 따른 놀이공원 입장객 수 변화를 분석하고, 향후 날씨에 따른 입장객 수 변화를 예측한다.

2. 데이터 수집

학습목표
- 데이터를 수집할 때 고려해야 할 사항을 이해하고 이를 토대로 문제 해결에 필요한 데이터를 수집할 수 있다.

학습내용
- 데이터 수집 시 고려 사항
- 데이터 수집 방법
- 데이터 수집

문제를 정의하고 나면 문제 해결에 필요한 데이터를 수집하는 단계이다. 데이터 수집 단계에서 고려해야 할 사항은 다음과 같다.

1) 데이터 수집 시 고려 사항

(1) 문제 해결에 필요한 데이터는 무엇인가

이 질문은 AI 모델 학습에 필요한 데이터의 종류와 규모를 결정한다. 예를 들어, 놀이공원 입장객 수는 과거의 입장객 수 데이터를 확보하여 AI 모델이 학습하도록 하고, 날씨 정보는 온도뿐 아니라 습도, 풍속 등과 같은 다양한 날씨 관련 요소를 수집하여 AI 모델이 입장객 수를 보다 잘 예측할 수 있도록 한다.

(2) 이미지, 소리, 텍스트, 수치 데이터 등 어떤 유형의 데이터가 필요한가

문제 해결에 필요한 데이터 유형을 결정하고 나서 데이터를 수집한다. 예를 들어, 놀이공원 입장객 수를 예측하기 위해서는 날씨 정보와 입장객 수가 잘 정리된 수치 데이터가 필요하다. 날씨 정보는 온도, 습도, 강수량 등의 요소를 포함하며 입장객 수는 일별 입장객 수, 월별 입장객 수, 계절별 입장객 수로 구분할 수 있으므로 날짜, 월, 계절, 요일, 입장객 수에 대한 정보도 필요하다. 이러한 정보들은 수치나 범주를 나타내는 데이터, 즉 정형 데이터이다.

(3) 데이터를 어떻게 수집할 것인가

데이터를 수집하는 방법은 크게 공공 데이터 수집, 민간 데이터 수집, 직접 수집 등 3가지 방법이 있다. 공공 데이터는 정부 기관에서 제공하는 무료 데이터로, 공공 데이터 포털, 서울 열린 데이터 광장, 경기 데이터 드림과 같은 사이트를 통해 수집할 수 있다. 민간 데이터는 기업이나 개인이 제공하는 데이터로, 비용을 지불하여 구매하거나 파트너십을 통해 확보할 수 있다. 수집 및 정리된 데이터가 없는 경우 직접 수집하기도 하는데 웹 크롤링, 설문조사, 실험 등의 방법을 사용하여 데이터를 수집한다.

(4) 결측값, 이상치, 중복값 등이 적은 양질의 데이터인가

데이터의 품질과 양은 모델의 성능에 큰 영향을 미치므로 좋은 데이터를 수집하는 것이 중요하다. 결측값, 이상치, 중복값 등은 성능을 저하시키는 원인이 되므로, 이러한 값들이 적은 데이터를 수집해야 한다. 이 값들이 포함되어 있는 경우 가공 과정에서 삭제하거나 다른 값으로 대체하는 등의 방법을 통해 처리할 수 있어야 한다.

2) 데이터 수집

이 책에서 사용하는 데이터는 AIDU ez에서 제공하기 때문에 직접 수집하지 않아도 되나, 데이터를 수집해보는 경험을 하고자 한다면 다음과 같은 과정에 따라 수집할 수 있다. 여기서는 서울대공원의

2018~2021년 입장객 수 데이터(일시, 입장객 수, 요일)와 해당일의 날씨 데이터(평균기온, 평균풍속, 평균상대습도, 합계 일조시간, 평균지면온도)를 수집한다.

❶ 입장객 수 데이터를 제공하는 서울대공원은 서울시에서 관리하는 곳이므로 공공 데이터 포털(https://www.data.go.kr) 또는 서울 열린데이터 광장(https://data.seoul.go.kr)에 접속한 후 '서울대공원'으로 검색한다. 공공 데이터 포털을 이용하면 서울대공원 입장객 수 정보를 수집할 수 있는 링크를 통해 서울 열린데이터 광장으로 연결된다.

공공 데이터 포털을 통한 데이터 수집

따라서 서울 열린데이터 광장으로 직접 접속하여 데이터를 검색하는 것이 편리하다.

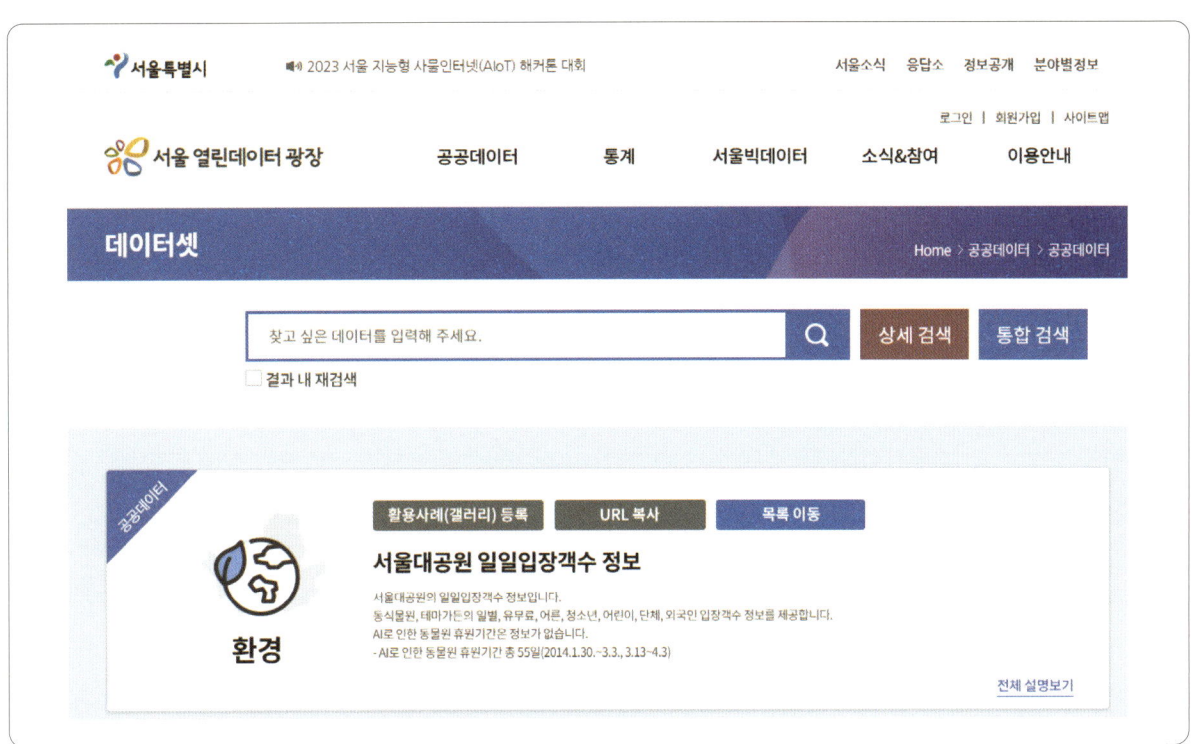

서울 열린데이터 광장을 통한 데이터 수집

❷ 서울대공원 입장객 정보 데이터 중 원하는 연도의 데이터를 다운로드 받는다.

❸ 스프레드시트로 파일을 열어보면 월별 탭으로 분리되어 있으며, 유/무료 입장, 어른/청소년/어린이/외국인/단체 입장 등 다양한 분류가 있다. 각 탭에서 날짜, 요일, 일 합계만 남기고 나머지를 삭제하여 정리한다.

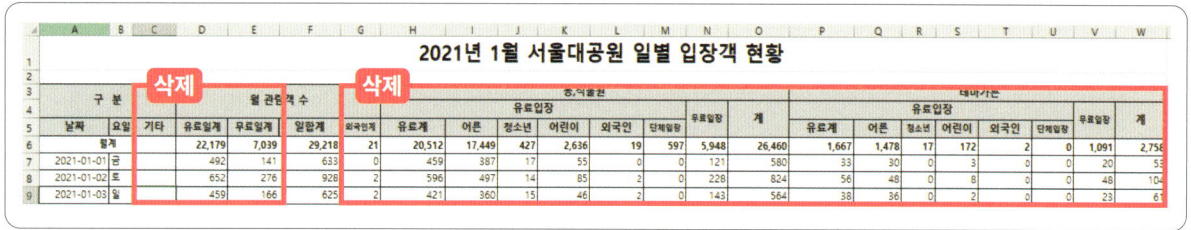

❹ 2018년~2021년의 날씨 정보를 수집하기 위하여 기상자료개방포털(https://data.kma.go.kr/)에 접속한다. [데이터] 메뉴를 클릭하여 다음의 조건대로 설정한 후 조회하여 데이터를 csv 형태로 다운로드한다.

> 자료 형태: 일 자료
> 기간: 20180101~20211231
> 지점: 서울특별시(서울대공원이 경기도 과천 소재이지만 현재 제공하는 위치에는 없으므로 가까운 서울로 지정)
> 날씨 정보: 평균기온, 평균풍속, 평균상대습도, 합계 일조시간, 평균지면온도

조회 버튼을 누르면 다음과 같이 일별로 서울의 날씨 요소를 확인할 수 있다.

■ 자료보기

※조회 결과는 10건만 표출 됩니다. 상세결과는 파일 다운로드를 이용해주세요

지점	시간	평균기온(°C)	평균 풍속(m/s)	평균 상대습도(%)	합계 일조시간(hr)	평균 지면온도(°C)
서울(108)	2018-01-01	-1.3	1.4	39.1	8.3	-1.7
서울(108)	2018-01-02	-1.8	1.8	42	7.9	-2.3
서울(108)	2018-01-03	-4.7	2.2	42.3	8.6	-3.4

＊파일을 다운로드하려면 회원가입을 해야 한다.

❺ 스프레드시트 파일을 열어보면 지점, 지점명과 같이 불필요한 열이 있으므로 삭제한다.

	A (삭제)	B (삭제)	C	D	E	F	G	H	I
1	지점	지점명	일시	평균기온(°	평균 풍속(	평균 상대	합계 일조	평균 지면온도(°C)	
2	108	서울	2018-01-01	-1.3	1.4	39.1	8.3	-1.7	
3	108	서울	2018-01-02	-1.8	1.8	42	7.9	-2.3	
4	108	서울	2018-01-03	-4.7	2.2	42.3	8.6	-3.4	
5	108	서울	2018-01-04	-4.7	1.4	43	6.2	-3.3	

❻ 서울대공원 입장객 수 데이터와 날씨 데이터를 하나로 합쳐 정리한다. 이때, 요일 정보가 빠진 칸이 있으므로 해당 날짜의 요일을 확인하여 채우도록 한다.

	A	B	C	D	E	F	G	H
1	일시	평균기온(°	평균 풍속(	평균 상대습도(%)	합계 일조시간(hr)	평균 지면온도(°C)	입장객수	요일
2	2018-01-01	-1.3	1.4	39.1	8.3	-1.7	2316	월
3	2018-01-02	-1.8	1.8	42	7.9	-2.3	988	화
4	2018-01-03	-4.7	2.2	42.3	8.6	-3.4	694	수
5	2018-01-04	-4.7	1.4	43	6.2	-3.3	671	목
6	2018-01-05	-3	1.7	48.4	8.2	-2.6	758	금
7	2018-01-06	-2.8	1.5	45.8	8.8	-3.1	1935	토
8	2018-01-07	-0.8	0.8	42.1	3.1	-2.2	1881	일
9	2018-01-08	1.3	1.8	51.9	0.5	0.4	634	월

＊스프레드시트의 자동채우기: 반복되는 패턴의 데이터를 드래그를 통해 형식에 맞춰 빠르게 입력하는 기능으로 숫자시퀀스, 날짜, 요일 등을 채울 때 용이하다.
＊입장객 수 데이터에서 입장객 수를 기록하지 않은 날짜가 있으므로 유의해서 파일을 합치도록 한다.

❼ 최종 데이터가 잘 입력되었는지 확인하고 파일을 csv 형태로 저장한다.

일시	평균기온(°C)	평균 풍속	평균 상대습도(%)	합계 일조시간(hr)	평균 지면온도(°C)	입장객수	요일
2018-01-01	-1.3	1.4	39.1	8.3	-1.7	2316	월
2018-01-02	-1.8	1.8	42	7.9	-2.3	988	화
2018-01-03	-4.7	2.2	42.3	8.6	-3.4	694	수
2018-01-04	-4.7	1.4	43	6.2	-3.3	671	목
2018-01-05	-3	1.7	48.4	8.2	-2.6	758	금

Q2-1. 인공지능을 활용한 문제 해결 과정에서 데이터 수집 단계에서 고려해야 할 사항이 아닌 것을 고르시오.

① 어떤 유형의 데이터가 필요한가?
② 데이터를 어떻게 수집할 것인가?
③ 결측값, 이상치, 중복값 등이 거의 없는 양질의 데이터인가?
④ 어떤 결과를 기대하는가?

더 알아보기 — 데이터 수집 방법

① 공공 데이터 수집

공공 데이터: 정부나 지방자치단체, 교육행정 기관, 입법기관, 교육기관 등의 공공기관에서 수집하거나 생산하는 데이터

수집처: 공공 데이터 포털, 서울 열린데이터광장, 경기 데이터드림, 기상자료개방포털

공공 데이터 포털

공공 데이터의 분류

경기 데이터드림

서울 열린데이터 광장

② 민간 데이터 수집

민간 데이터: 민간 기관이나 개인이 수집 및 생산하는 데이터

수집 내용: 포털 사이트의 검색어, 통신 데이터, 카드 사용 데이터, 의학 데이터 등 공공 데이터에서 다루지 않는 데이터

수집처: 캐글(kaggle), 데이터거래소 등

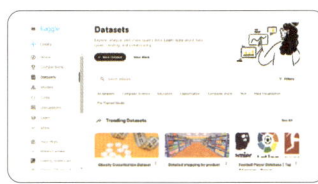
캐글

KT 통신 빅데이터 플랫폼

③ 직접 수집

설문조사, 인터뷰 등

3. 데이터 분석 및 가공

학습목표
- 데이터를 시각화하여 데이터로부터 의미 있는 정보를 찾아낼 수 있다.
- AI 모델이 학습 가능한 형태로 데이터를 가공할 수 있다.

학습내용
- 데이터 분석
- 데이터 가공
- 결측값 처리
- 이상치 제거
- 데이터 스케일 조정
- 인코딩

필요한 데이터를 확보하고 나면 다음 단계인 데이터 분석 및 가공 단계를 거치게 된다. 데이터 분석 단계에서는 데이터의 분포, 경향성 등을 분석하여 데이터의 특성을 이해하고, 문제 해결에 필요한 정보를 추출한다. 데이터 가공 단계에서는 데이터를 AI 모델이 학습 가능한 형태로 처리한다.

| 데이터 분석 | 데이터 가공 | ➡ | 인공지능 모델 학습 |

▷ 데이터의 분포 및 경향성 분석 ▷ AI 모델이 학습 가능한 형태로 처리

1) 데이터 분석

데이터 분석 단계에서는 그래프와 같은 형태로 시각화하여 데이터 패턴과 경향성을 파악한다. 데이터 시각화는 다양한 그래프를 사용하여 데이터의 특성을 직관적으로 이해할 수 있게 돕기 때문에 데이터의 경

향성을 분석하고 예측하고자 하는 결괏값과 관련 있는 속성을 찾을 수 있다.

데이터 분석에 사용하는 그래프에는 산점도, 히트맵, 박스차트, 분포차트 등 다양하다. 그래프마다 각각 다른 목적으로 사용되며, 주어진 데이터에 따라 적합한 그래프를 선택하여 사용한다. 예를 들어, 월별 놀이공원 입장객 수를 파악하기 위해서는 다음과 같은 그래프를 그릴 수 있으며, 2020년 4월경부터 입장객 수가 급격히 감소한 것을 한눈에 확인할 수 있다.

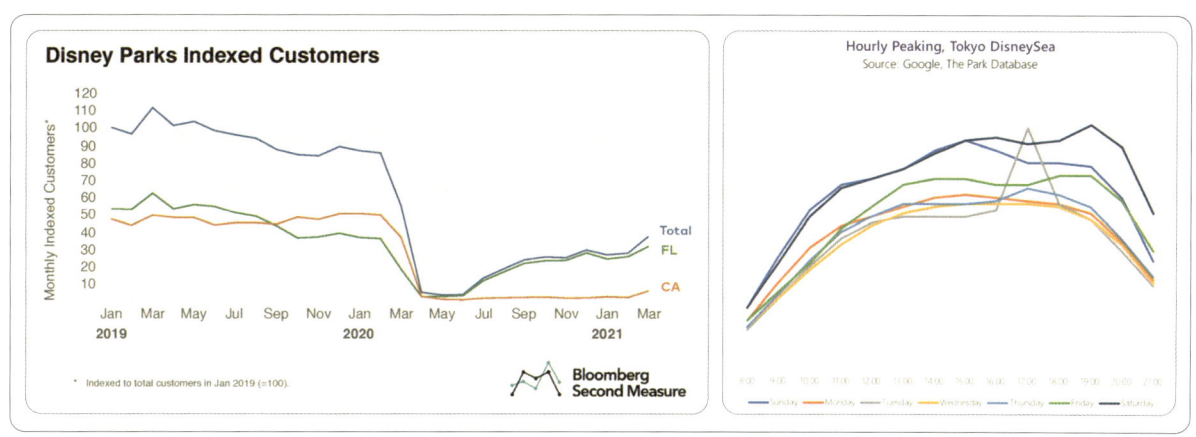

A국가의 B놀이공원 월별, 시간별 입장객 시각화 그래프

(1) 데이터 분석의 목적

❶ 예측하고자 하는 결괏값과 관련 있는 속성을 찾을 수 있다. 예측하고자 하는 결괏값과 관련 있는 속성을 찾기 위해서는 데이터 속성 간의 상관관계를 분석해야 하는데, 놀이공원 입장객 수 예측 내용을 예로 살펴보면 놀이공원 입장객 수는 날씨(온도, 습도, 풍속 등), 공휴일, 행사 여부 등과 상관관계에 있고, 그래프를 그려보면 그 관계들을 한눈에 파악할 수 있다.

❷ 그래프를 그리면 데이터가 가진 경향성을 분석하여 어떤 패턴이나 특성이 있는지 파악할 수 있다. 기온과 놀이공원 입장객 수 데이터 간의 분포를 살펴보면 20도 중반대 온도까지는 평균기온이 높아질수록 입장객 수가 증가하는 경향이 있지만, 20도 후반대 온도부터는 입장객 수가 감소하는 경향을 보이는 등의 경향성을 살펴볼 수 있다.

그래프

① 산점도: 두 속성 간의 관계나 데이터의 분포를 파악

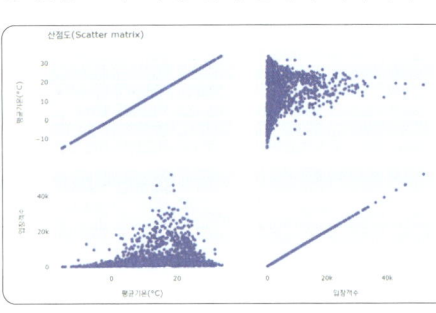

- 평균기온과 입장객 수 간의 관계, 패턴이나 경향성을 파악하는 산점도
- 평균기온이 약 20도 부근에 이르기까지는 입장객 수가 증가하다가 그 이후가 되면 감소하는 경향을 보임

② 히트맵: 열을 의미하는 heat, 지도를 의미하는 map이 결합된 단어로 두 속성의 관계를 작은 사각형으로 표현하고, 상관관계가 얼마나 크고 작은지 색으로 표현

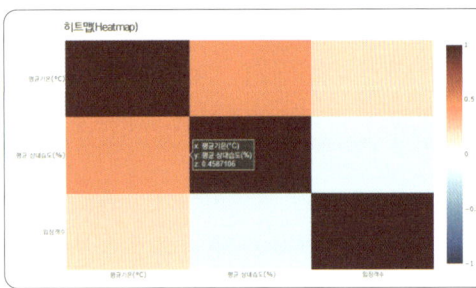

- 입장객 수, 평균상대습도, 평균기온 속성의 쌍 간의 관계를 분석한 히트맵
- 평균상대습도와 평균기온 간의 상관계수가 z=0.4587 수준인 것을 볼 때, 양의 상관관계가 있고 절댓값이 0~1 사이의 중간값이므로 평균기온과 평균상대습도 간 보통 수준의 양의 상관관계를 보임

③ 박스차트: 속성의 분포를 한눈에 살펴볼 수 있고, 유난히 크거나 작은 이상치를 파악하는 데 사용

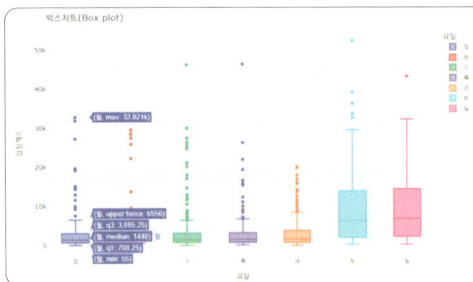

- 요일별 입장객 수를 살펴보면 박스를 연결하는 선 위의 점들이 이상치에 해당
- 요일별 박스를 볼 때, 토요일과 일요일에 입장객 수가 많음

Q2-2. 다음의 산점도를 보고 놀이공원 입장객 수와 날씨 속성 간의 관계를 설명하시오.

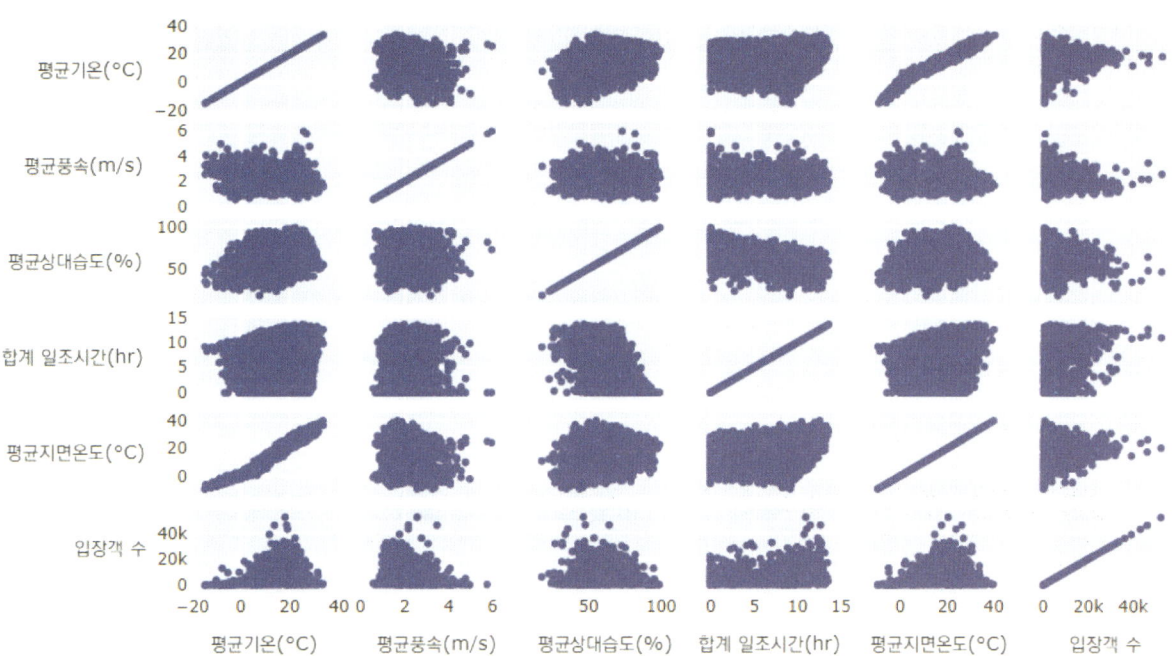

-
-
-
-
-

더 알아보기

① distinct(고윳값)
- 속성에서 중복되는 값을 1개만 유일하게 남긴 값

예) 학생 10명의 키가 다음과 같을 때, 고윳값은 168, 170, 178, 180, 198 등 5개

| 168 | 168 | 170 | 170 | 170 | 178 | 178 | 180 | 180 | 198 |

② missing cells(결측값)
- 값이 없는 셀
- 아래 테이블에서 결측값은 총 8개

③ minimum/min(최솟값)
- 데이터 중 가장 작은 값

예) 학생 10명의 키가 다음과 같을 때, 최솟값은 168

| 168 | 168 | 170 | 170 | 170 | 178 | 178 | 180 | 180 | 198 |

④ maximum/max(최댓값)
- 데이터 중 가장 큰 값

예) 학생 10명의 키가 다음과 같을 때, 최댓값은 198

| 168 | 168 | 170 | 170 | 170 | 178 | 178 | 180 | 180 | 198 |

⑤ zeros(0값)
- 0으로 저장되어 있는 데이터 셀의 개수

통계치 알아보기

⑥ mean(평균값)
- 전체 데이터의 합을 데이터 개수로 나눈 값

예) 학생 10명의 키가 다음과 같을 때, 평균값은 $\dfrac{10명 \ 키의 \ 합}{10명} = 176$

| 168 | 168 | 170 | 170 | 170 | 178 | 178 | 180 | 180 | 198 |

⑦ median(중앙값, Q2)
- 전체 데이터를 순서대로 나열했을 때 중앙에 위치한 값
- 데이터 개수가 짝수일 때, 가운데 2개 수의 평균
- 데이터 개수가 홀수일 때, 가운데 값

예) 학생 10명의 키가 다음과 같을 때, 중앙값은 $\dfrac{(170+178)}{2} = 174$

| 168 | 168 | 170 | 170 | 170 | 178 | 178 | 180 | 180 | 198 |

⑧ sum(합계)
- 전체 데이터의 합

⑨ skewness(왜도)
- 데이터 분포의 좌우 비대칭 정도를 나타내는 값
- 좌우 대칭을 이룰수록 값이 0에 가깝고, 한쪽으로 심하게 몰리면 절댓값이 증가

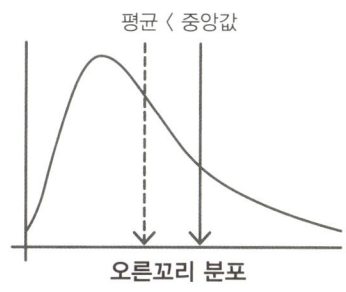
평균 < 중앙값
오른꼬리 분포

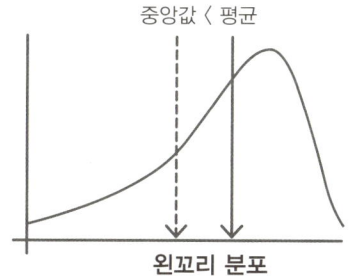
중앙값 < 평균
왼꼬리 분포

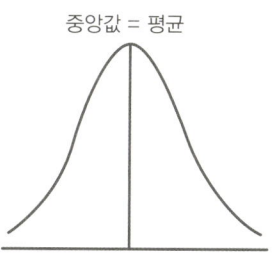
중앙값 = 평균

통계치 알아보기

⑩ sd(표준편차)
- 관측치가 얼마나 흩어져 있는지를 나타낸 값

$$\text{표준편차} = \frac{\sqrt{(\text{측정값} - \text{평균})^2 + \cdots + (\text{측정값} - \text{평균})^2}}{\text{데이터 개수}}$$

예) 학생 10명의 키가 다음과 같을 때, 표준편차는 $\frac{\sqrt{(170-176)^2 + \cdots + (198-176)^2}}{10}$

| 168 | 168 | 170 | 170 | 170 | 178 | 178 | 180 | 180 | 198 |

⑪ 5-th per.(5%분위수)
- 데이터 값의 분포에서 하위 5% 범위의 데이터

⑫ 95-th per.(상위 5%, 하위 95% 백분위)
- 데이터 값의 분포에서 하위 95% 범위(상위 5%)의 데이터

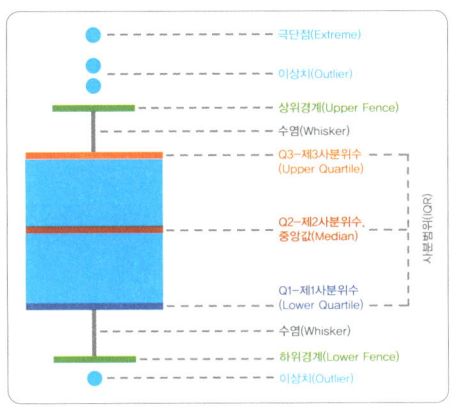

⑬ 사분위수
- Q1: 데이터분포에서 하위 25%에 위치하는 데이터
- Q2: 중앙값, 데이터의 50%에 위치하는 데이터
- Q3: 데이터 분포에서 하위 75%에 위치하는 데이터
  예) 학생 10명의 키가 다음과 같을 때, 분위수 구하기

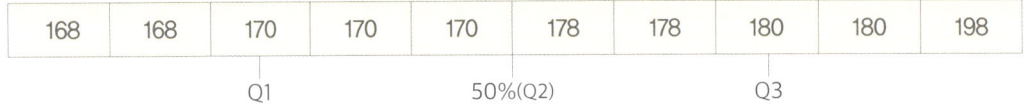

⑭ mode(최빈값)
- 가장 많이 등장하는 데이터

2) 데이터 가공

데이터 가공은 AI 모델이 데이터를 학습을 할 수 있는 형태로 처리하는 단계이다. 가공해야 하는 데이터는 결측값, 이상치, 데이터 범위나 단위가 다른 데이터, 범주형 데이터이며, 처리하는 방법을 하나씩 알아보면 다음과 같다.

(1) 결측값 처리

결측값은 데이터셋(Datasets)에서 값이 비어 있거나 누락된 값을 의미한다. 보통 결측값은 'nan'으로 표시되며, not a number라는 뜻이다. 이는 데이터셋에 원래 존재해야 하는 값이 없거나 수집 과정에서 누락된 경우 발생한다. 결측값이 포함된 데이터를 그대로 학습에 사용하면, AI 모델이 결측값에 대한 패턴을 학습할 수 없기 때문에 AI 모델의 성능과 예측의 정확성이 저하된다. 따라서 결측값을 적절하게 처리하는 것이 중요하다. 결측값 처리 방법으로는 값 삭제, 평균값, 중앙값, 최빈값 등으로 대체하는 방법이 있으며, 이러한 처리를 통해 데이터의 완결성과 정확성을 높여 AI 모델의 학습 효과를 극대화할 수 있다.

놀이공원 입장객 수를 예측하는 사례에서 날씨 테이블은 완전히 비어 있고, 요일 테이블은 일부 비어 있

	A	B	C	D	E	F	G	H	I
1	일시	평균기온(°C)	평균 풍속(m/s)	평균 상대습도(%)	합계 일조시간(hr)	평균 지면온도(°C)	날씨	입장객수	요일
1124	2021-01-27	1.7	2.2	47.6	8.4	1.6		745	수
1125	2021-01-28	-2.6	4	52.3	2.3	-0.3		119	목
1126	2021-01-29	-8.8	3.5	40	9.6	-1.7		107	금
1127	2021-01-30	-1.6	2.5	60	6.4	-0.3		1503	토
1128	2021-01-31	3.2	2	57	6.7	0.1		4007	일
1129	2021-02-01	5	2.7	74.5	1.1	1.6		515	
1130	2021-02-02	-5.6	3.9	44.1	9.6	-0.6		192	
1131	2021-02-03	-3.2	2.2	64.6	6.6	-1.4		208	
1132	2021-02-04	-3.6	2.5	50.1	9.6	-0.3		244	
1133	2021-02-05	1.4	2.4	71.8	2.7	0.2		361	
1134	2021-02-06	6.8	2.2	80.4	0.1	2.2		3512	
1135	2021-02-07	3.6	2.9	67	6	3.2		2477	
1136	2021-02-08	-3.1	3.4	43.6	9.6	0.2		246	
1137	2021-02-09	-0.9	2	51.9	9.7	0.5		371	
1138	2021-02-10	3.4	2.1	75.1	0.7	0.7		682	
1139	2021-02-11	5.5	1.3	71.5	5.2	2.8		3950	

결측값 예시

다. 날씨와 같이 결측값이 대부분이라면 속성을 삭제하는 것이 좋으며, 요일과 같이 일부가 비어 있거나 날짜를 통해 요일을 유추할 수 있다면 값을 채워 넣을 수 있다.

(2) 이상치 제거

이상치는 전체 데이터와 크게 다른 값을 가진 관측치를 의미한다. 이상치는 데이터 수집 과정에서 오류, 측정 오류, 또는 극단적인 변동성 등 다양한 원인으로 발생하게 되는데, 분석 결과를 왜곡시키거나 데이터의 일관성과 정확성을 해치므로 이상치를 제거하여 모델의 성능을 향상시킬 필요가 있다.

이상치는 박스차트를 이용하여 파악할 수 있으며, 이를 처리하는 방법은 다음과 같다. 가장 간단한 방법은 이상치를 제거하는 것이지만 데이터 손실로 인해 분석 결과에 영향을 미칠 수 있다. 두 번째로 변환이 있는데, 로그 변환, 제곱근 변환, 역수 변환 등의 방법을 사용하며 데이터 분포를 변경하므로 분석 결과에 영향을 주기 전에 신중하게 고려할 필요가 있다. 세 번째는 이상치를 다른 값으로 대체하는 치환이다. 평균이나 중앙값으로 이상치를 대체할 수 있는데, 데이터의 분포를 크게 바꾸지 않지만 원래 데이터의 정보를 왜곡시킬 가능성이 있다. 마지막 방법은 이상치를 감지하여 처리하는 알고리즘을 사용하는 것으로, 통계적인 기법이나 머신러닝 방법을 이용하여 자동으로 이상치를 식별하고 처리하도록 한다.

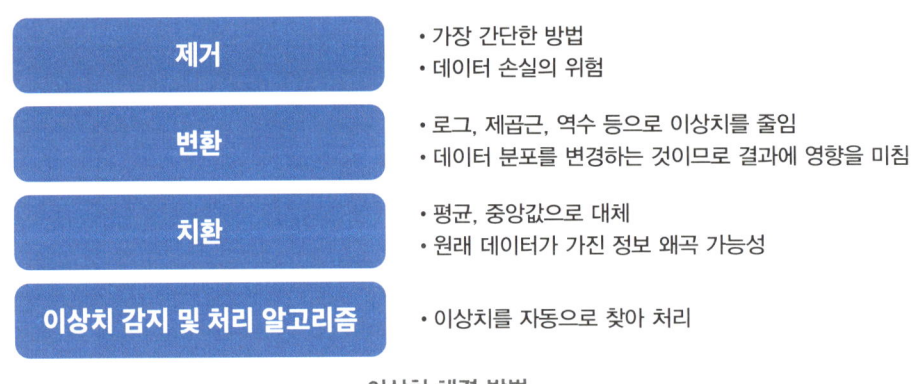

이상치 해결 방법

예를 들어, 다음의 놀이공원 입장객 수에 대한 요일별 박스차트를 보면, 요일별 박스 연결선 윗 부분의 점들이 이상치이다.

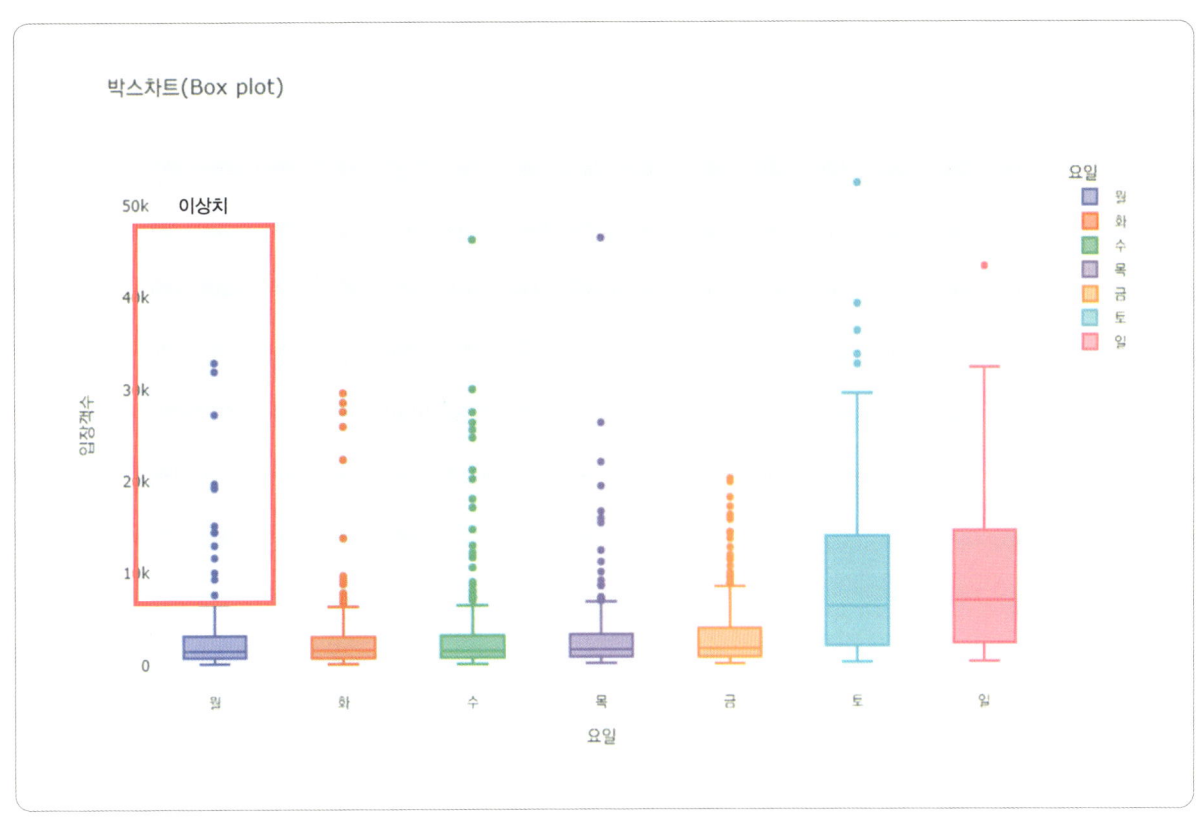

월요일 입장객 수의 이상치

데이터 가공 단계에서는 이 이상치들을 어떻게 처리할 것인지 결정하여 처리하는 것이 중요하다.

(3) 데이터 스케일 조정

인공지능은 수치에 민감하기 때문에 데이터 단위나 범위가 다른 경우, 정규화(Min-Max scaling)나 표준화(Standard scaling) 등의 방법으로 데이터의 스케일을 일관된 범위로 조정하는 것이 필요하다. 같은 범위의 단위이지만 조정이 필요한 경우, 범위의 폭이 서로 다른 경우, 서로 다른 단위를 사용한 경우 등이 해당된다.

예를 들어, 100g짜리 물건과 1kg짜리 물건이 있을 때, 우리는 단위를 보고 1kg이 더 무겁다는 것을 알지만, 인공지능은 단위를 모르므로 숫자만 보고 100g짜리가 더 무겁다고 판단한다. 따라서 단위를 맞춰주어 어느 것이 더 무거운 것인지 파악할 수 있게 가공해야 한다.

아래 또 다른 예시를 보면, 100점 만점인 기말고사 영어시험과 990점 만점인 토익시험에서, 각각 95점과 150점을 받았다면 점수만 비교해서는 안 된다. 시험마다 만점의 점수가 다르므로 만점의 폭을 맞춰서 비교가 가능한 형태로 가공해야 올바른 결과를 도출할 수 있다.

또한 키가 192cm인 사람과 체중이 50kg인 사람을 비교할 수 있을까? 192가 50보다 수치적으로 크다고 해서 A가 더 건장하고 튼튼한 사람이라고 볼 수는 없다. 키는 키 범주 내에서의 상대적인 위치, 몸무게는 몸무게 범주 내에서의 상대적인 위치를 파악하여 비교할 수 있어야 한다.

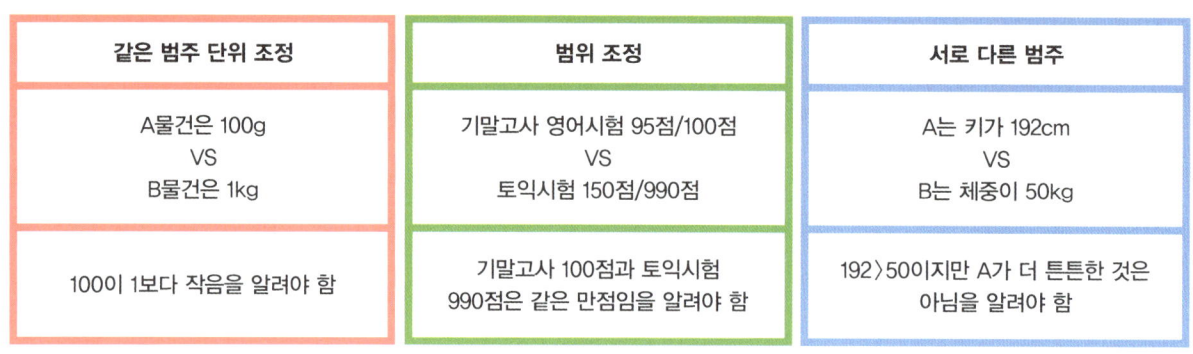

데이터 스케일 조정의 필요성

데이터 스케일 조정 방법은 정규화 방법과 표준화 방법이 있는데, 정규화 방법은 모든 데이터를 0~1 사이의 값으로 변환하는 방법이고, 표준화는 평균을 0, 표준편차를 1로 변환하는 방법이다.

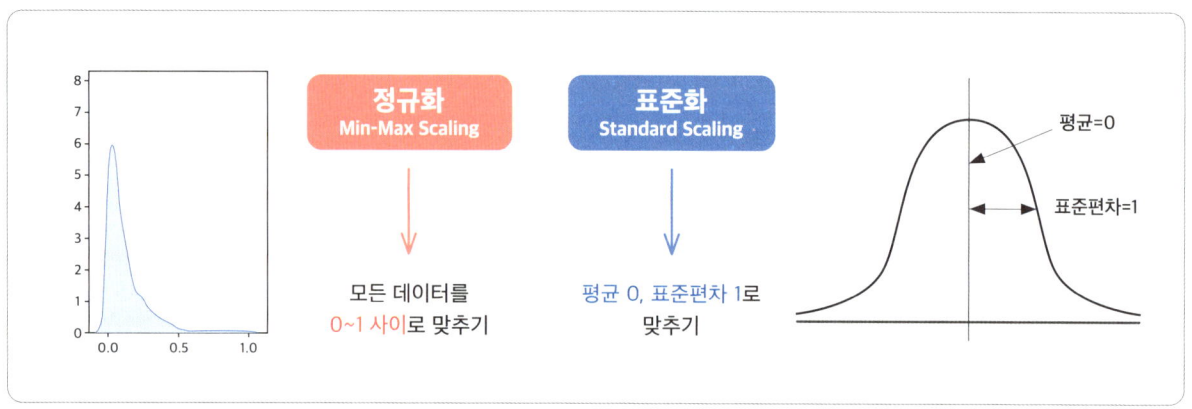

놀이공원 입장객 수 데이터에서 평균상대습도의 범위는 0~100%이고, 평균풍속의 범위는 0~6 사이에 분포해 있는 경우, AI 모델이 학습할 때 범위의 폭이 큰 습도가 범위가 좁은 풍속에 비해 보다 큰 수이므로

수치적으로 습도가 더 큰 영향력을 가진다고 판단하게 된다. 따라서 속성 간의 서로 다른 범위와 폭을 맞춰줄 필요가 있다.

(4) 인코딩

컴퓨터는 모든 데이터를 숫자로 처리하기 때문에 범주형 속성은 수치형 데이터로 변환할 필요가 있다. 이를 인코딩이라고 하는데, 인코딩에는 레이블 인코딩, 순서 인코딩(오디널 인코딩), 원-핫 인코딩, 3가지가 있다. 레이블 인코딩은 각 범주를 고유한 정숫값으로 변환하는 방식이다. 범주 수가 많지 않을 때 유용하지만, 순서가 없는 범주형 데이터에 정수를 부여함으로서 마치 순서가 있는 것처럼 만들기 때문에 잘못된 상관관계가 도출될 가능성이 있다. 다음 그림처럼 red, green, blue는 각각 순서가 없는 색 이름이지만 0, 1, 2라고 부여함으로써 blue가 가장 높은 순서인 것처럼 인식될 수 있다.

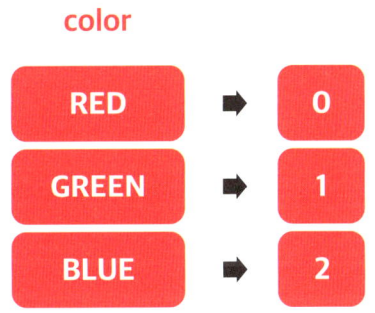

순서 인코딩은 레이블 인코딩과 유사하지만 범주 사이의 순서가 중요한 인코딩 방식이다. 성적에서 상-중-하와 같이 순서가 있어야 하는 범주형 속성을 정수형으로 변환하여 사용한다. 범주 간의 순서 정보를 유지할 수 있다는 점이 장점이다.

그러나 레이블 인코딩이나 순서 인코딩 방식은 성능 문제로 최근에 잘 사용되지 않는 편이다.

원-핫 인코딩은 각 범주를 이진수의 새로운 열로 변환하는 방식이다. 레이블 인코딩 방식을 보완한 방법인데, red, green, blue값을 갖는 color 속성이 있을 때, 이를 R, G, B라는 3개의 새로운 속성으로 만들어 red의 경우 R 속성에만 1, 나머지 G와 B에는 0으로 표기하고, green의 경우 R은 0, G는 1, B는 0으로 표기하는 방식이다.

예를 들어, 놀이공원 입장객 수를 예측하는 사례에서 입장객 수 데이터는 요일이 범주형 변수인데, 시각화를 통해 요일이 놀이공원 입장객 수 변화를 예측하는 데 필요한 변수라고 판단되면 필요에 따라 인코딩을 거쳐야 한다. 다만 요일은 순서가 있는 것은 아니므로 원-핫 인코딩 방식을 사용하면 된다.

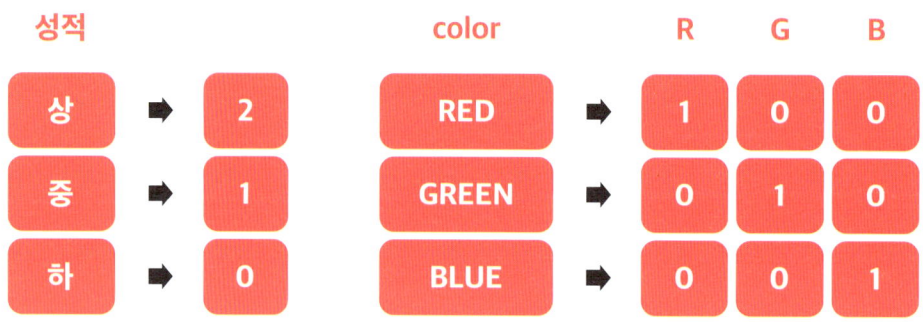

Q2-3. 다음 속성 중 인코딩이 필요한 속성을 고르시오.

일시	평균기온(°C)	평균 풍속(m/s)	평균 상대습도(%)	합계 일조시간(hr)	평균 지면온도(°C)	입장객수	요일
2018-01-01	-1.3	1.4	39.1	8.3	-1.7	2316	월
2018-01-02	-1.8	1.8	42	7.9	-2.3	988	화
2018-01-03	-4.7	2.2	42.3	8.6	-3.4	694	수

4. AI 모델 학습

학습목표
- 문제 해결에 필요한 AI 모델을 구현할 수 있다.

학습내용
- AI 모델 학습
- AI 모델 평가

데이터 분석과 가공을 거치고 나면 데이터를 이용하여 AI 모델을 학습시키는 모델링 단계를 거친다. 사람이 강의식 수업을 듣거나 자기주도적인 학습을 하는 방식을 취하는 것과 같이 AI 모델도 학습 전략이라고 할 수 있는 알고리즘 중 어떤 알고리즘으로 학습할 것인지를 결정하게 되고, 사람이 직접 설정해야 하는 하이퍼파라미터를 입력한 후 훈련 데이터로 AI 모델을 학습시킨다. 이후 검증 데이터와 테스트 데이터로 학습이 잘 되었는지 성능을 평가하고 문제가 있으면 모델을 개선한 후 최적화하는 과정을 거친다.

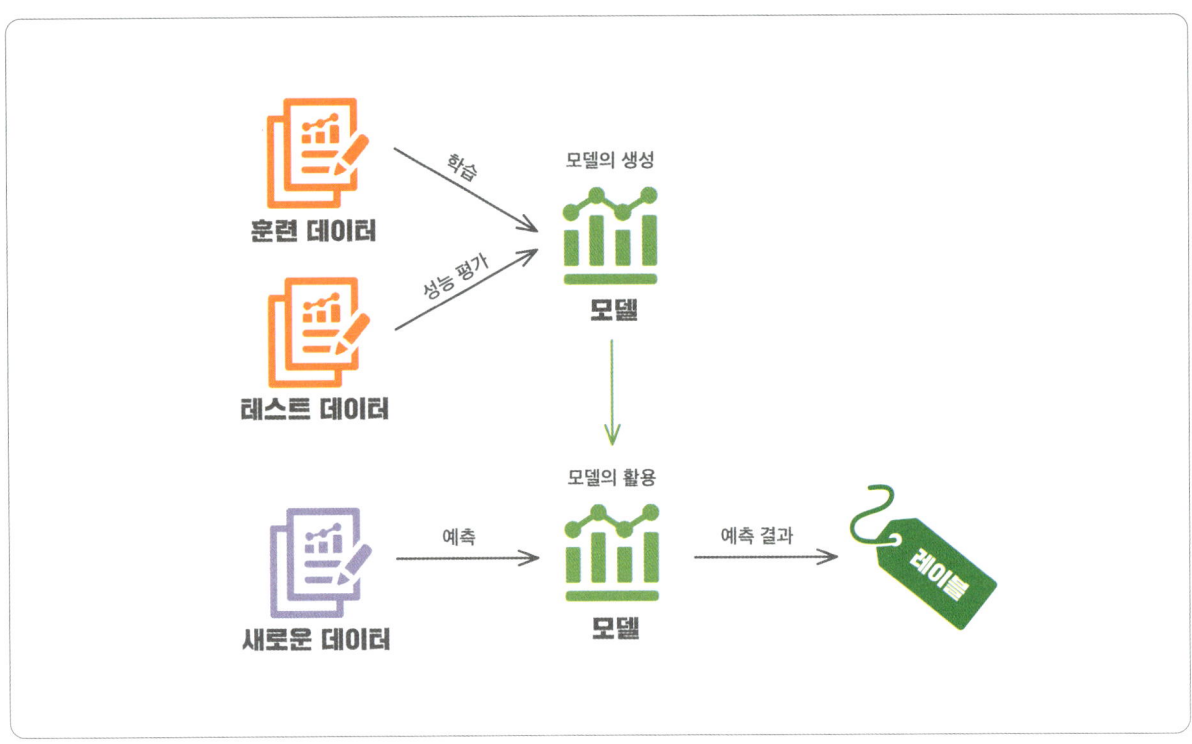

5. AI 모델 활용

학습목표
- 학습을 완료한 모델을 문제 해결에 활용할 수 있다.

학습내용
- 모델 평가 결과 비교
- 변수 영향도 평가
- 결과 예측
- 시뮬레이션

모델을 활용하는 단계에서는 여러 알고리즘을 적용하여 학습한 모델 중 어느 모델의 성능이 좋은지 비교하고, 속성 중 어느 속성이 결과 예측에 가장 큰 영향을 미쳤는지도 분석한다. 그러고 나서 새로운 데이터를 모델에 적용해서 결과를 어떻게 예측하는지도 확인할 수 있다.

- 모델 평가 결과 비교: 어느 모델이 성능이 좋은지 비교 변수
- 영향도: 속성 중 어느 속성이 결과 예측에 큰 영향을 미치는지 분석
- 예측: 테스트 데이터를 이용하여 모델의 학습이 잘 이루어졌는지 예측 및 평가
- 시뮬레이션: 입력된 새로운 데이터를 모델에 적용하여 결과를 어떻게 예측하는지 확인

놀이공원 입장객 수 변화를 분석하고 예측하는 문제에서는 여러 가지 알고리즘으로 놀이공원 입장객 수를 예측하게 만든 후, 어느 알고리즘을 적용한 모델이 가장 성능이 좋은지 비교하고 성능이 가장 좋은 모

델을 찾는다. 또한 온도, 풍속 등 날씨와 관련된 속성 중 놀이공원 입장객 수를 예측하는 데 어느 속성이 가장 많은 영향을 미쳤는지도 확인할 수 있다. 학습에 사용한 훈련 데이터 외에 테스트용 온도, 풍속 값을 이용하여 모델이 놀이공원 입장객 수를 예측하게 만들고, 훈련 데이터나 테스트 데이터가 아닌 완전히 새로운 온도와 풍속 데이터를 이용하여 놀이공원 입장객 수를 예측하는 데에도 모델을 활용할 수 있다.

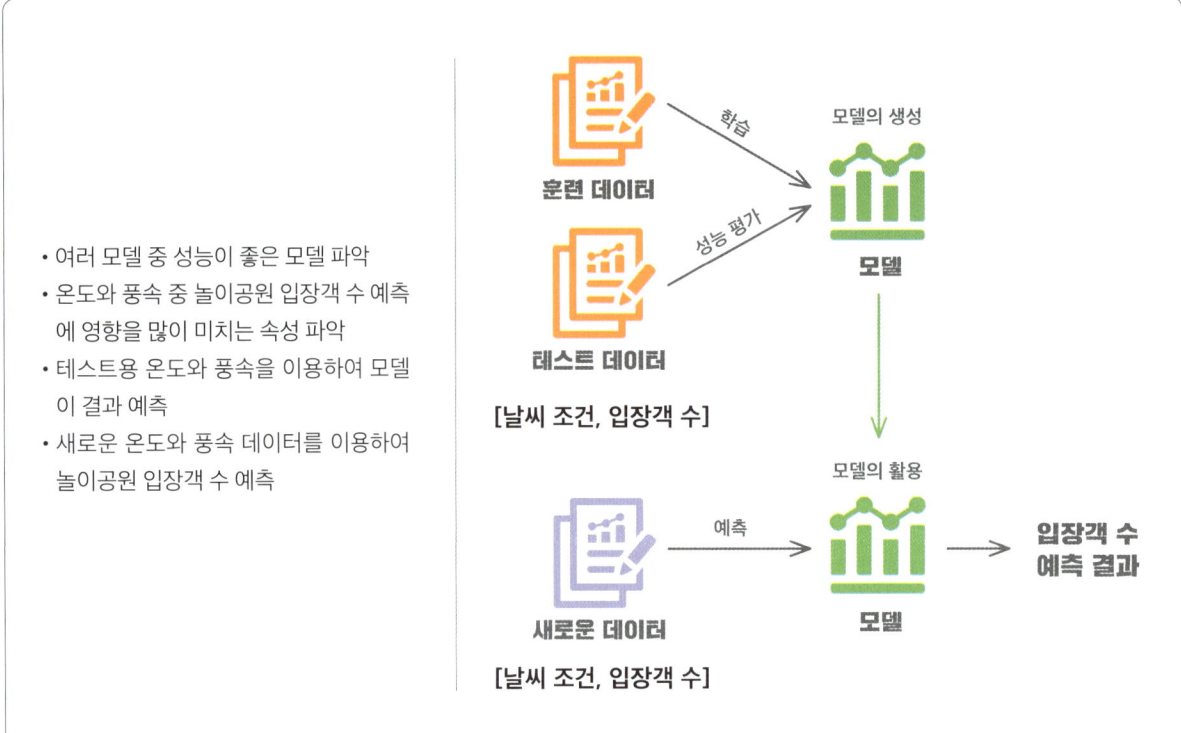

- 여러 모델 중 성능이 좋은 모델 파악
- 온도와 풍속 중 놀이공원 입장객 수 예측에 영향을 많이 미치는 속성 파악
- 테스트용 온도와 풍속을 이용하여 모델이 결과 예측
- 새로운 온도와 풍속 데이터를 이용하여 놀이공원 입장객 수 예측

Q2-4. 다음 중 AI 모델 활용 단계에서 하는 작업이 아닌 것을 고르시오.

① 모델 학습하기
② 모델 평가 결과 비교하기
③ 변수 영향도 확인하기
④ 테스트 데이터로 예측하기
⑤ 새로운 데이터로 시뮬레이션 하기

CHAPTER 03

딥러닝의 원리

딥러닝은 어떤 원리와 방법으로 학습할까

1. 딥러닝의 개요
2. 딥러닝 모델의 이해
3. 딥러닝은 어떻게 학습할까
4. 활성함수

3장
한눈에 살펴보기

1. 딥러닝의 개요
1) 딥러닝이란
2) 딥러닝으로 할 수 있는 일들
3) 딥러닝의 발달 과정

2. 딥러닝 모델의 이해
1) 인공신경망이란
2) 퍼셉트론의 등장
3) 다층 퍼셉트론의 등장
4) 딥러닝의 구조

3. 딥러닝은 어떻게 학습할까
1) 딥러닝에서 학습이란
2) 손실함수
3) 딥러닝의 학습 과정
4) 최적화
5) 배치 사이즈와 에포크
6) 오버피팅

4. 활성함수
1) 시그모이드 함수
2) 렐루 함수
3) 출력층에서 사용하는 활성함수

■ 학습 내용

- 딥러닝의 개념과 발달 과정
- 인공신경망
- 퍼셉트론과 다층 퍼셉트론
- 손실함수
- 순전파와 역전파
- 최적화
- 오버피팅과 드롭아웃
- 활성함수

■ **학습 목표**

· 딥러닝의 개념과 발달과정을 이해할 수 있다.
· 인공신경망의 구조와 동작원리를 이해할 수 있다.
· 다층 퍼셉트론으로 구성된 인공신경망의 구조를 이해할 수 있다.
· 딥러닝의 학습 과정을 이해할 수 있다.
· 활성함수의 종류와 원리를 이해할 수 있다.

1. 딥러닝의 개요

학습목표
- 딥러닝의 정의와 발달과정을 이해할 수 있다.

학습내용
- 딥러닝이란 무엇일까
- 딥러닝으로 할 수 있는 일들
- 딥러닝의 발달 과정

이 단원에서는 인공지능과 딥러닝의 관계를 살펴보고 딥러닝의 발달 과정을 이해해본다.

1) 딥러닝이란

딥러닝(Deep Learning)이란 생물학의 신경망에서 영감을 얻은 수학모델인 인공신경망을 기반으로 하는 머신러닝의 한 분야이며, 인공지능의 역사에서 딥러닝은 2010년대 이후 활발히 연구되고 있다.

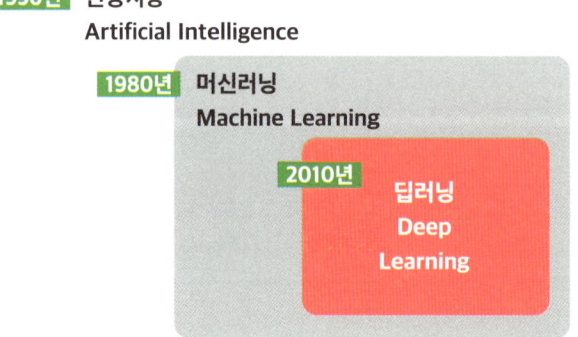

인공지능, 머신러닝, 딥러닝의 연도 및 포함 관계

2) 딥러닝으로 할 수 있는 일들

딥러닝은 이미지, 텍스트, 소리와 같은 데이터에서 많이 활용되고 있다. 딥러닝의 주요 연구 분야는 대상 탐지, 언어 이해, 이미지 생성, 해상도 조절 등으로 다양한 분야에서 뛰어난 성능을 보여준다.

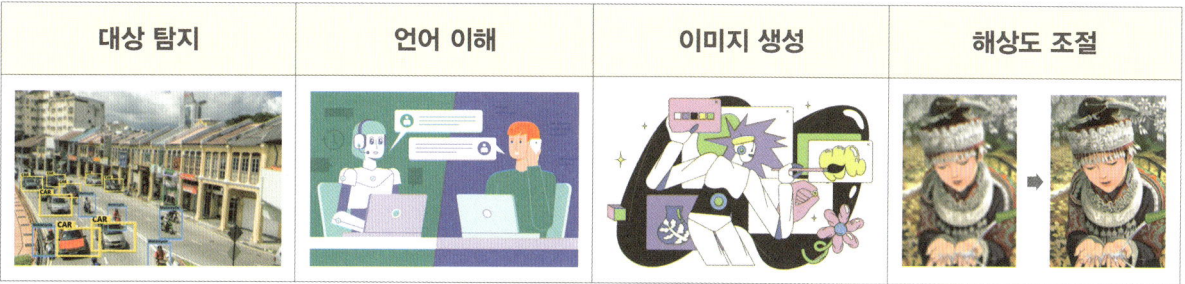

3) 딥러닝의 발달 과정

초기 인공신경망 연구			딥러닝 시대의 개막	딥러닝 시대의 황금기		
1957년	1969년	1986년	2006년	2012년	2016년	현재
퍼셉트론	다층 퍼셉트론	오차 역전파	렐루 함수	이미지넷 대회	알파고 vs 이세돌	생성형 인공지능
인공신경망의 시작	다층 퍼셉트론으로 퍼셉트론의 성능 개선	가중치를 학습하는 방법을 알아냄	학습이 불가능한 문제 해결	딥러닝의 성능을 증명한 계기	대중에게 인공지능과 딥러닝 알림	딥러닝을 사용하지 않는 영역이 거의 없음

(1) 초기 인공신경망과 딥러닝 시대의 개막

1957년, 프랭크 로젠블랫(Frank Rosenblatt)은 오늘날 인공신경망(딥러닝) 모델의 원조가 되는 퍼셉트론(perceptron)을 제안했다. 퍼셉트론은 생체신경망을 본떠 다수의 입력으로부터 하나의 결괏값을 내보내는 수학모델이지만 한계가 있었다.

1969년, 마빈 민스키(Marvin Minsky)는 퍼셉트론을 여러 개 쌓은 다층 퍼셉트론(MLP, Multi-Layer Perceptron)으로 퍼셉트론의 성능을 개선했다.

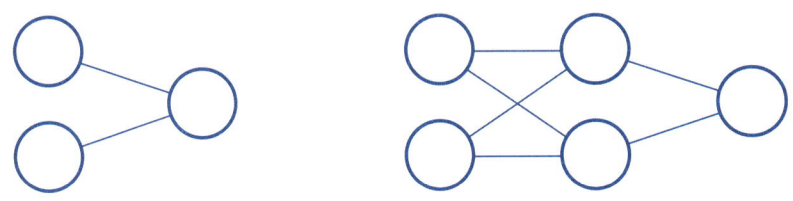

퍼셉트론(왼쪽)과 다층 퍼셉트론(오른쪽)

1986년, 데이비드 럼멜하트(David E. Rumelhart)와 제프리 힌턴(Geoffrey E. Hinton)은 오차에 따른 가중치를 조절하는 방식을 계산하는 오차 역전파 알고리즘을 발표했다. 오차 역전파 알고리즘으로 딥러닝의 복잡한 모델을 학습시킬 방법을 알아냈다. 하지만 층이 많아져 복잡해지면 학습이 잘 되지 않는 문제가 있었다.

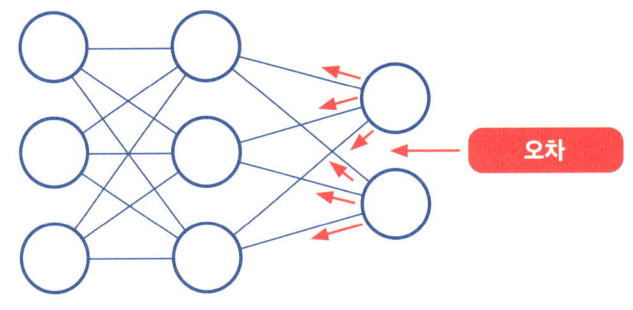

오차 역전파(화살표)를 활용한 학습 방법

(2) 딥러닝 시대의 개막

2006년, 제프리 힌턴은 렐루(relu)라고 하는 활성함수를 도입해 층이 깊어질수록 학습이 되지 않는 문제를 해소하여 지금의 딥러닝 시대를 열었다.

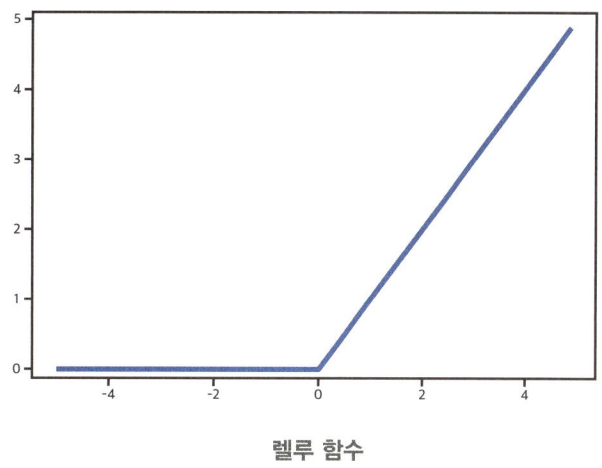

렐루 함수

(3) 딥러닝의 황금기

이미지넷(ImageNet) 대회는 1,000개의 다른 이미지를 인식하고 분류하는 대회로 2010년부터 개최되었으며, 2012년 제프리 힌턴 팀은 이미지넷 대회에서 딥러닝에 렐루 함수를 이용해 84.7%의 인식률을 보이며 우승했다. 이전 2011년 우승팀의 인식률은 74%로 무려 11%나 향상된 놀라운 성능을 보여줬다. 이로써 딥러닝의 우수성을 증명한 계기가 되었고, 이때부터 딥러닝을 이용한 방법이 널리 연구되기 시작했다.

2016년에는 알파고 대 이세돌의 경기로 인간의 바둑 수준을 뛰어넘는 딥러닝이 등장하였고, 대중에게 인공지능을 널리 알리는 계기가 되었다. 현재 인기 있는 생성형 인공지능도 딥러닝이 없었다면 이룰 수 없는 성과라 할 수 있다.

2. 딥러닝 모델의 이해

학습목표
- 인공신경망의 구조와 동작원리를 이해할 수 있다.
- 다층 퍼셉트론으로 구성된 인공신경망의 구조를 이해할 수 있다.

학습내용
- 인공신경망이란
- 퍼셉트론의 등장
- 다층 퍼셉트론의 등장
- 딥러닝의 구조

이 단원에서는 인공신경망이 무엇인지를 살펴보고, 인공신경망의 기본 단위인 퍼셉트론의 구조와 동작원리를 이해하고 다층 퍼셉트론으로 구성된 인공신경망의 구조를 살펴본다.

1) 인공신경망

딥러닝은 인공신경망을 기반으로 발전했는데, 인공신경망이란 생물학의 생체 뉴런에서 영감을 얻은 퍼셉트론을 적용한 머신러닝 모델이다.

생체 뉴런

인간의 신경세포인 뉴런은 수상돌기로 전기 신호를 입력받고 일정한 값 이상의 크기를 가지면 축삭돌기를 통해 다음 뉴런으로 신호를 전달한다.

퍼셉트론도 입력값에 의해 계산된 결과가 일정값 이상이면 결괏값을 출력하는 방법으로 인공신경망을 구성한다.

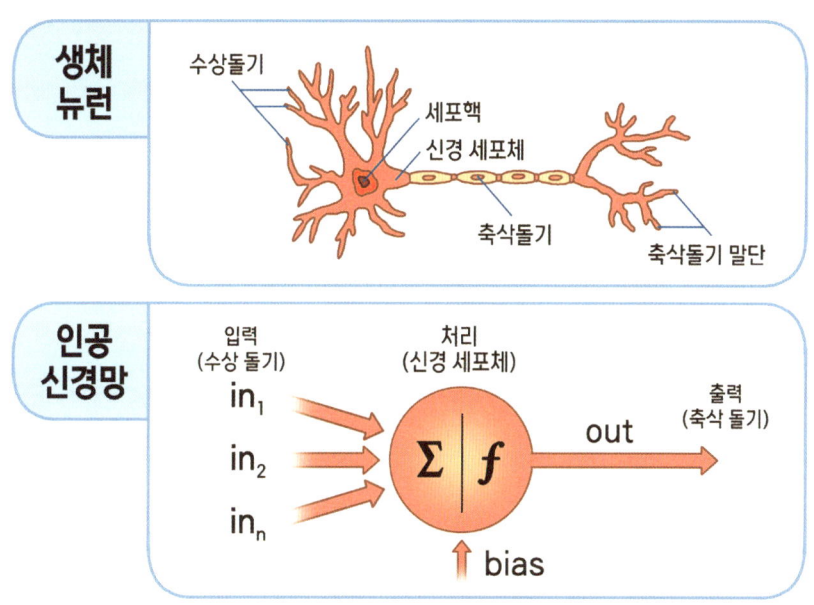

생체 뉴런을 모방하여 인공신경망으로 발전

2) 퍼셉트론의 등장

프랭크 로젠블랫이 1957년 인공신경망의 시초인 퍼셉트론을 고안했다. 퍼셉트론은 층이 1개인 단층 퍼셉트론인데, 보통 입력층은 층의 개수에 포함하지 않는다. 입력값을 가중치와 계산하고 활성함수를 거쳐 다음 노드로 값을 전달한다. 이때 X_1, X_2는 입력값, y는 출력값, w_1, w_2는 가중치, 원을 노드라고 부른다. 활성함수는 출력값을 내보낼지 내보내지 않을지 또는 얼마나 내보낼지 결정한다.

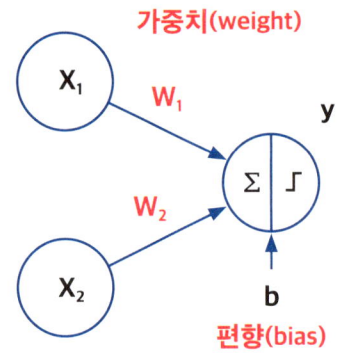

퍼셉트론의 구조
[여기서 시그마(Σ)는 수열의 합을 구하는 기호이다]

(1) 가중치와 편향

가중치는 입력값에 곱해지는 값으로, 가중치가 클수록 해당 입력의 중요도가 높아진다. 편향(bias)은 가중치와 입력의 합에 더해져 사용된다. 가중치는 입력값의 중요도에 따라 다른데, 예를 들어, 다음과 같은 데이터가 있다고 생각해보자. 공부한 시간과 게임을 한 시간에 따른 시험 합격 여부를 예측해보려고 한다.

공부한 시간 (x_1)	게임을 한 시간 (x_2)	시험 합격 여부 (y)
10	2	1(합격)
2	4	0(불합격)

일반적으로 시험 합격 여부에 공부한 시간이 게임을 한 시간보다 중요하기 때문에 가중치 값이 클 것으로 생각해볼 수 있다. 따라서 그림에서 공부한 시간의 가중치는 3, 게임을 한 시간은 −1.5, 편향은 2로 예를 들어본 것이다.

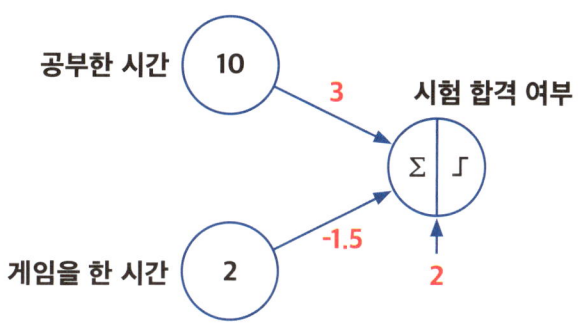

입력에 따른 가중치의 예

(2) 파라미터

식은 $y=x_1w_1+x_2w_2+b$와 같이 나타낼 수 있는데, x_1(공부한 시간), x_2(게임을 한 시간), y(합격)는 데이터에서 값이 주어지기 때문에 고정된 값이고, 가중치 w_1, w_2와 b만 구하면 된다. 가중치와 편향은 중간에 값이 변할 수 있으므로 파라미터라고 부른다.

즉, 딥러닝에서 파라미터란 학습에 의해 조정되는 가중치(w)와 편향(b)을 의미한다. 파라미터에 대한 용어는 자주 등장하므로 반드시 알아두고, 이 교재에서는 파라미터의 가중치와 편향 중에서 가중치에 집중해서 설명할 예정이다.

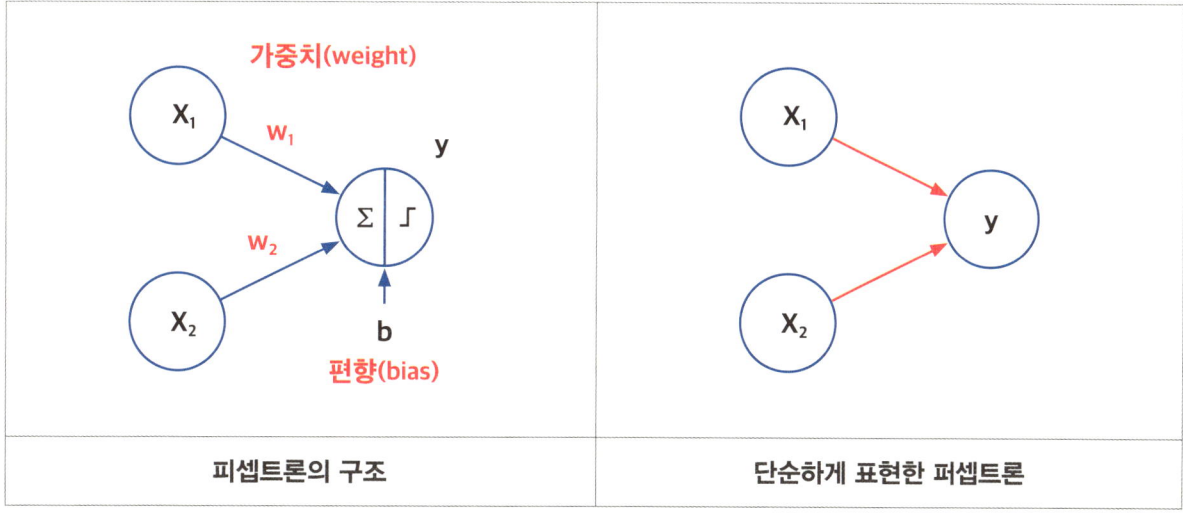

(3) 활성함수

활성함수는 노드에서 입력값과 가중치를 곱한 합을 출력으로 변환하는 함수이다. 이때 출력값을 내보낼지 내보내지 않을지 또는 얼마나 내보낼지 결정하는 역할을 한다. 활성함수는 인공신경망에서 매우 중요한 역할을 하고, 활성함수를 통해 더 복잡한 문제를 해결할 수 있게 되었다.

퍼셉트론에서는 계단함수가 사용되었고 이후 시그모이드 함수가 자주 사용되었다.

참고로 수학에서는 S자 모양의 함수를 시그모이드 함수라고 하는데, S자 모양의 함수는 다양한 범위의 값을 가질 수 있다. 여기서는 편의상 0~1사이의 값을 가진 S자 모양의 함수만 시그모이드 함수라고 부르겠다.

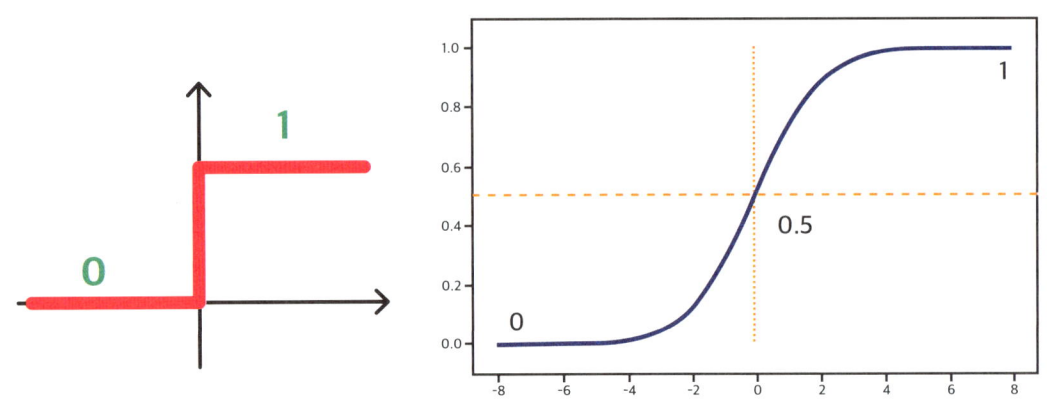

계단함수(왼쪽)와 시그모이드 함수(오른쪽)

(4) 퍼셉트론을 이용한 출력 결과

파라미터, 활성함수를 이용한 퍼셉트론의 간단한 예시를 들어보자. 여기서 입력에 사용된 예시는 다음과 같다.

공부한 시간 (x_1)	게임을 한 시간 (x_2)	합격 (y)
10	2	1(합격)
2	4	0(불합격)

퍼셉트론에서 사용된 활성함수는 계단함수인데 양수이면 1, 음수이면 0을 출력하는 간단한 함수이다. 입력으로 공부한 시간, 게임을 한 시간을 각각 10, 2로 넣어주면 가중치와 편향을 이용해 3이 계산된다. 3은 양수이므로 활성함수를 통과하면 1이 출력값이 된다.

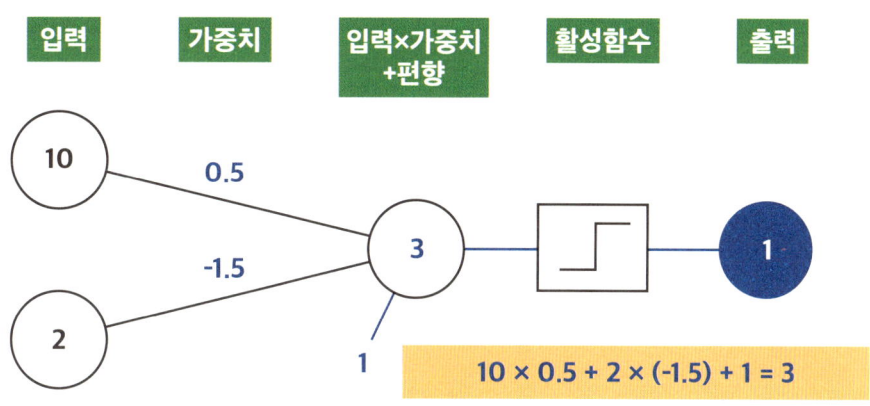

퍼셉트론의 간단한 출력 결과 예시 1

입력으로 공부한 시간, 게임을 한 시간을 각각 2, 4로 넣어주면 가중치와 편향을 이용해 -4가 계산된다. -4는 음수이므로 계단함수를 통과하면 0이 출력값이 된다.

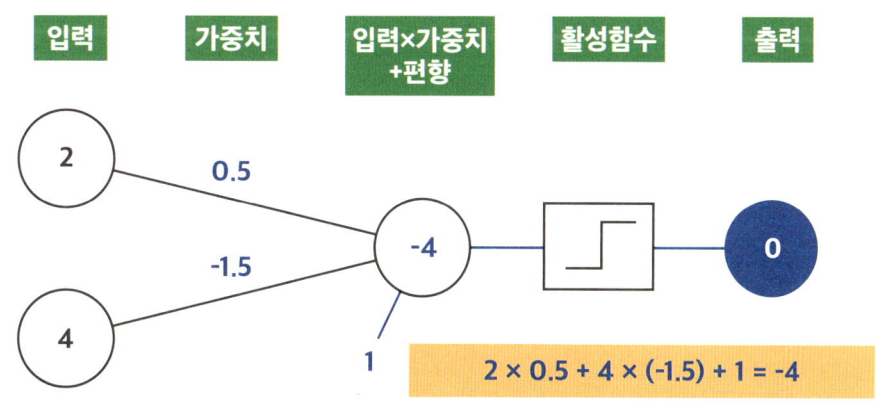

퍼셉트론의 간단한 출력 결과 예시 2

3) 다층 퍼셉트론의 등장

(1) 다층 퍼셉트론의 구조

단순한 문제는 퍼셉트론으로 해결이 가능하나, 복잡한 문제를 해결하는 데는 한계가 있었다. 이를 극복하기 위해 퍼셉트론(노드)으로 여러 개로 층을 구성하고, 입력층, 은닉층, 출력층으로 구성된 다층 퍼셉트론을 이용하여 층을 많이 쌓으면 복잡한 문제를 해결할 수 있음을 수학적으로 보여주었다. 단층 퍼셉트론은 입력층과 출력층으로 구성되었고, 다층 퍼셉트론은 입력층, 은닉층, 출력층으로 구성된다. 특히 2개 이상의 은닉층이 포함된 다층 퍼셉트론을 딥러닝(심층신경망)이라고 한다. 다층 퍼셉트론에서 데이터가 입력되는 층은 입력층, 결괏값을 내보내는 층은 출력층, 입력층과 출력층 사이의 층을 은닉층이라고 부른다.

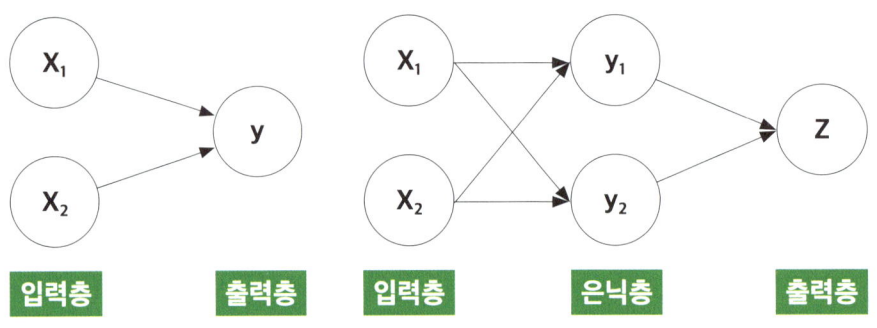

퍼셉트론(왼쪽)과 다층 퍼셉트론(오른쪽)

다층 퍼셉트론은 퍼셉트론을 층으로 구성하여 여러 개 연결한 구조이다. 그림은 퍼셉트론으로 구성된 3개의 층을 연결한 인공신경망의 구조를 확인할 수 있다.

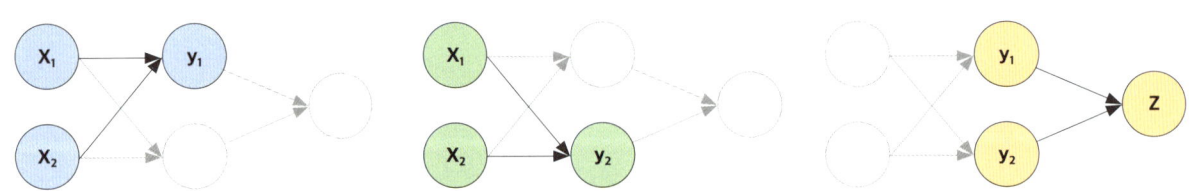

퍼셉트론을 여러 개 연결한 다층 퍼셉트론의 구조

4) 딥러닝의 구조

(1) 딥러닝이란 무엇일까

딥러닝은 기본적으로 은닉층이 2개 이상인 다층 퍼셉트론을 의미한다. 입력층과 출력층만 있는 인공신경망은 단층 퍼셉트론이고, 은닉층이 있으면 다층 퍼셉트론으로 분류된다. 또한 은닉층이 1개 있으면 얕은 신경망, 은닉층이 2개 이상이면 딥러닝이라고 부른다. 일반적으로 은닉층을 많이 쌓아 파라미터의 개수가 증가하면 더 복잡한 문제를 해결할 수 있다. 최신 딥러닝 모델은 수백 개의 은닉층과 은닉층마다 수천, 수십만 개의 노드를 가진 모델도 있다.

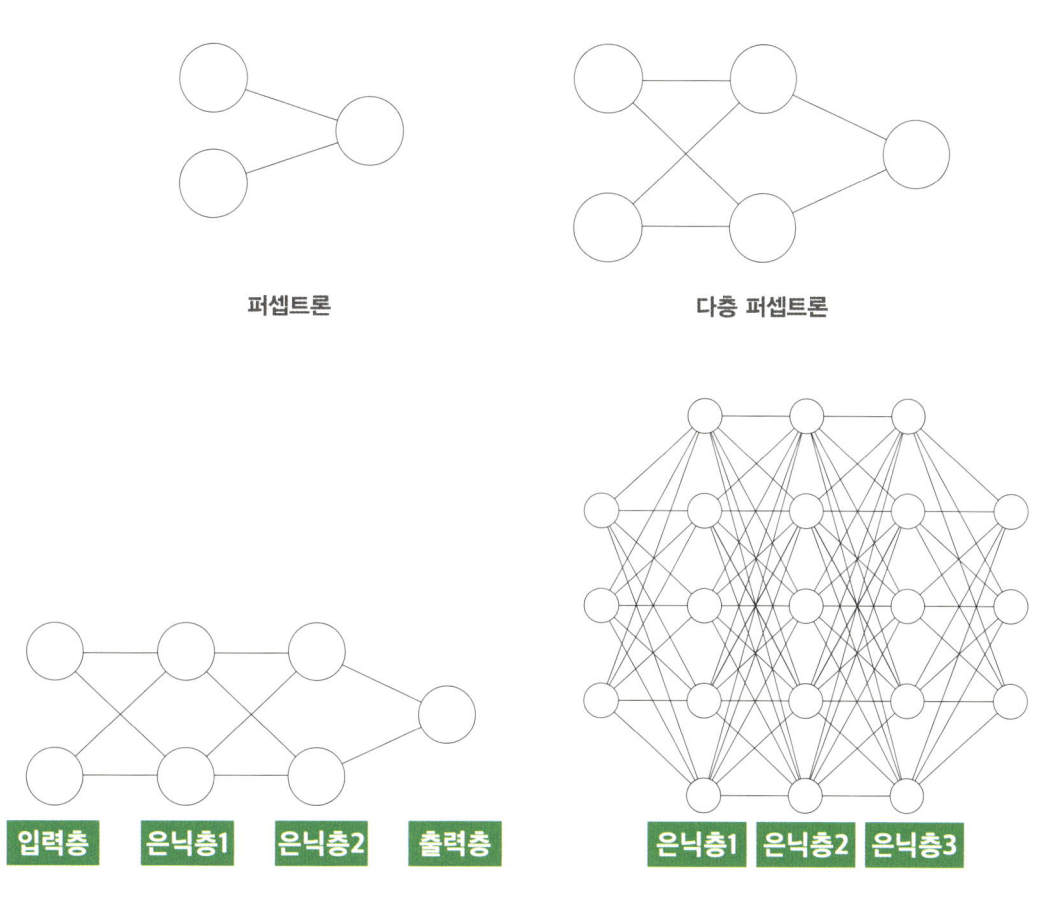

(2) 딥러닝 층의 구조

① 입력층

입력층은 딥러닝의 시작 부분으로 외부로부터 데이터를 받아들이는 층이다. 입력층은 노드의 개수를 마음대로 정할 수 없고, 독립변수의 개수에 따라 정해져 있다.

독립변수가 2개이면 입력층의 노드의 수는 2개이다. 다음 예시는 공부한 시간(x_1), 게임을 한 시간(x_2)과 같이 2개의 독립변수가 있으므로 입력층의 노드 개수는 2개이다.

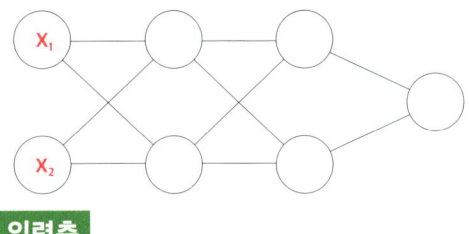

독립변수가 2개인 경우 입력층의 구조

독립변수가 3개이면 입력층 노드의 개수는 3개이다. 다음 예시는 체중(x_1), 꼬리의 길이(x_2), 이동속도(x_3)와 같이 독립변수가 3개이므로 입력층의 노드는 3개이다.

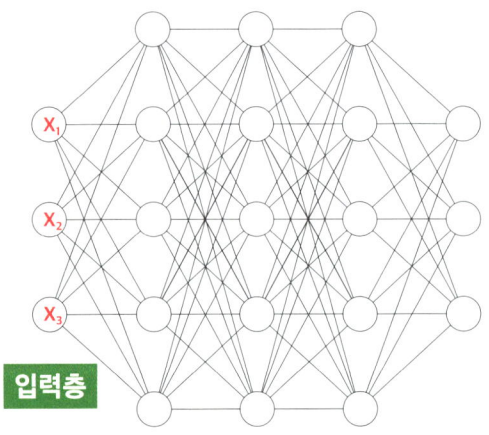

독립변수가 3개인 경우 입력층의 구조

② 출력층

출력층은 딥러닝의 마지막 부분으로 AI 모델의 예측값을 만들어낸다. 출력층도 입력층과 마찬가지로 노드의 개수가 정해져 있는데, 종속변수가 연속적인 값을 가지는 회귀인 경우 노드 개수가 1개이다.

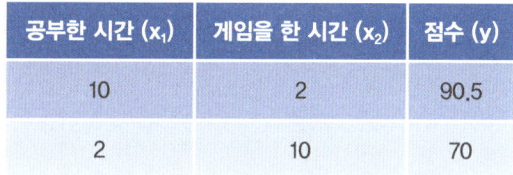 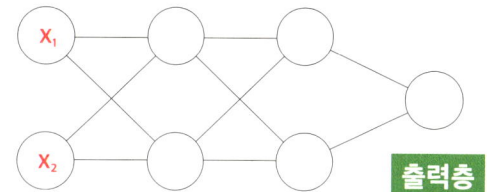

회귀인 경우 출력층의 구조

강아지/토끼/고양이처럼 종속변수가 3개로 분류되는 다중분류의 경우는 3개의 노드가 있어야 한다.

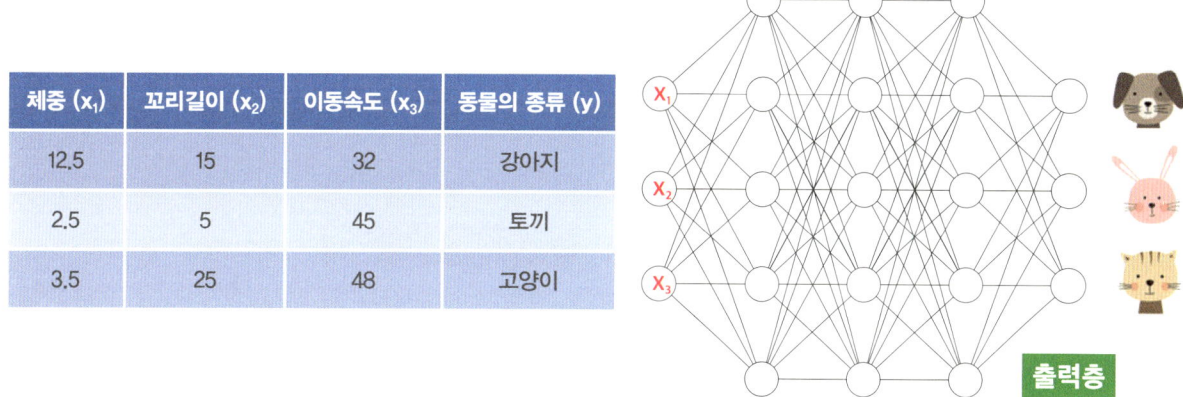

다중분류인 경우 출력층의 구조

③ 은닉층

은닉층은 입력층과 출력층 사이에 숨겨져 있다는 의미이다. 은닉층 개수나 노드 개수는 정해져 있지 않고, 비교적 자유롭게 설계할 수 있다. 물론 너무 많으면 학습 속도가 느려지고, 오버피팅 등의 문제가 발생하기는 하지만 일반적으로 은닉층이 많고, 노드 개수가 많으면 더 복잡한 관계를 학습할 수 있는 장점이 있다.

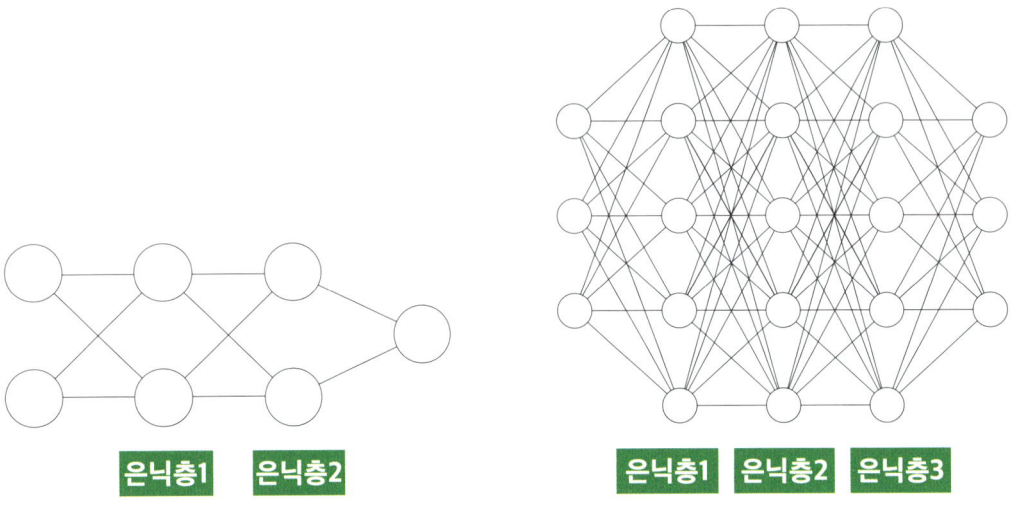

은닉층 개수와 노드 개수의 차이에 따른 구조

AIDU ez에서는 은닉층을 FC 레이어로 부른다. FC 레이어의 수는 은닉층 개수, FC 레이어의 크기는 은닉층의 노드 개수를 의미한다.

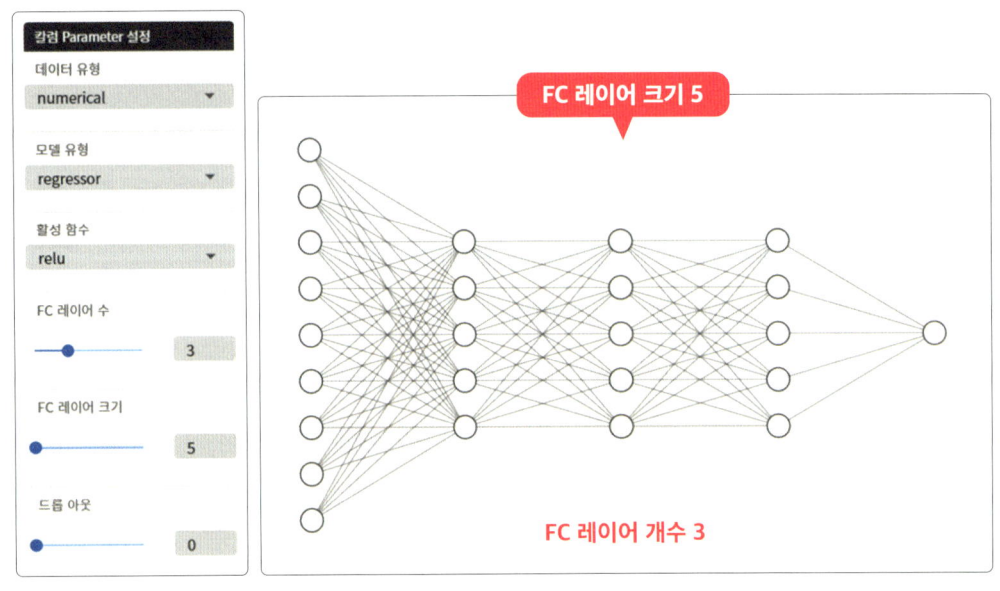

AIDU ez에서 FC 레이어의 의미

3. 딥러닝은 어떻게 학습할까

학습목표
- 딥러닝의 학습과정과 최적화 방법을 이해한다.

학습내용
- 딥러닝에서 학습이란
- 손실함수
- 딥러닝의 학습 과정
- 최적화
- 배치 사이즈와 에포크
- 오버피팅

1) 딥러닝에서 학습이란

딥러닝에서 학습이란 오차를 줄이는 규칙, 함수를 찾는 것이다. 오차란 실젯값과 예측값의 차이이다. 다음 그림에서 파란색 점은 실젯값을 의미하고, 연두색 직선은 모델의 출력인 예측값이다. 오차는 실젯값과 예측값의 차이를 제곱한 값들의 평균인 평균제곱오차(MSE, Mean Squared Error)를 많이 사용한다.

딥러닝에서 학습이란 오차를 줄이는 것이고 오차를 계산하는 함수를 손실함수라고 한다. 즉, 손실함수 값이 작은 것을 목표로 한다.

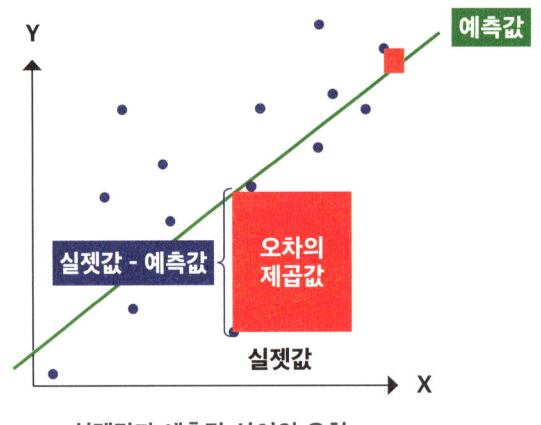

실젯값과 예측값 사이의 오차

2) 손실함수

목적함수, 오차함수, 손실함수, 비용함수는 비슷한 의미로 사용된다. 다음 그림을 먼저 살펴보자. 목적함수는 딥러닝의 목표가 오차를 줄이는 것이 목적이라는 의미이고, 오차함수는 오차의 크기를 계산하는 함수라는 의미이다. 손실함수는 오차만큼 손실이 있는 것, 비용함수는 오차만큼 비용을 들여서 개선해야 한다는 의미이다. 즉, 자세히 살펴보면 각각이 가지는 의미는 조금씩 다르지만, 모두 딥러닝 학습을 통해 오차를 줄인다는 의미가 있다.

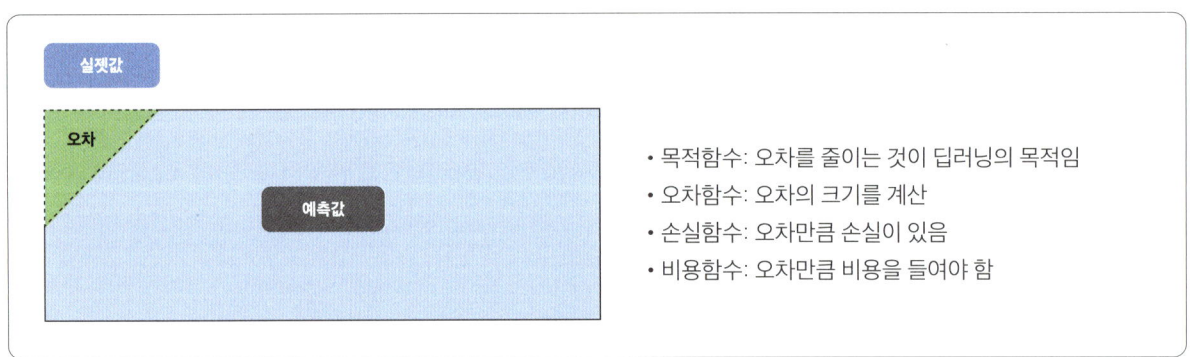

딥러닝은 예측값을 실젯값과 최대한 동일하게 만들어 오차를 줄이는 목표가 있음

회귀에서는 평균제곱오차(MSE), 분류에서는 크로스 엔트로피(cross-entropy)라는 손실함수가 많이 사용된다. 크로스 엔트로피는 분류할 레이블로 예측할 확률값과 정답값의 차이를 이용한 방법으로 수식이 복잡하여 자세한 설명은 생략한다.

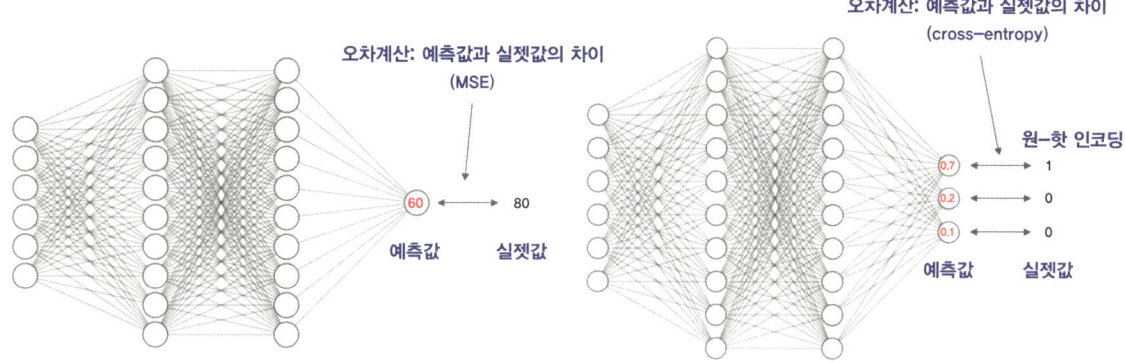

회귀에서 MSE(왼쪽)와 다중분류에서 cross-entropy(오른쪽)가 손실함수로 자주 사용됨

3) 딥러닝의 학습 과정

다음 그림을 보면, 딥러닝의 학습 과정은 ①과 같이 입력층으로부터 출력층의 방향으로 예측값을 계산한다. 이 과정을 순전파라고 한다. 출력값을 60으로 예측했다고 하면 ②와 같이 손실함수를 이용해 20만큼의 오차가 있다고 계산한다.

오차가 있으므로 ③과 같이 최적의 파라미터 값을 찾기 위해 최적화 알고리즘을 이용하여 계산하고, 가중치 값을 변경한다. 이후 ①, ②, ③의 과정을 반복하면서 오차값이 충분히 줄어들 때까지 학습한다.

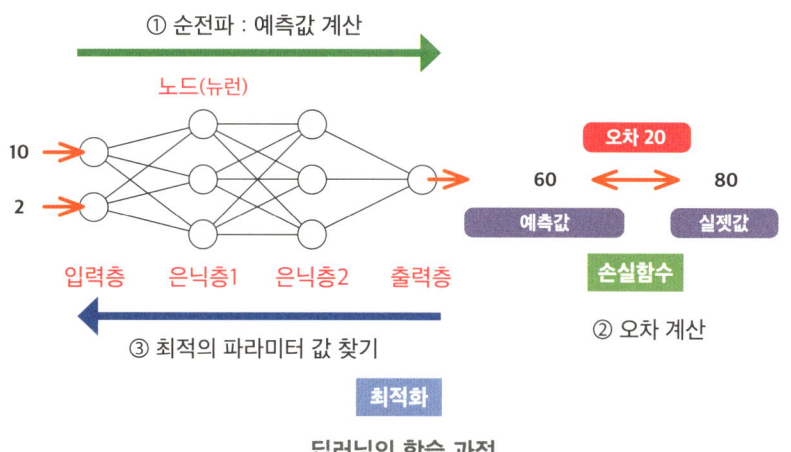

딥러닝의 학습 과정

좀 더 구체적인 예를 들어보자. 다음 그림에서 가중치가 변경되어 오차가 줄어든 것을 보면 학습이 되었다는 것을 알 수 있다. 10과 2의 입력이 들어가고 출력값이 60으로 예측되었고, 실젯값과의 차이가 20으로 계산되어 가중치 값을 변경한다. 은닉층에서 출력층의 가중치가 2, 2, 2에서 각각 3, 2, 3으로 변경되었다고 가정하고 예측값이 75로 계산되어 오차가 5로 줄었다면 학습이 잘된 것으로 볼 수 있다. 즉, 딥러닝의 학습이란 오차가 줄어드는 방향으로 가중치가 업데이트되는 과정이다.

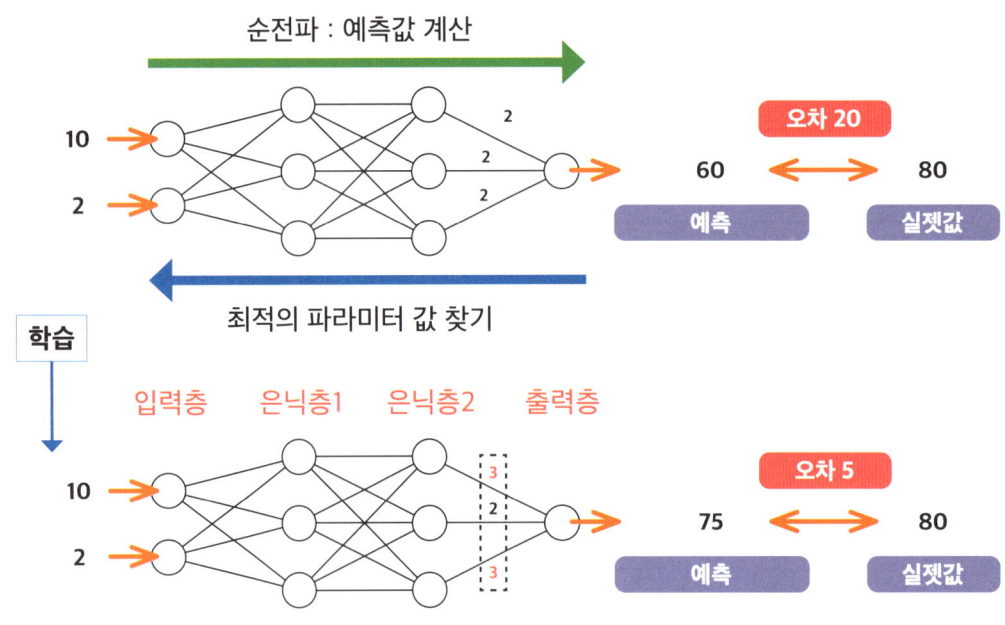

가중치가 업데이트되고 오차가 줄어 학습이 잘 진행된 예시

4) 최적화

최적화란 오차가 작은 방향으로 파라미터[가중치, 편향(bias)] 값을 조절하는 알고리즘을 의미한다. 여기서는 파라미터 중 가중치를 중심으로 최적화 알고리즘을 살펴보겠다.

(1) 가중치를 찾는 방법

오차가 작은 가중치(w)는 한 번에 찾을 수 없다. w*와 같이 오차가 가장 작아지는 가중치가 있다고 가정하면 업데이트를 통해 오차가 가장 작아지는 w*를 향해 반복적으로 찾아야 한다.

$$w_0 \rightarrow w_0 \rightarrow w_2 \rightarrow \ldots \rightarrow w_n \rightarrow \ldots \rightarrow \underline{w^*}$$

오차가 가장 작아지는 가중치

$w_0 \rightarrow w_1 \rightarrow w_2$로 변경하는 방법은 현재의 가중치에서 변경된 값만큼 더해 업데이트된 가중치를 만드는 것이다. 즉 w_1은 w_0+변경된 값만큼 w_1이 되는 것이다.

$$\underline{w_{k+1}} \rightarrow \underline{w_k} \rightarrow \underline{\Delta w_k}$$

업데이트 된 가중치   현재의 가중치   변경된 값

(2) 최적의 가중치를 구하는 예

반복적으로 w값(가중치 값)을 찾는 과정을 자세히 살펴보자. 회귀에서 대표적인 손실함수인 평균제곱오차를 이용해보자. (1,1), (2,2), (3,2)의 3개의 데이터가 있고, y=wx에서 w=0일 때 오차값을 계산해보면 ①은 오차가 1, ②는 오차가 2, ③은 오차가 2가 나온다.

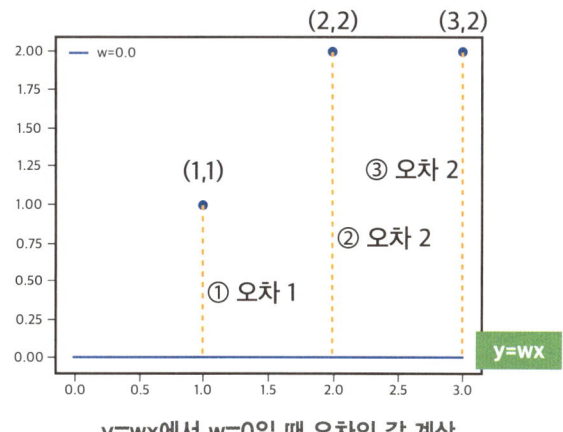

y=wx에서 w=0일 때 오차의 값 계산

평균제곱오차의 수식을 이용해보면 9의 값이 계산된다.

$$\text{MSE} = \frac{1}{n}\sum_{k=1}^{n}(\text{실젯값} - \text{예측값})^2 = \frac{1}{3}(1^2+2^2+2^2)$$

$$= \frac{1}{3}(9)$$

n=3(데이터 개수) · 1부터

수식 평균제곱오차 값의 계산

x축은 가중치(w), y축은 손실함수인 평균제곱오차 값으로 놓고 점을 찍어보면 다음과 같다.

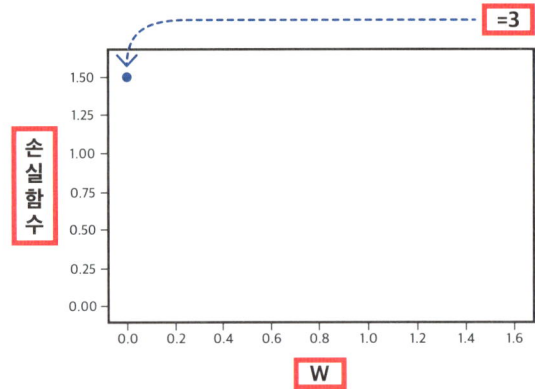

가중치와 손실함수에 따른 계산 결과

w값을 0.4씩 증가시켜 가면서 데이터 간의 손실함수를 전부 다 계산한다고 해보자. w=0일 때, w=0.4일때, 0.8일 때, 1.2일때, 1.6일때 손실함수를 평균제곱오차로 계산하고 전부 표시해보자.

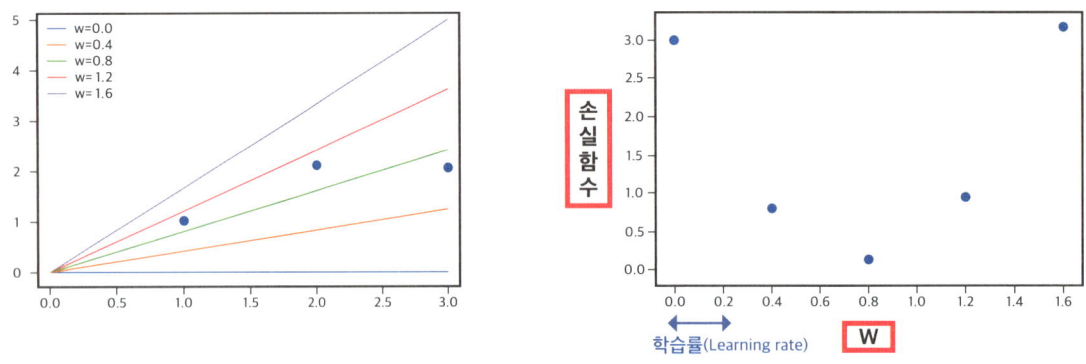

w값을 0.4씩 조절한 경우

그림에서 확인할 수 있듯 w값이 0.8일때 오차가 가장 작아지는 것을 확인할 수 있다. 여기서 w값을 0.4 간격으로 조절했는데, 이 간격을 학습률(learning rate)이라고 한다.

만약 w값을 0.2씩 조절한다면 좀 더 촘촘하게 점을 찍을 수 있다. 학습률을 크게 하면 오차가 작은 w값을 빨리 찾을 수 있지만, 너무 크면 가장 좋은 w값을 놓치고 그냥 지나칠 수도 있다. 따라서 상황에 맞게 적절한 값으로 정해줘야 한다.

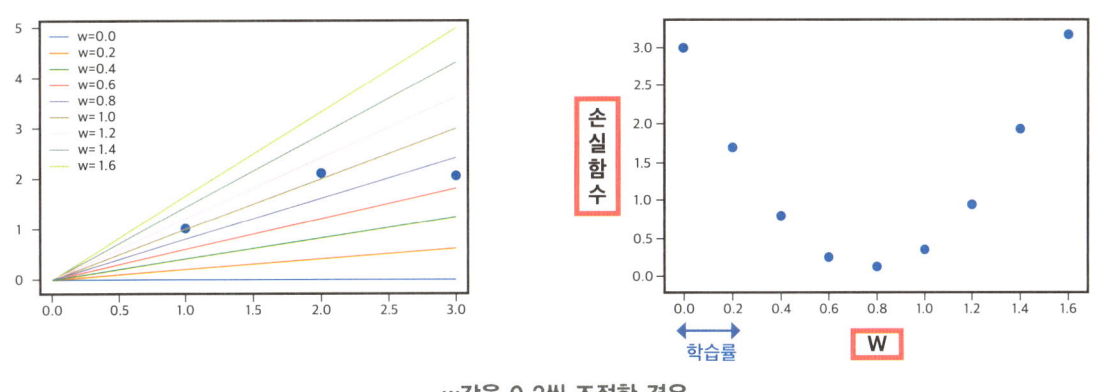

w값을 0.2씩 조절한 경우

이렇게 최적화 알고리즘은 오차를 줄이는 방향으로 가중치 값을 반복적으로 조절하고 w=0.8이 그 지점을 나타낸다. 다음 그림 중 오른쪽 그림은, 가중치를 더 촘촘하게 했을 때 가중치와 손실함수는 아래쪽으로 볼록한 곡선으로 그려지고, 초기의 가중치 값이 있을 때 오차가 작은 지점으로 움직이는 것을 나타낸 것이다.

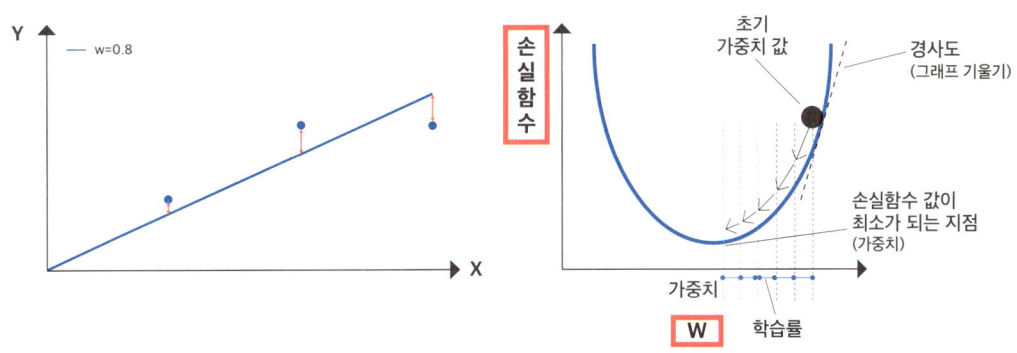

w=0.8일 때 오차가 가장 작은 직선(왼쪽)과 손실함수 값이 작은 방향으로 움직이는 모습(오른쪽)

5) 배치 사이즈와 에포크

학습에 사용될 데이터셋의 양이 많은 경우 메모리의 한계로 인해 한 번에 처리하지 못할 수 있다. 이때 데이터를 일정한 크기로 나눠 입력층에 넣는 방법으로 해결한다. 이렇게 한 번에 처리하는 크기를 배치 사이즈(Batch Size)라고 한다. 또한, 데이터셋을 몇 번 반복 학습하는지도 중요한데, 이를 에포크(epoch, 반복횟수)라 하고 보통 50번, 100번 등 여러 번 반복을 하므로 epochs와 같이 복수형을 사용하기도 한다.

예를 들어, 다음 그림에서 제공된 훈련 데이터셋이 315개이고 한 번에 입력되는 배치 사이즈가 100이라면, 네 번에 걸쳐 315개가 모두 입력되어야 1에포크가 완료되었다고 한다.

- 훈련 데이터셋: 315개
- 훈련 데이터셋/배치사이즈 = 315/100 = 3.15
- 3.15이므로 100, 100, 100, 15개가 모델에 입력되어 총 4번 입력됨
- 315개 모두 입력 완료 = 1에포크 완료

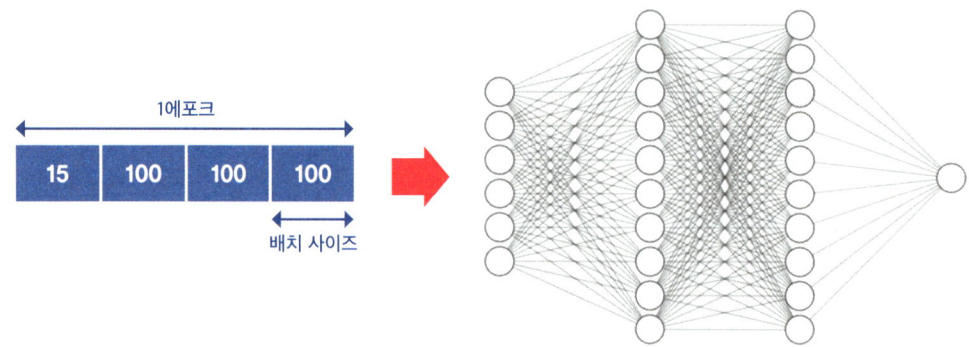

Batch Size=100만큼 나눠서 입력층에 넣어주는 장면

일반적으로 딥러닝은 데이터를 여러 번 반복해서 학습해야 한다. 이는 모델의 성능을 향상시키고, 복잡한 데이터에서 유용한 패턴을 학습하는 데 필요한 절차이다.

6) 오버피팅

학습을 많이 할수록 성능이 좋아지면 좋겠지만 학습 데이터에만 최적화된 가중치와 편향으로 업데이트된다. 하지만 학습되지 않은 새로운 데이터가 입력되면 잘 예측하지 못해 오차가 크게 발생하는 오류를 겪을 수 있다.

(1) 오버피팅이란

학습에 이상적인 상태가 있다고 가정하면, 언더피팅은 학습이 덜 된 것이고, 오버피팅은 과하게 학습을 많이 된 것으로 볼 수 있다. 오버피팅은 모델의 성능을 좋지 못하게 만들어 문제가 되므로, 다양한 방법을 통해 오버피팅을 방지하기 위해 노력하고 있다.

이상적인 상태를 찾는 것은 생각보다 어려운 작업이어서 많은 노력과 다양한 아이디어가 요구된다.

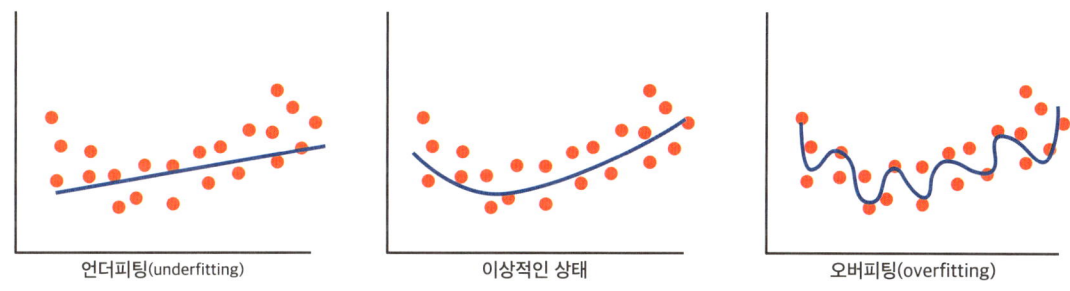

학습의 이상적인 상태와 그렇지 못한 경우의 예
출처: https://kr.mathworks.com/discovery/overfitting.html

(2) 오버피팅 방지 기법

① 조기종료

조기종료는 오버피팅을 방지하는 한 방법이다. 검증/테스트 데이터의 오차가 더 이상 줄어들지 않는 지점에서 조기종료를 하는 것이 효율적이다. 검증/테스트 데이터의 오차가 가장 작은 지점이 이상적인 학습 상태이고, 학습을 멈춰야 하는 지점이다. 학습을 멈춰야 하는 지점을 기준으로 그 이전은 언더피팅, 그 이후는 오버피팅이다. 조기종료를 이용하면 오버피팅으로 인한 불필요한 학습을 막을 수 있다. 실제로는 이상적인 지점을 찾는 것은 쉽지 않은 일이다.

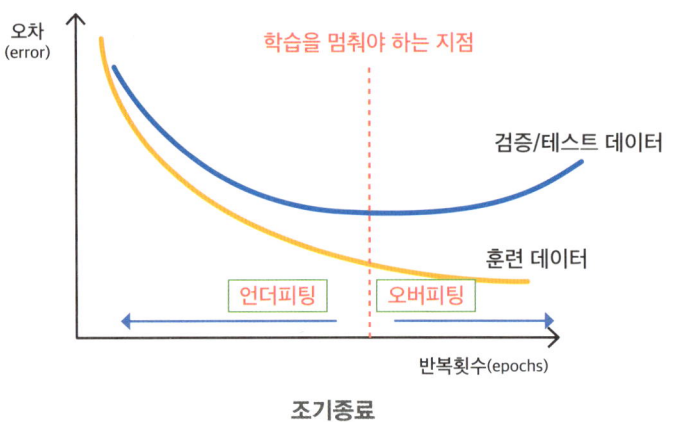

조기종료

② 드롭아웃

오버피팅 방지를 위한 방법으로 드롭아웃 기법도 있다. 드롭아웃이란 은닉층의 개수와 노드의 수가 많을수록 계산량이 너무 많을 수 있으니 중간에 일부분의 노드를 비활성화하여 계산량을 줄이는 것이다. 드롭아웃은 간단하지만 효과적이다. 무작위로 노드를 비활성화하면 일반화된 성능이 향상될 수 있다.

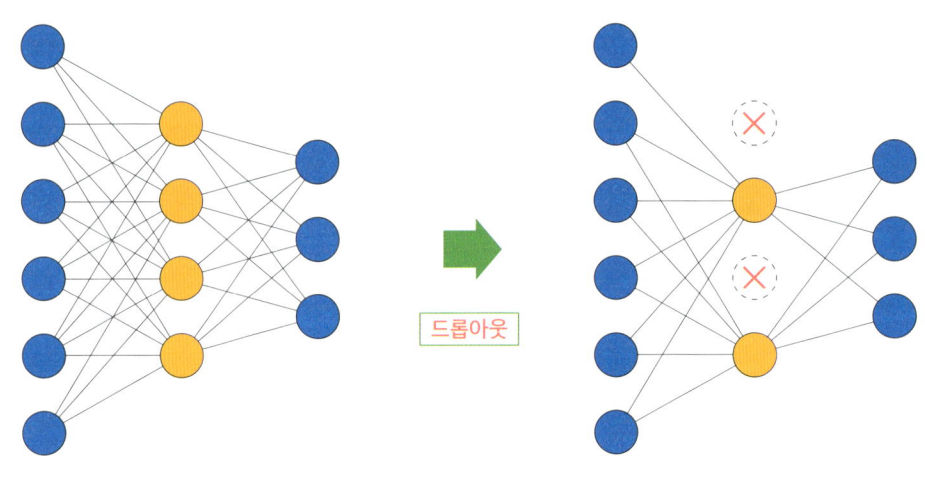

드롭아웃

4. 활성함수

학습목표
- 활성함수를 이해하고 문제 유형에 따른 활성함수를 사용할 수 있다.

학습내용
- 시그모이드 함수
- 렐루 함수
- 출력층에 사용되는 활성함수

대표적인 활성함수에 대해서 알아보고 회귀 또는 분류 모델의 출력층에서 사용하는 활성함수를 살펴보자. 활성함수는 이전 퍼셉트론(노드)의 입력 신호를 받아 계산 결과가 특정 임계값을 넘을 때 결괏값을 다음 퍼셉트론으로 값을 전달하는 역할을 한다.

1) 시그모이드 함수

인공신경망이 발전하면서 시그모이드 함수를 많이 사용하게 되었다. 시그모이드는 0 또는 1로 출력하는 계단함수와는 다르게 0~1 사이의 부드러운 S자 곡선을 이용하여 값을 출력한다.
입력으로 공부한 시간, 게임을 한 시간을 각각 10, 2로 넣어주면 3이 계산되고 시그모이드 함수를 통과하면 0.95의 출력 결과를 얻을 수 있다.

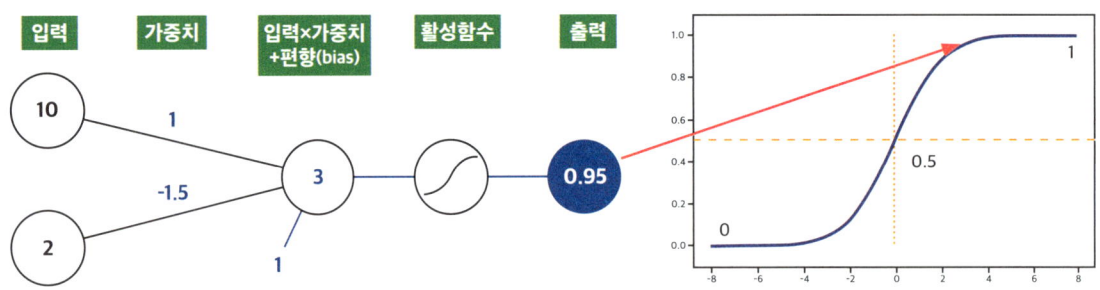

활성함수를 바꾼 간단한 출력 결과 예시 1

입력으로 공부한 시간, 게임을 한 시간을 각각 2, 4로 넣어주면 -4가 계산되고 시그모이드 함수를 통과하면 0.01의 출력 결과를 얻을 수 있다. 이처럼 시그모이드 함수를 이용하면 계단함수와는 다르게 좀 더 다양한 출력값이 나온다.

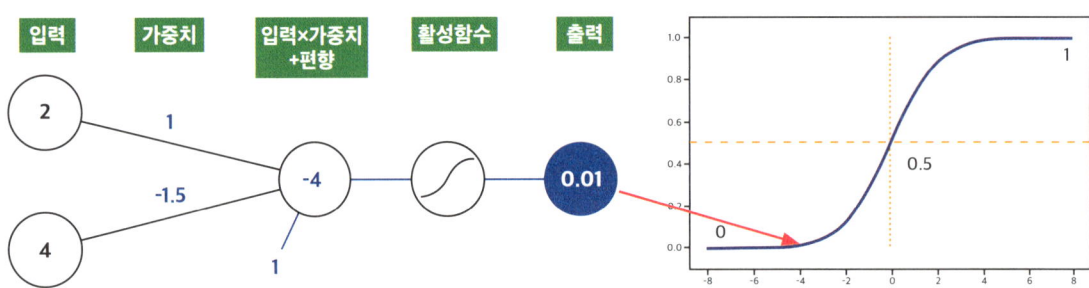

활성함수를 바꾼 간단한 출력 결과 예시 2

2) 렐루 함수

시그모이드는 결괏값이 0~1까지 범위를 출력하는 함수로 이진 분류에 적합하다. 렐루(relu) 함수는 양수는 그대로 출력하고, 음수는 0으로 출력하는 함수로 0보다 큰 값일 경우 1을 반환하는 시그모이드와 차이가 있다. 실제 딥러닝 학습 과정에서 역전파를 통해 오차를 줄이는 과정에서 층이 많을수록 가중치가 업데이트 되지 않는 문제를 해결할 수 있게 되었다.

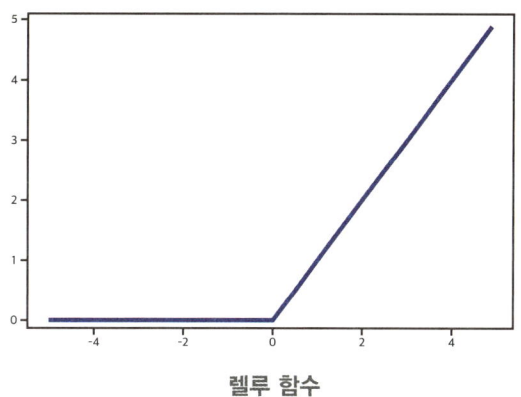

렐루 함수

현재 렐루 함수와 시그모이드 함수는 딥러닝 모델을 구현할 때 많이 사용되고 있다. 은닉층이 많지 않으면 시그모이드 함수도 많이 사용된다. 참고로 시그모이드와 비슷하게 S자 모양을 가졌지만 −1~1 사이의 값의 범위를 가지는 하이퍼볼릭탄젠트(tanh) 함수도 있다. 하이퍼볼릭탄젠트 함수는 자연어 처리에서 많이 사용되고 있다.

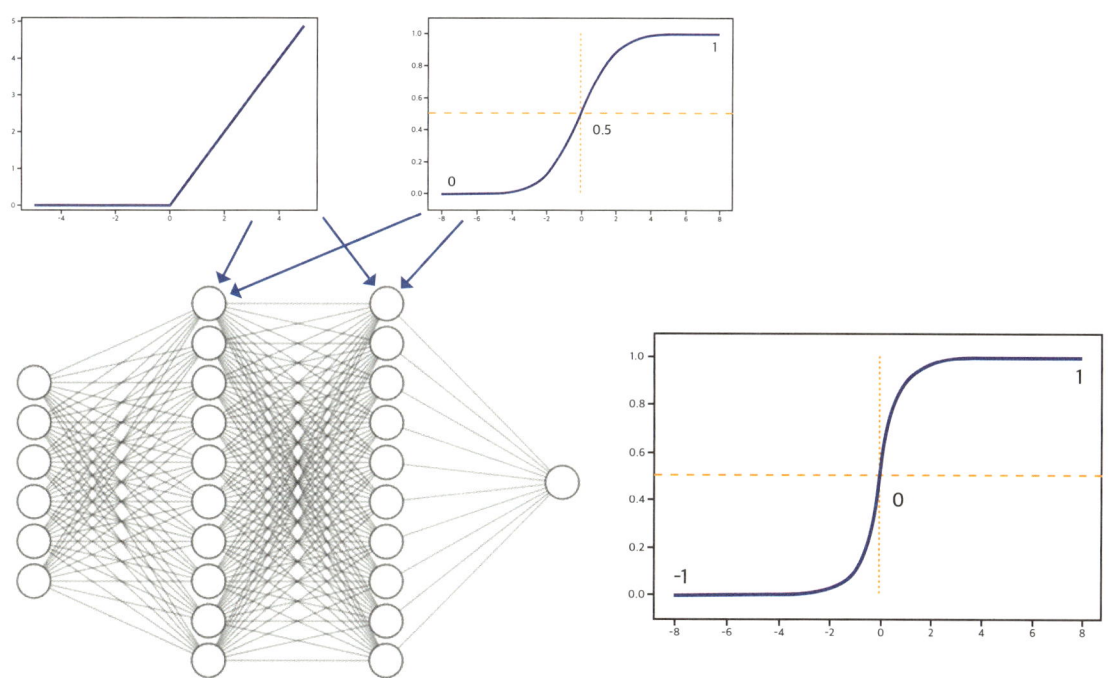

은닉층에서 많이 사용되는 활성함수(왼쪽)와 하이퍼볼릭탄젠트 활성함수(오른쪽)

3) 문제 유형에 따른 활성함수

활성함수는 은닉층에서는 비교적 자유롭게 사용할 수 있지만 출력층에서 사용되는 활성함수는 정해져 있다. 이진분류에서는 시그모이드, 다중분류에서는 소프트맥스, 회귀에서는 활성함수를 사용하지 않는 것이 일반적이고, 예측값이 양수인 경우 렐루 함수를 사용할 수 있다.

문제 유형	출력층의 활성함수
이진분류	시그모이드(sigmoid)
다중분류	소프트맥스(softmax)
회귀	없음, 렐루(값이 양수인 경우)

문제 유형에 따른 출력층의 활성함수

(1) 이진분류의 경우

이진분류의 경우 출력층의 노드는 1개이고, 시그모이드 함수를 이용해 0.5 이상이면 1로 분류하고, 0.5 미만이면 0으로 분류한다.

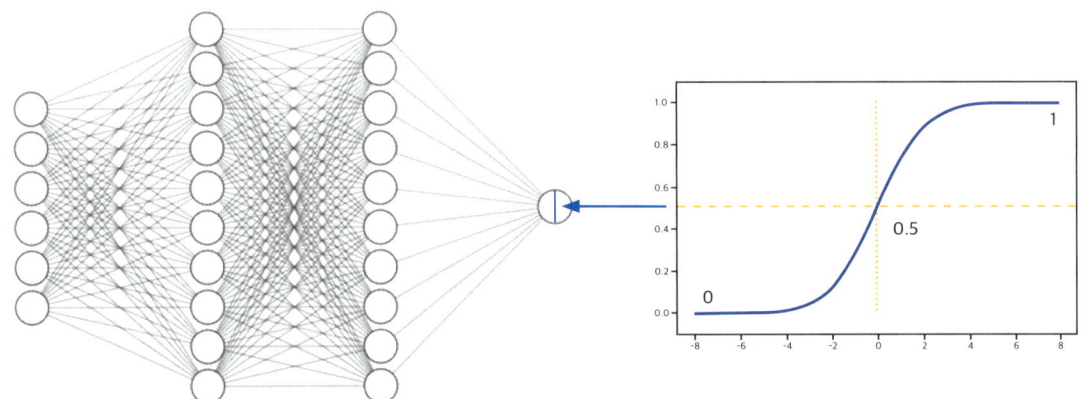

이진분류인 경우 출력층에 시그모이드 함수를 사용

이진분류의 예를 들어보자. 은닉층에서는 시그모이드나 렐루 함수 중 아무거나 사용해도 되지만 출력층에서는 시그모이드 함수를 이용해야 한다.

만약 다음과 같이 1, 2가 입력값으로 들어가고, 가중치가 다음과 같을 때 출력층은 −0.68의 값으로 계산된다. 출력층에 시그모이드 함수를 통과하면 0.34이므로 0.34는 0.5 미만이기 때문에 0으로 예측한다. 그러면 실젯값과 불일치되므로 학습을 통해 은닉층에서 출력층의 가중치가 2로 업데이트되었다고 가정해보자. 그러면 출력층에 2.17의 값이 계산되고 시그모이드 함수를 통과시키면 0.9가 된다. 0.5보다 큰 값이므로 1로 예측한다면 학습이 잘 진행된 것으로 볼 수 있다.

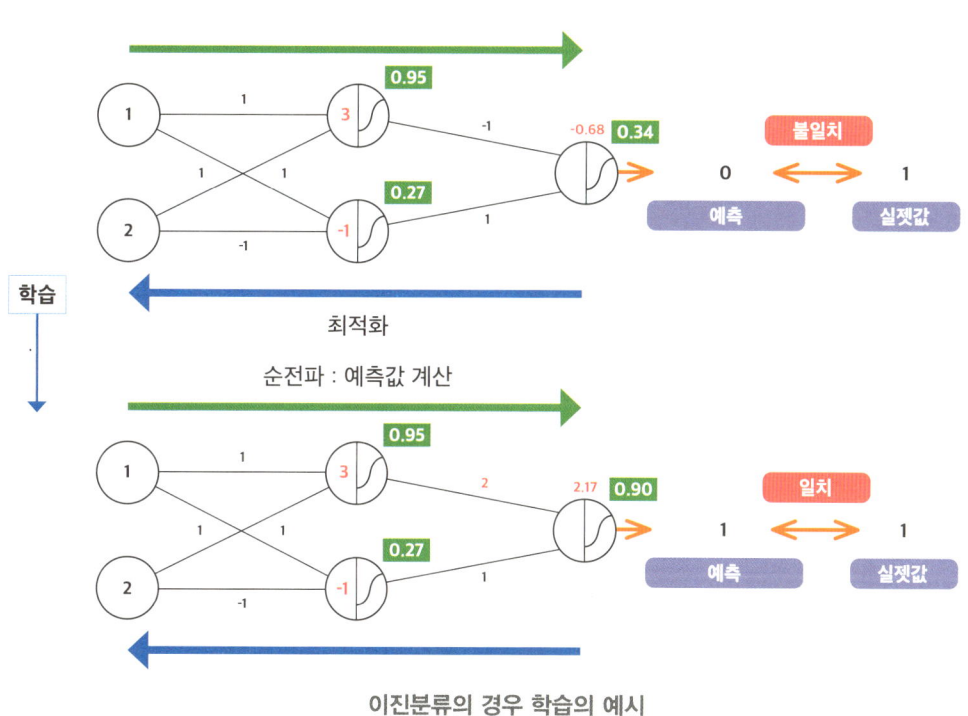

이진분류의 경우 학습의 예시

(2) 회귀의 경우

회귀인 경우 출력층은 보통 활성함수를 쓰지 않는다. 출력의 결과가 양수인 경우에는 렐루 함수를 써도 되긴 하지만 일반적으로는 활성함수를 쓰지 않는다.

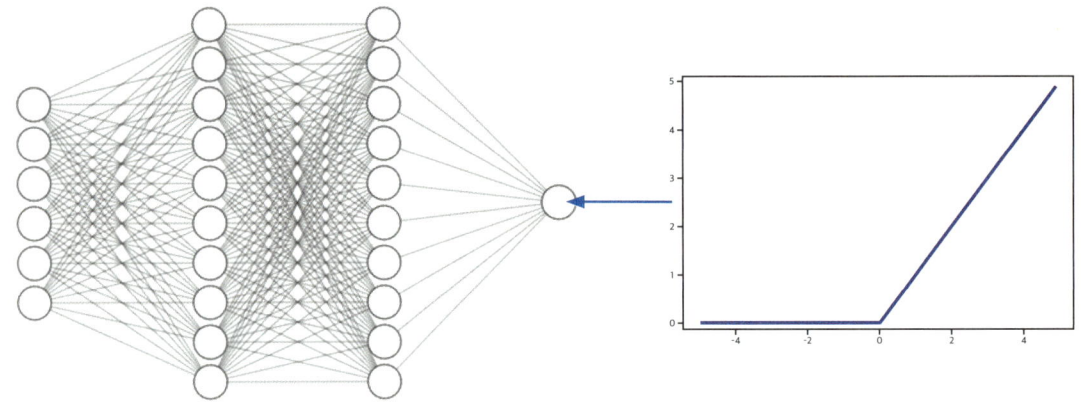

회귀인 경우 렐루 함수를 사용한 예시

렐루 함수를 이용해 회귀의 경우 예를 들어보자. 1, 2가 입력으로 들어갔다고 했을 때 렐루 함수가 다음 그림과 같이 은닉층과 출력층에 사용되면 출력값을 9라고 예측한다. 실젯값이 20이라고 하면 11의 오차가 발생한다. 학습을 통해 가중치 값을 업데이트 하고 출력값이 18로 변경되고 오차가 2로 줄어들었다면 학습이 잘 진행되었다고 생각할 수 있다.

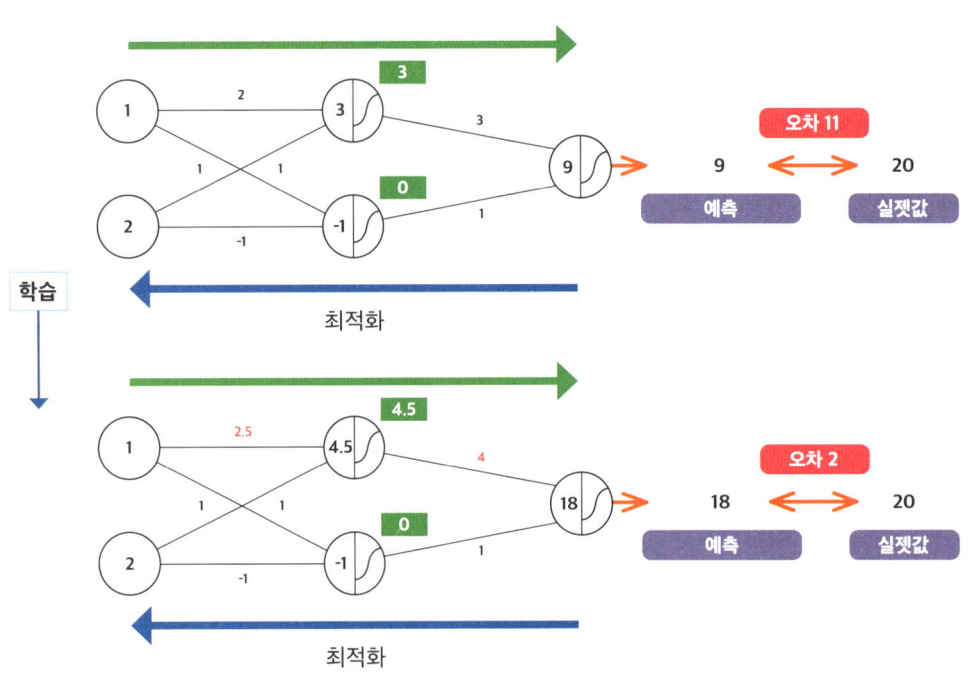

회귀의 경우 학습의 예시

(3) 다중분류인 경우

다중분류인 경우 출력층에서 소프트맥스(softmax) 함수를 사용한다. 소프트맥스는 출력층에서 예측값을 확률값으로 출력해주는데, 전부 더하면 1(0.7+0.2+0.1=1.0)이 된다. 다중분류에서 3개의 출력값이 있다면 실젯값으로 원-핫 인코딩이 사용되고 100, 010, 001의 세 종류 값이 있다. 만약 그림과 같이 실젯값이 100 이라면 실젯값 1과 예측값 0.7의 차이만큼 오차가 발생함을 볼 수 있다. 이후 이 오차를 계산하고 오차를 줄이기 위해 학습 과정을 통해 최적의 파라미터를 찾는다.

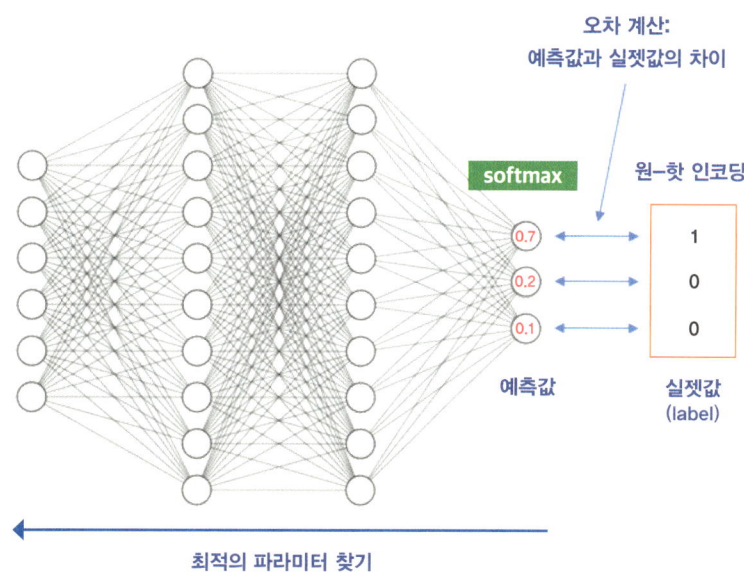

다중분류의 예시

CHAPTER 04

딥러닝의 실습

AIDU ez에서 딥러닝의 학습은 어떻게 진행될까

1. 문제 정의
2. 데이터 수집
3. 데이터 분석 및 가공
4. AI 모델 학습 - 딥러닝(분류)
5. AI 모델 학습 - 딥러닝(회귀)
6. AI 모델 활용

4장
한눈에 살펴보기

학습 내용

- 문제 정의
- 데이터 수집
- 데이터 분석
- 데이터 가공
- AI 모델 학습
- AI 모델 활용

1. 문제 정의
펭귄 데이터를 수집해서 펭귄의 종류를 분류하고, 몸무게를 예측하는 딥러닝 모델을 구현하고 활용할 수 있다.

2. 데이터 수집
펭귄의 종류 분류 및 몸무게 예측을 위한 데이터를 수집한다.

3. 데이터 분석 및 가공
수집한 데이터의 전체적인 통계와 칼럼별 기술 통계, 시각화를 통해 데이터의 특성을 파악하고 예측에 적합한 데이터인지 분석한다. 또한 딥러닝에 학습이 잘될 수 있도록 결측값을 제거하는 등 데이터를 가공한다.

4. AI 모델 학습 - 딥러닝(분류)
가공된 펭귄 데이터를 활용하여 펭귄의 종류를 구분하는 딥러닝 분류 모델을 구현한다.

5. AI 모델 학습 - 딥러닝(회귀)
가공된 펭귄 데이터를 활용하여 펭귄의 몸무게를 예측하는 딥러닝 회귀 모델을 구현한다.

6. AI 모델 활용
학습이 완료된 AI 모델을 시뮬레이션에 활용할 수 있다.

■ 학습 목표

- 펭귄 분류를 위한 문제를 정의할 수 있다.
- 펭귄 분류를 위한 데이터를 수집할 수 있다.
- 펭귄 데이터를 분석하여 통계와 칼럼을 파악할 수 있다.
- 펭귄 데이터의 결측값 및 이상치 처리, 스케일 조정 등 데이터를 가공할 수 있다.
- 딥러닝을 활용하여 분류 모델을 학습시키고 평가할 수 있다.
- 딥러닝을 활용하여 회귀 모델을 학습시키고 평가할 수 있다.
- 학습이 완료된 AI 모델을 이용하여 시뮬레이션에 활용할 수 있다.

1. 문제 정의

학습목표
- 펭귄 종류를 분류하고 몸무게를 예측하기 위한 문제를 정의할 수 있다.

학습내용
- 펭귄의 종류
- 문제 정의

1) 문제 정의

딥러닝 학습을 이용해 펭귄의 종류를 분류하고 몸무게를 예측하는 문제를 해결해보자. 데이터에서 제공된 펭귄의 종류는 턱끈펭귄(Chinstrap), 젠투펭귄(Gentoo), 아델리펭귄(Adelie), 이렇게 3가지이다. 턱끈펭귄은 부리 밑으로 검은 홑줄무늬가 있어 턱끈펭귄이라는 이름이 붙었다. 젠투펭귄은 황제펭귄, 킹펭귄 다음으로 펭귄 중 세 번째로 몸집이 큰 펭귄이다. 아델리펭귄은 젠투펭귄 종으로 남극대륙 연안 전체에 걸쳐 분포한다.

펭귄의 종류를 분류하고 몸무게를 예측하기 위해서는 어떤 데이터가 필요할까? 펭귄의 다양한 속성 중 어떤 데이터가 제공되고 있는지 확인해보자.

2. 데이터 수집

학습목표
- 펭귄 종류 분류 및 몸무게 예측을 위한 데이터를 수집할 수 있다.

학습내용
- 데이터 수집

문제해결에 필요한 펭귄 데이터를 수집하는 단계를 살펴보자.

1) 펭귄 분류 데이터는 어디에서 수집할 수 있을까

캐글에 접속해 데이터셋에서 'penguins'를 검색해본다. 다음 그림과 같이 'Palmer Archipelago (Antarctica) penguin data'를 클릭한다.

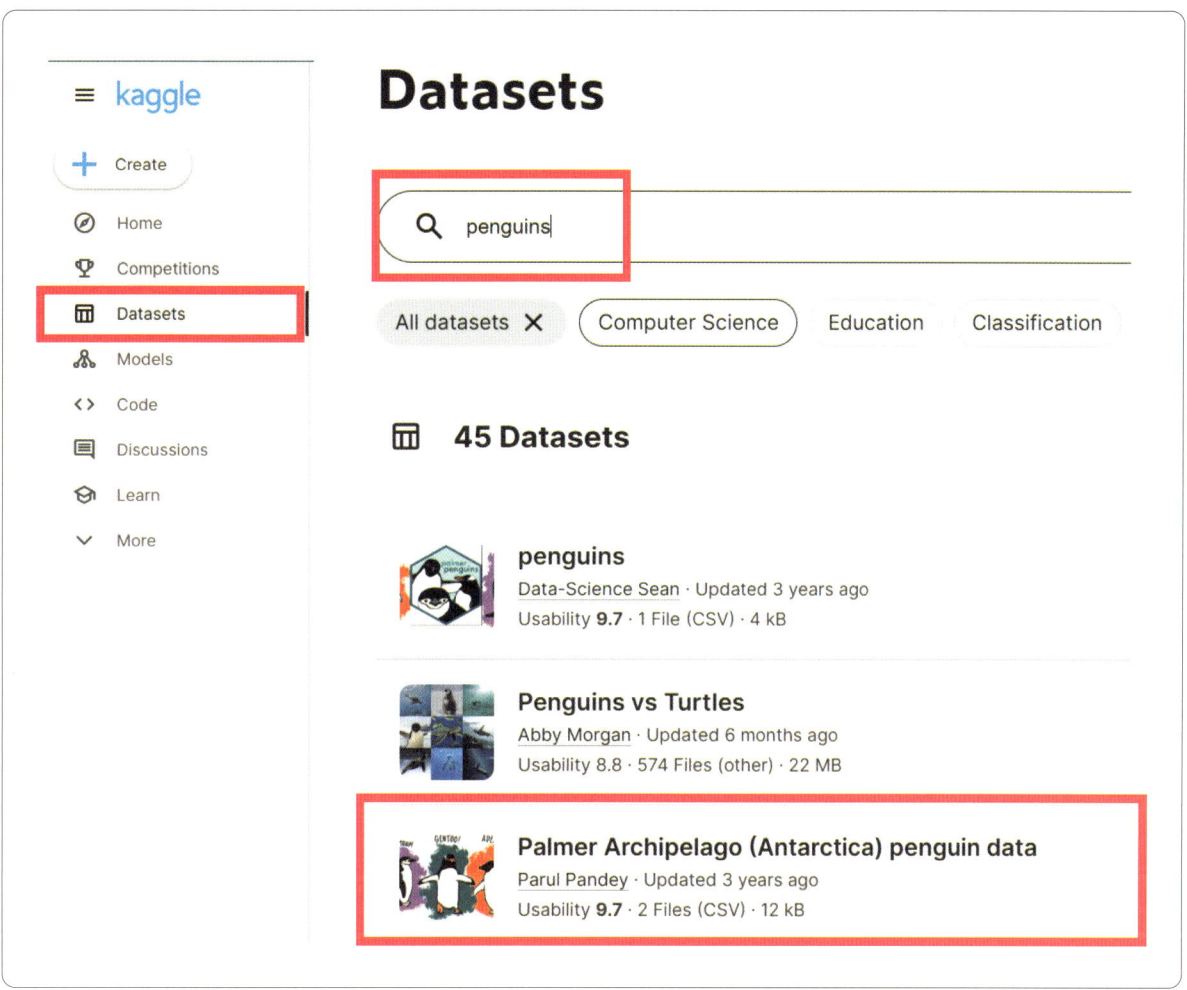

출처: 캐글 https://www.kaggle.com/datasets

화면을 아래로 내리면 다음과 같은 화면이 나온다. 여기에서 Data Explorer에서 'penguins_size.csv' 파일을 다운받는다.

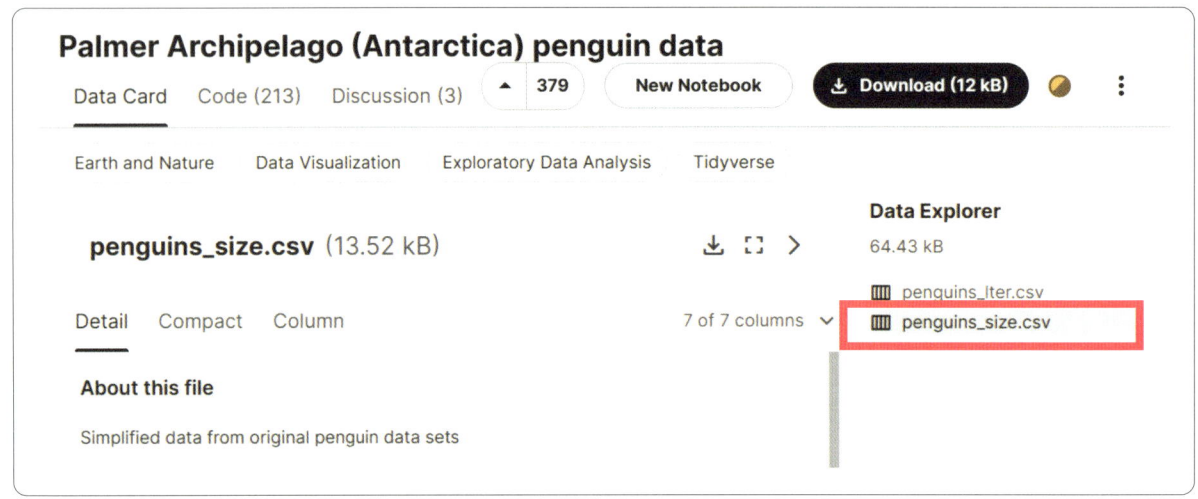

penguins_size.csv 파일의 위치

2) 펭귄 데이터셋을 살펴보자

파일의 속성은 7개가 있다. 펭귄의 종류는 아델리펭귄(Adelie), 젠투펭귄(Gentoo), 턱끈펭귄(Chinstrap)이다. 섬(island)이름은 펭귄 데이터를 수집한 남극의 3개의 섬으로 드림(Dream), 토르거센(Torgersen), 비스코(Biscoe)이다. 또한 부리의 길이, 부리의 깊이, 날개의 길이, 몸무게, 성별의 속성이 제공되고 있다.

펭귄의 종류를 분류하고자 할 때 펭귄 종류가 종속 변수에 해당되며, 섬 이름, 부리의 길이, 부리의 깊이, 날개의 길이, 몸무게, 성별은 독립변수이다.

또한 펭귄의 몸무게를 예측하고자 할 때 몸무게가 종속 변수에 해당되며, 펭귄 종류, 섬 이름, 부리의 길이, 부리의 깊이, 날개의 길이, 성별은 독립변수이다.

영문명	한글명	
species	펭귄 종류 (Adelie, Gentoo, Chinstrap)	종속변수 (output 칼럼)
island	팔머 군도(남극) 섬 이름 (Biscoe, Dream, Torgersen)	독립변수 (input 칼럼)
culmen_lengh_mm	부리의 길이	
culmen_depth_mm	부리의 깊이	
flipper_lengh_mm	날개의 길이	
body_mass_g	몸무게	
sex	성별	

참고로 펭귄 부리의 길이와 깊이는 다음 그림의 왼쪽과 같고, 부리의 길이와 깊이를 측정하는 컬멘(culmen) 길이 측정 방법은 오른쪽 그림에 나와 있다.

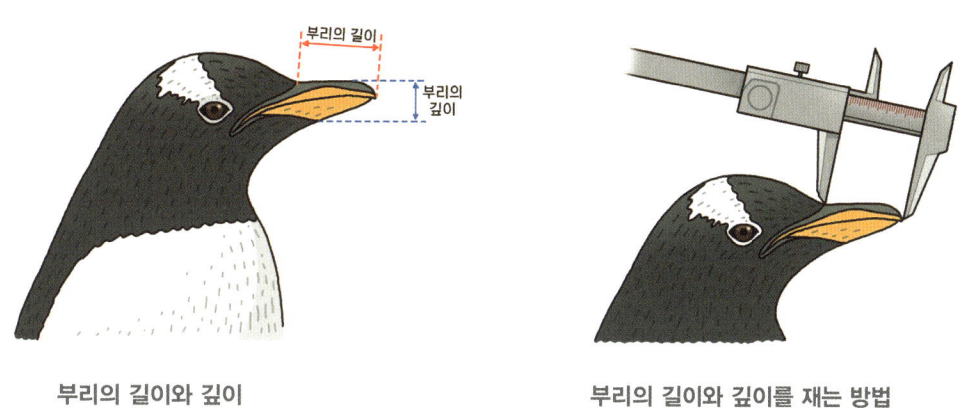

부리의 길이와 깊이　　　　　부리의 길이와 깊이를 재는 방법

3) AIDU ez에서 펭귄 데이터를 살펴보자

❶ 수집한 데이터를 살펴보기 위해서는 AICE 사이트에 접속한다. 크롬 브라우저에서 안정적으로 작동하므로 반드시 크롬 브라우저를 실행시킨 후 주소창에 https://aice.study를 입력한다.

❷ AICE 사이트에 접속한 후 로그인하고 상단의 [AIDU 실습] 메뉴에서 [나의 프로젝트]를 클릭한다.

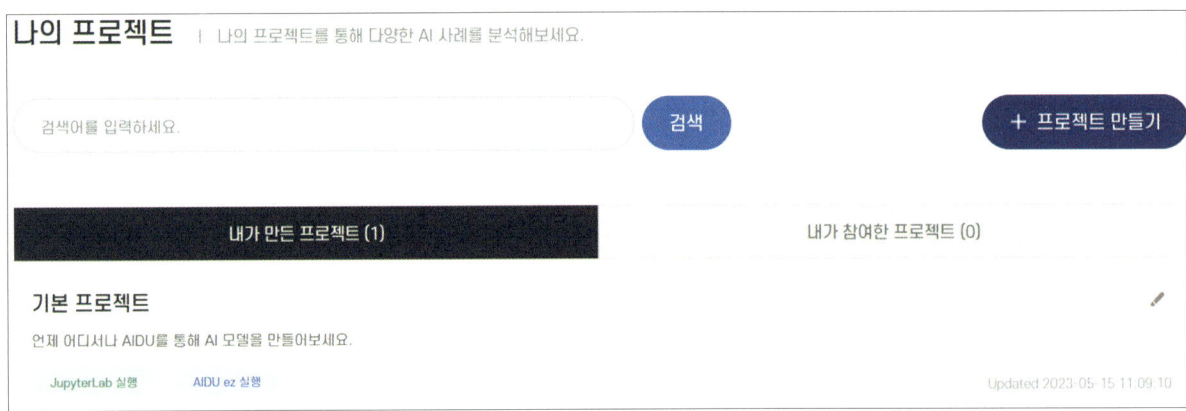

❸ [내가 만든 프로젝트]에서 [AIDU ez 실행] 버튼을 클릭하여 AIDU ez를 실행한다.

❹ AIDU ez 접속 후 [테이블 데이터 학습] 버튼을 누른 후 'penguins_size' 데이터를 불러온다. 이때 [인코딩 선택]에서 'UTF-8'을 선택한다.

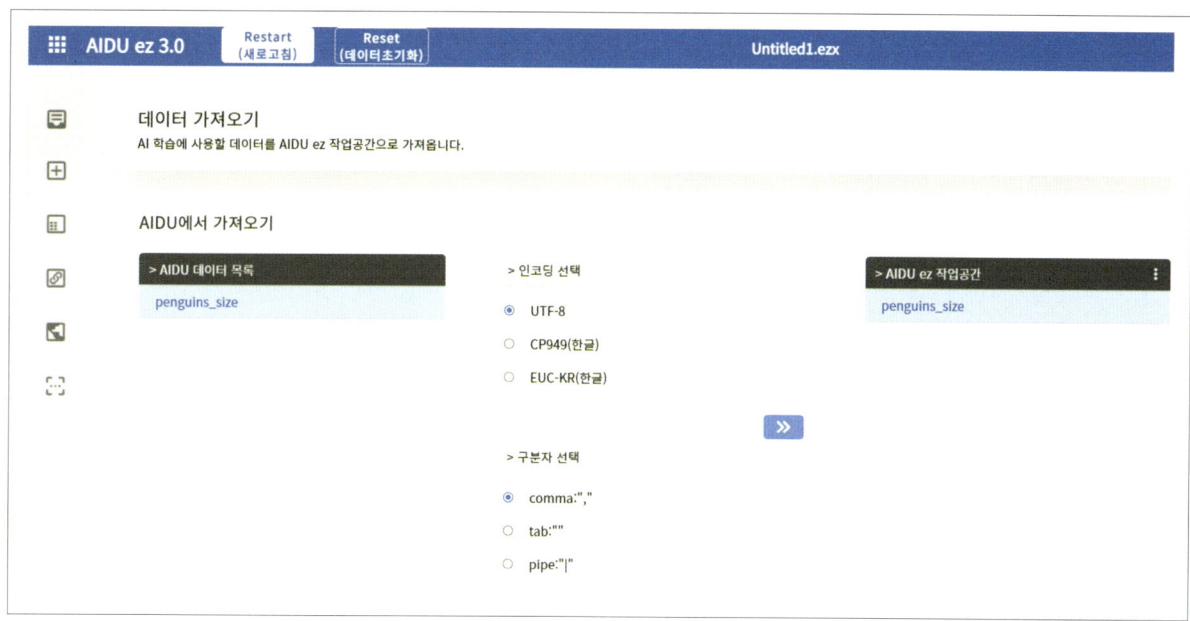

❺ 가져온 데이터셋이 올바른지 확인하기 위해 AIDU ez의 [테이블 분석] - [데이터 샘플 보기]를 클릭한다. [작업 데이터 선택]과 [칼럼 선택]에서 해당 데이터셋과 칼럼이 맞는지를 확인한 후 [데이터 범위]를 344개로 수정한 후 조회하기를 클릭한다.

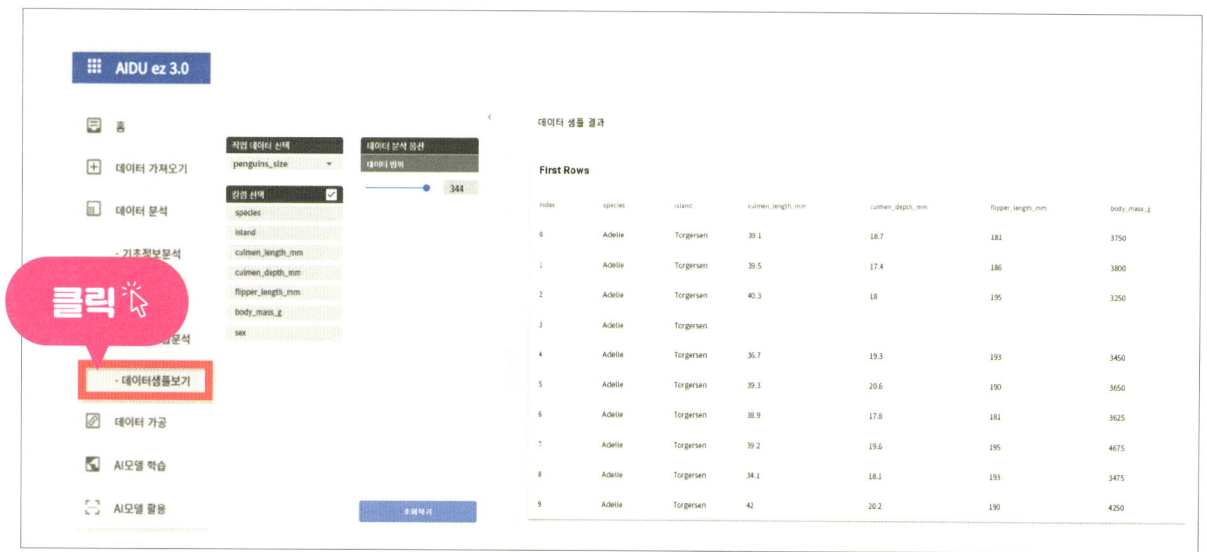

0~9까지 상위 10개의 관측치와 334~343까지 하위 10개의 관측치를 확인할 수 있다.

3. 데이터 분석 및 가공

학습목표
- 펭귄 관련 수집한 데이터를 분석하여 통계와 칼럼을 파악할 수 있다.
- 펭귄 종류 분류와 펭귄 몸무게 예측을 위한 시각화해볼 수 있다.
- 펭귄 관련 데이터의 결측값 및 이상치 처리, 스케일 조정 등 데이터를 가공할 수 있다.

학습내용
- 데이터 통계 분석
- 데이터 시각화
- 데이터 결측값 처리

수집한 펭귄 데이터셋을 분석하여 펭귄 관련 데이터에 대한 기초 정보를 파악하고, 더 정확한 펭귄 분류와 펭귄 몸무게 예측에 필요한 칼럼을 알아본다. 또한 데이터의 결측값 처리를 통해 딥러닝 학습에 적합하도록 데이터를 가공하는 단계를 살펴본다.

1) 기초 정보 분석하기

기초 정보를 분석하기 위해서는 [데이터 분석] - [기초정보분석] 메뉴를 선택하여 다음의 순서를 따른다.

> ① 전체 칼럼을 선택한다.
> ② 분석할 데이터 범위를 344까지 드래그하여 전체 데이터로 설정한다.
> ③ 조회하기 버튼을 누른다.

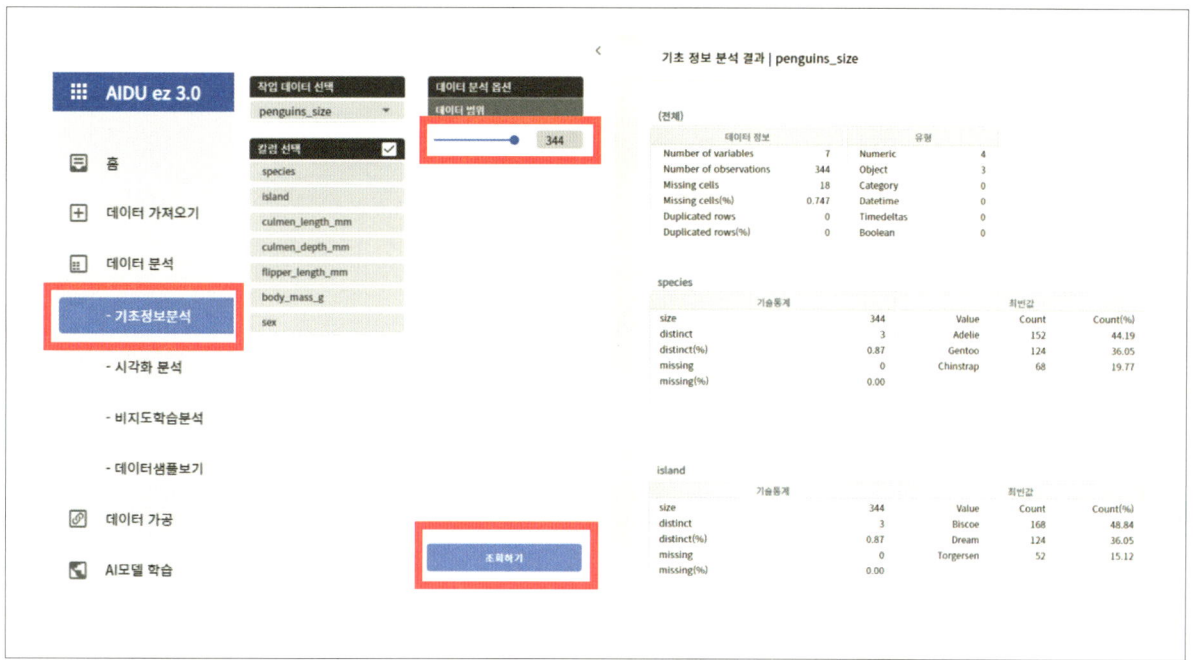

❶ [데이터 정보]는 행 단위의 데이터 관측에 대한 항목을 알려준다.

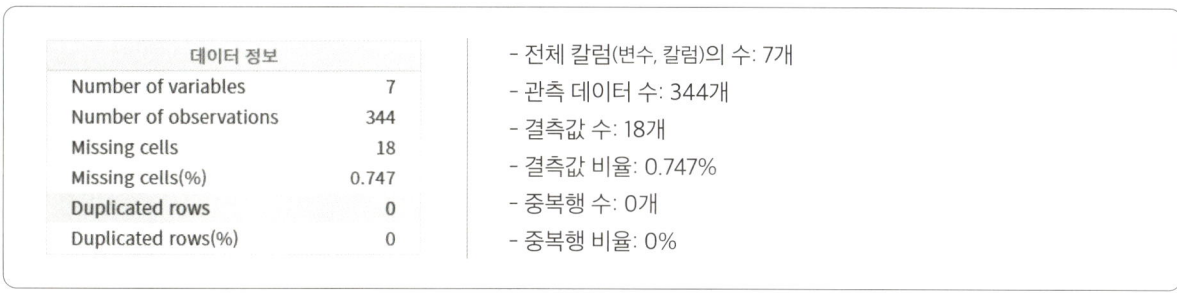

❷ [유형]은 데이터셋 칼럼의 자료형 항목을 알려준다.

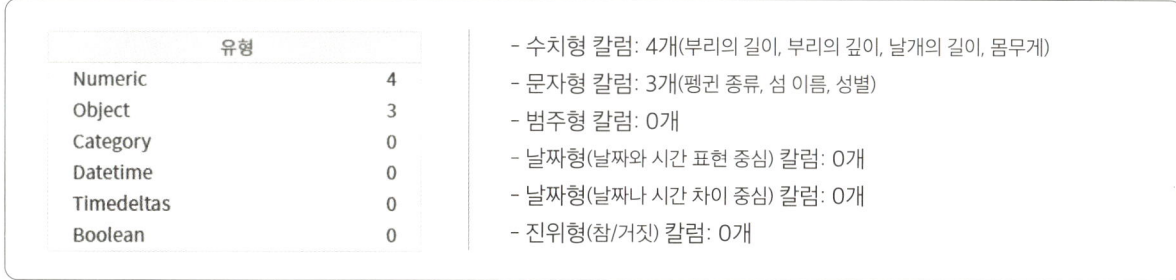

CHAPTER 04 딥러닝의 실습 137

❸ '펭귄 종류(species)' 칼럼의 기초 정보를 분석해보자.

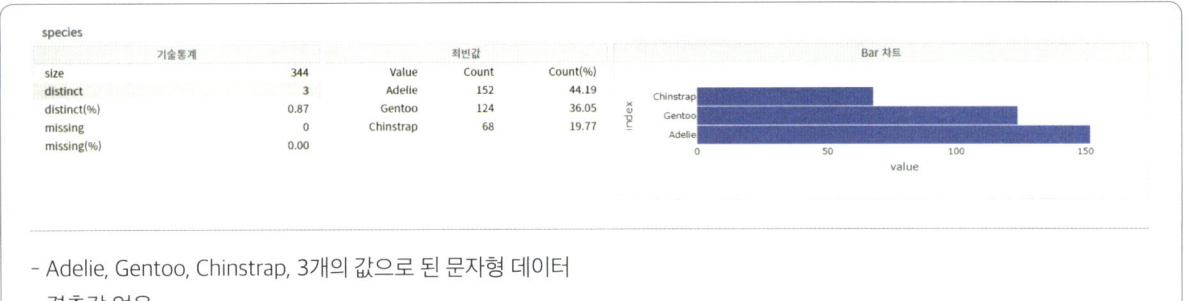

- Adelie, Gentoo, Chinstrap, 3개의 값으로 된 문자형 데이터
- 결측값 없음
- Adelie 〉 Gentoo 〉 Chinstrap 순이며 데이터 개수가 다름

❹ '섬 이름(island)' 칼럼의 기초 정보를 분석해보자.

- Biscoe, Dream, Torgersen, 3개의 값으로 된 문자형 데이터
- 결측값 없음
- Biscoe 〉 Dream 〉 Torgersen 순이며 데이터 개수가 다름

❺ '부리의 길이(culmen_length_mm)' 칼럼의 기초 정보를 분석해보자.

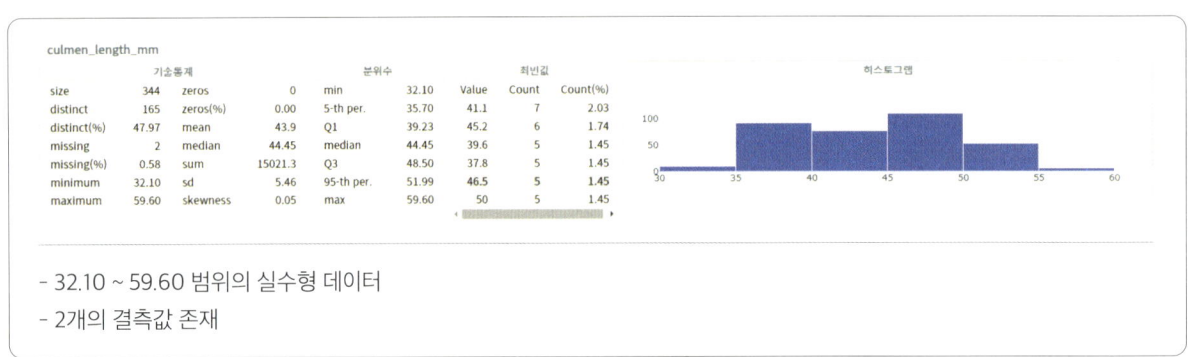

- 32.10 ~ 59.60 범위의 실수형 데이터
- 2개의 결측값 존재

❻ '부리의 깊이(culmen_depth_mm)' 칼럼의 기초 정보를 분석해보자.

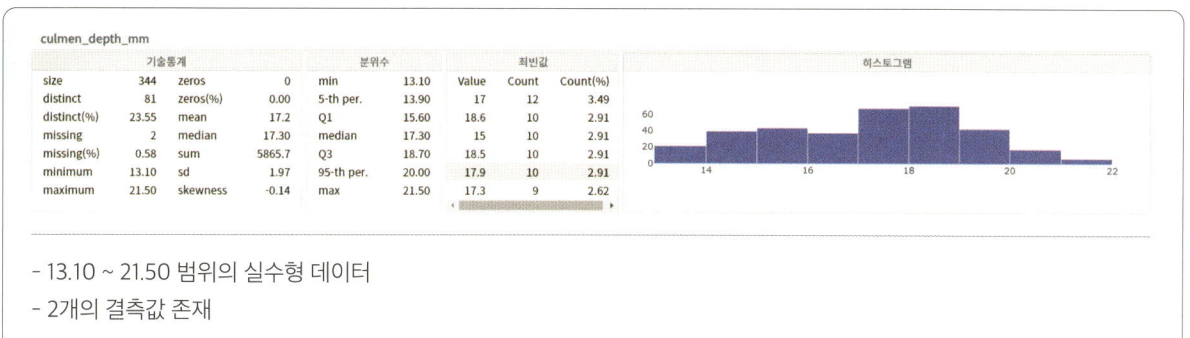

- 13.10 ~ 21.50 범위의 실수형 데이터
- 2개의 결측값 존재

❼ '날개의 길이(flipper_length_mm)' 칼럼의 기초 정보를 분석해보자.

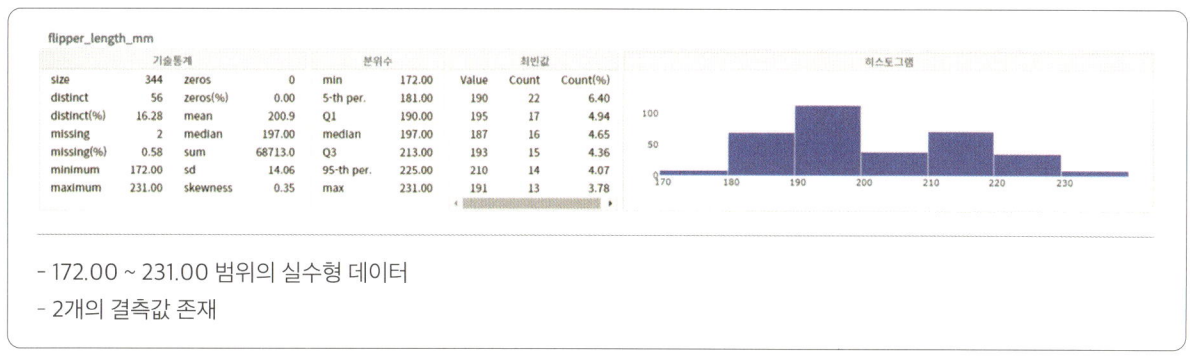

- 172.00 ~ 231.00 범위의 실수형 데이터
- 2개의 결측값 존재

❽ '몸무게(body_mass_g)' 칼럼의 기초 정보를 분석해보자.

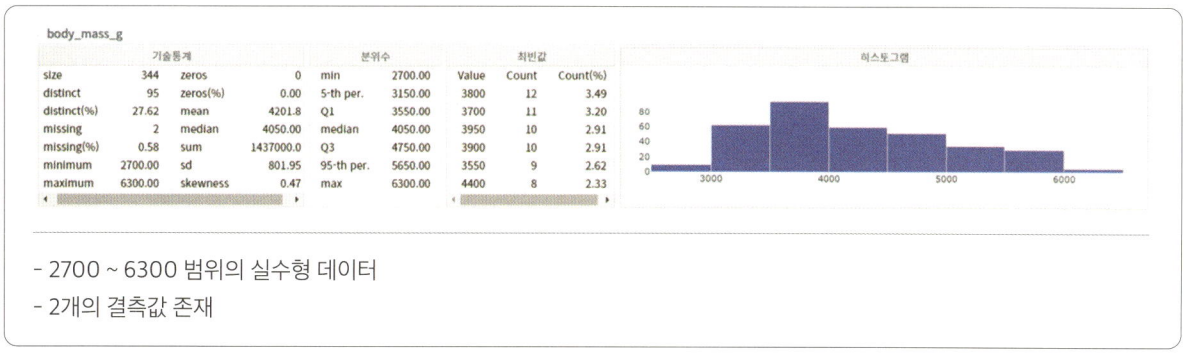

- 2700 ~ 6300 범위의 실수형 데이터
- 2개의 결측값 존재

❾ '성별(sex)' 칼럼의 기초 정보를 분석해보자.

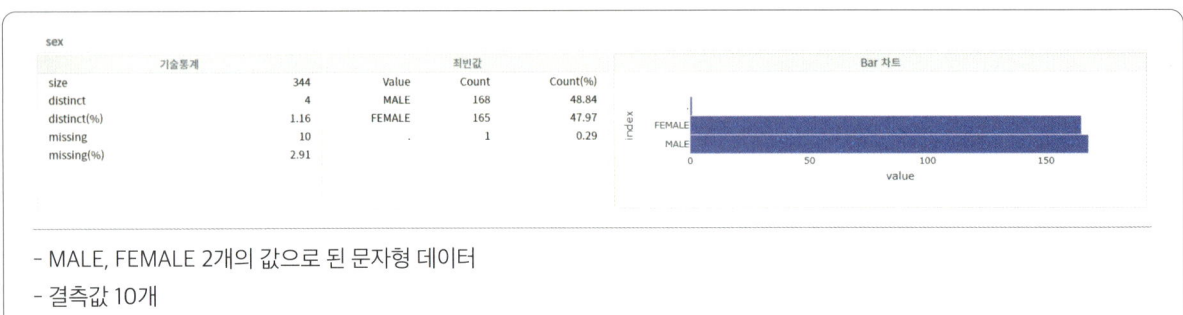

- MALE, FEMALE 2개의 값으로 된 문자형 데이터
- 결측값 10개
- 성별 데이터의 개수가 비슷함

Q4-1. 젠투펭귄의 최빈값 비율(%)을 작성하시오.

Q4-2. 몸무게 값에서 3500~3990의 개수(count)를 작성하시오.

2) 시각화 분석하기

기초 정보를 시각화하기 위해서는 [데이터 분석] - [시각화 분석] 메뉴를 선택하여 다음의 순서대로 실행하고, 그래프를 통해 알 수 있는 정보를 찾는다.

① [시각화 선택]에서 그래프 형태를 선택한다.
② 시각화에 포함시킬 칼럼을 선택한다.
③ 차트에서 색깔로 구분할 칼럼을 선택한다.
④ 분석할 데이터 범위를 오른쪽 끝까지 드래그하여 전체 데이터로 설정한다.
⑤ 조회하기 버튼을 누른다.

❶ 데이터의 관계를 산점도로 표현해보고 그 의미를 살펴보자.
Tip) 산점도는 수치형 데이터 간의 관계를 보여주는 시각화 방법이다.

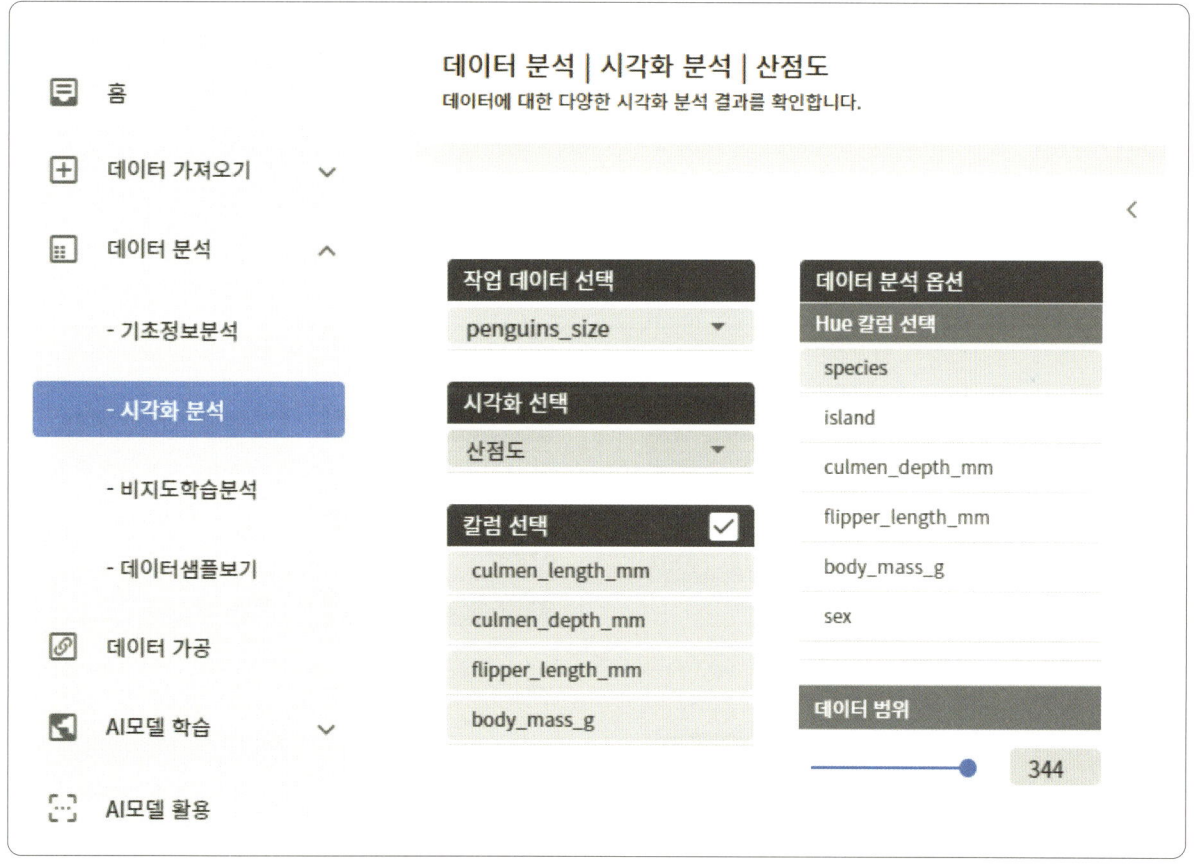

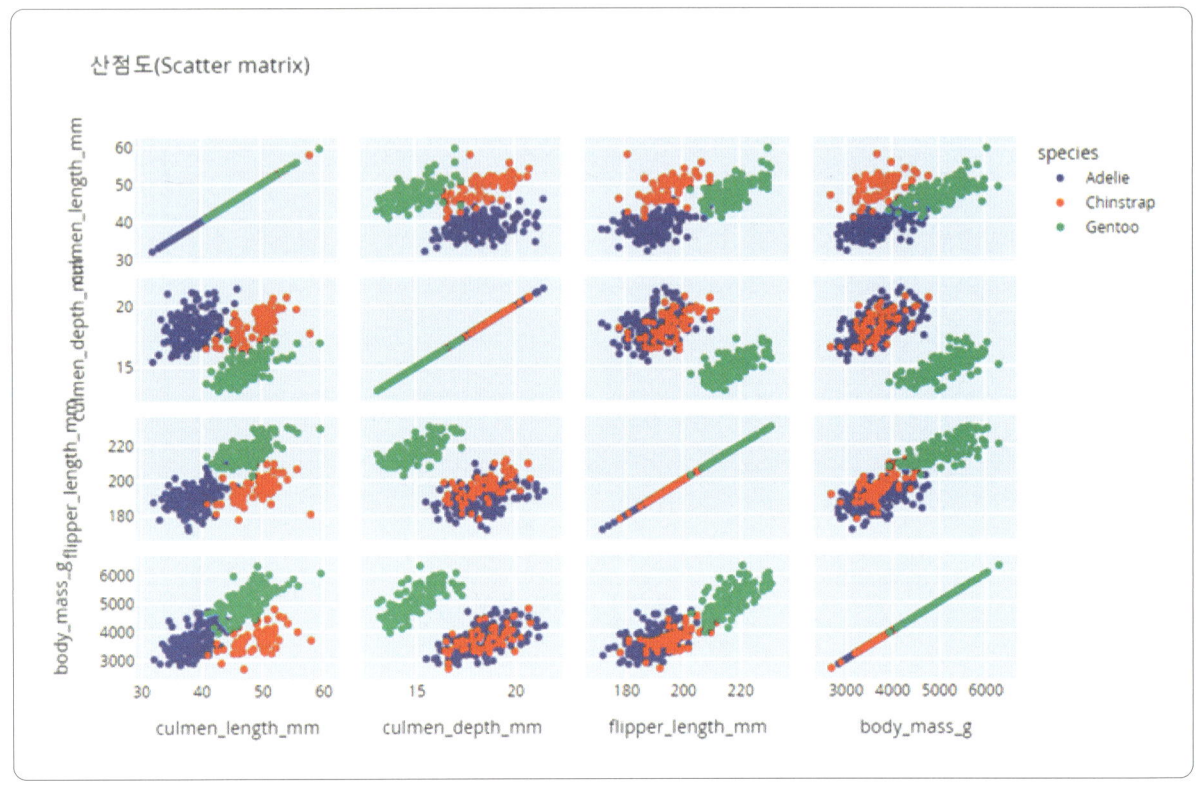

❷ 펭귄의 종류를 잘 구분할 수 있는 속성은 무엇인지 살펴보자.

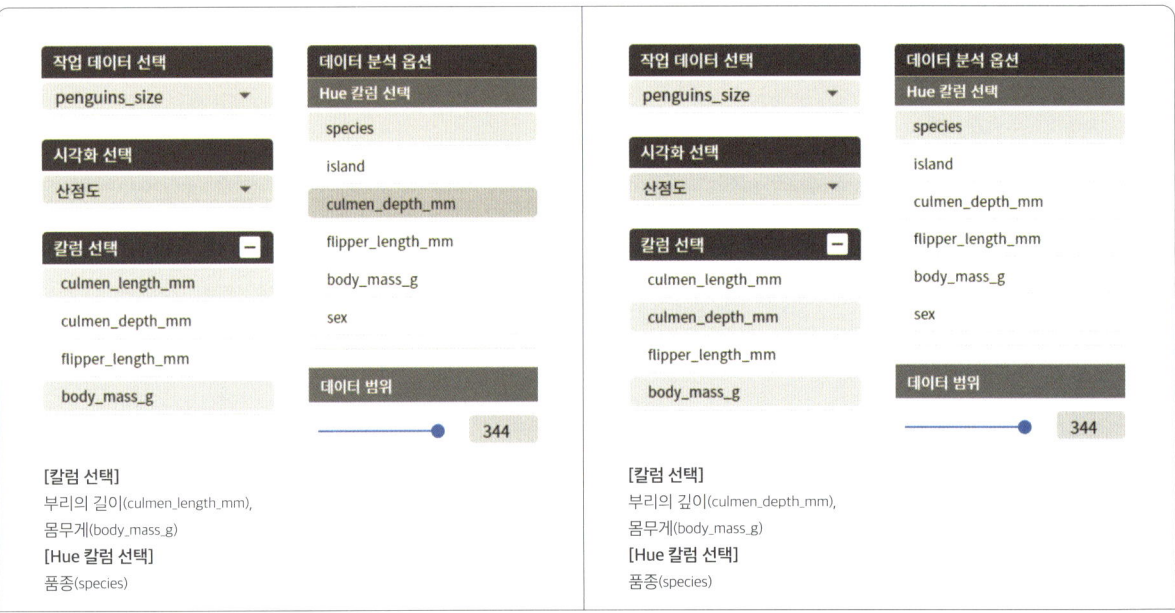

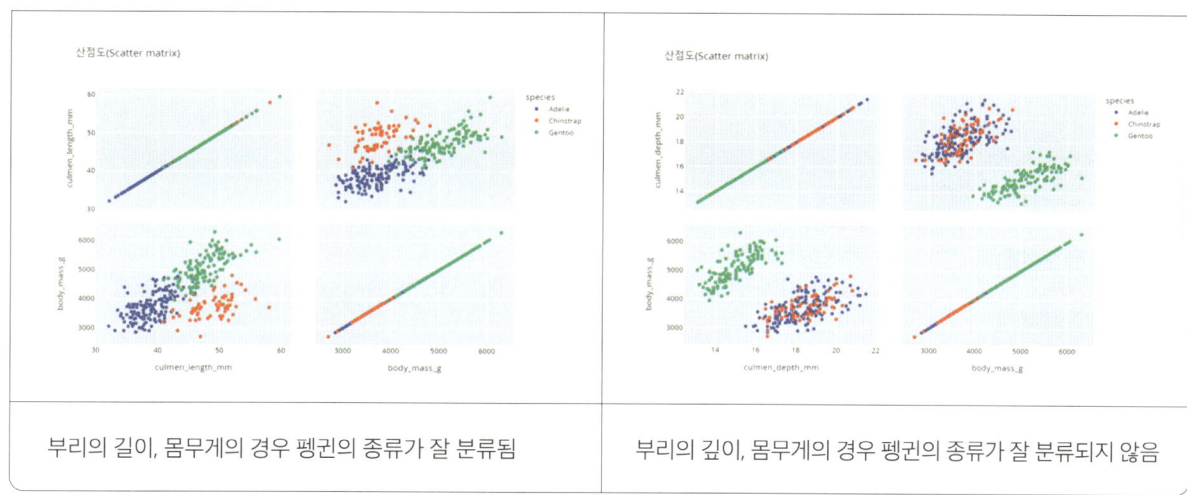

| 부리의 길이, 몸무게의 경우 펭귄의 종류가 잘 분류됨 | 부리의 깊이, 몸무게의 경우 펭귄의 종류가 잘 분류되지 않음 |

❸ 몸무게(body_mass_g)의 분포를 박스차트로 표현해보자.

Tip) 박스차트는 칼럼에 대한 최솟값, 제1사분위수, 중앙값, 제3사분위수, 최댓값을 통해 데이터의 분포를 보여주며, 정상치를 벗어난 이상치를 표시해주는 시각화 방법이다.

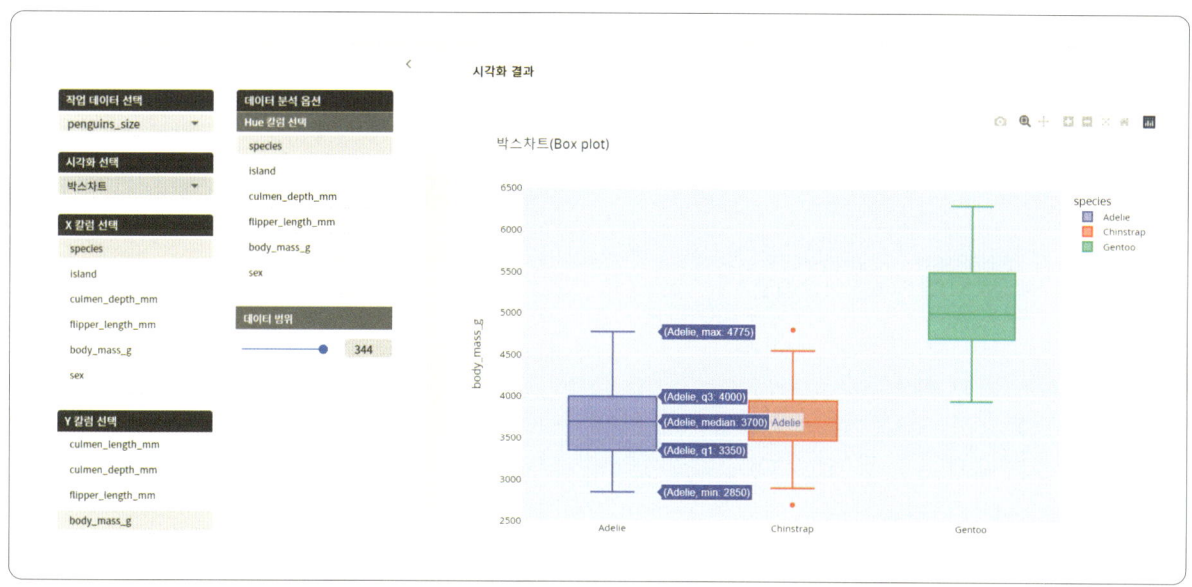

Y칼럼에 '몸무게(body_mass_g)'를 선택하고 Hue 칼럼에 펭귄의 종류(species)를 선택 후 박스차트를 조회하고, Adelie에서 마우스를 그래프 위에 놓으면 통계치가 표시된다. Q1은 1/4 지점의 값, median(중앙값)은 2/4 지점의 값, Q3는 3/4 지점의 값을 나타내며 이는 값들이 어느 정도 모여 있음을 알 수 있다.

❹ 펭귄 몸무게 예측을 위해 '몸무게'와 다른 변수의 상관관계를 확인하기 위해 히트맵으로 시각화해본다.
Tip) 히트맵은 상관관계(correlation) 지수를 가로, 세로 형태로 시각화하는 방법으로 두 변수 간의 관계를 알려준다.

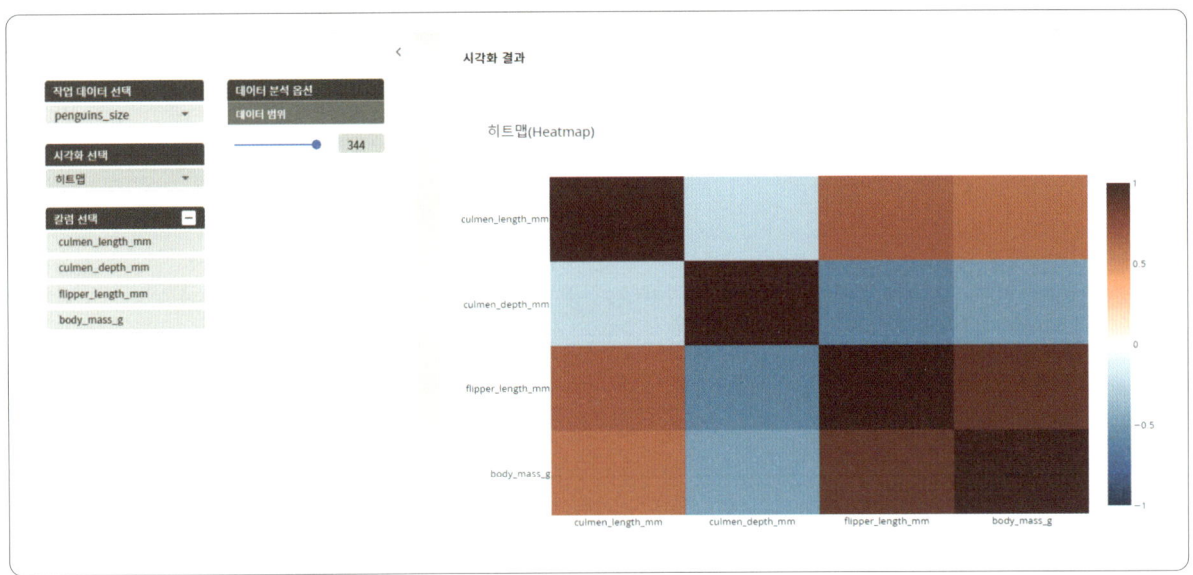

히트맵을 선택하고, 모든 칼럼을 선택한 후 데이터의 범위를 344개로 수정한 후 조회를 클릭하면 히트맵이 표시된다. 마우스를 그래프 위에 놓았을 때 두 칼럼 간의 상관관계가 표시된다. '몸무게와 각 칼럼 간의 상관관계는 다음과 같다.

> '몸무게' – '부리의 길이' : 0.5951
> '몸무게' – '부리의 깊이' : –0.4719
> '몸무게' – '날개의 길이' : 0.8712

따라서 '몸무게'와 가장 관련이 높은 칼럼은 '날개의 길이' 〉 '부리의 길이' 〉 '부리의 깊이' 순이다.

3) 데이터 가공하기

데이터 가공은 결측값 처리, 스케일 조정 등으로 딥러닝에 적합한 형태로 변환하는 것을 의미한다. 이번 예시에서 스케일 조정은 학습에 크게 영향을 끼치지 않으므로 결측값 처리만 실시한다.
결측값 처리를 위해서는 [데이터 가공] 메뉴를 선택하여 다음의 순서를 따른다.

> ① 처리할 칼럼을 선택한다.
> ② [데이터 가공 실행]에서 결측값으로 처리할 옵션을 선택한다.
> ③ 결측값 처리에 보기 버튼을 눌러, 변경 전과 후의 데이터를 살펴본다.
> ④ 결측값 처리의 적용 버튼을 눌러, 칼럼 선택에 새로운 칼럼이 추가된 것을 확인한다.
> ⑤ 필요없는 칼럼을 제거한다.
> ⑥ 가공데이터를 저장한다.

대체 값은 최빈값(most frequent), 중앙값(median), 평균값(mean), 상수(constant)를 선택하여 변경할 수 있다. 본 교재에서는 최빈값으로 처리한다.

❶ [데이터 가공 메뉴]를 클릭하고, [칼럼 선택]에서 flipper_length_mm 속성을 선택한다.

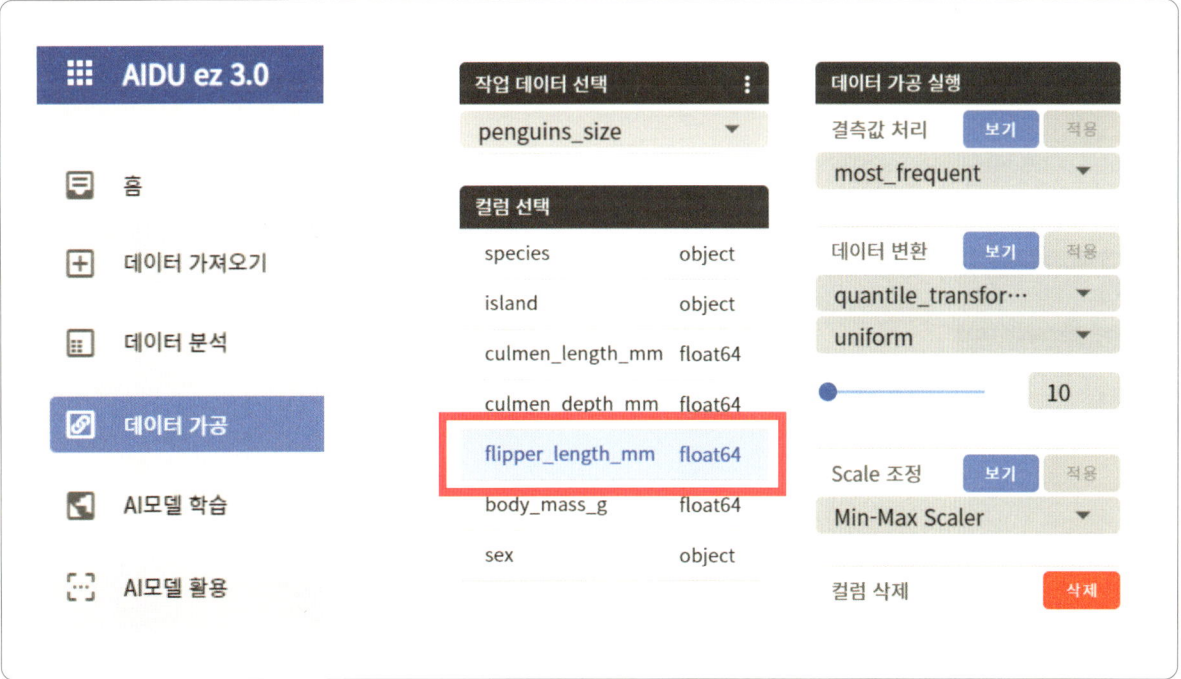

❷ 데이터 가공의 결측값 처리에서 최빈값(most_freguent)을 선택하고 보기 버튼을 클릭한다. 참고로 중앙값, 평균, 상수의 속성이 제공되고 있다. 보기 버튼을 클릭하면 적용 버튼이 활성화된 것을 확인할 수 있다.

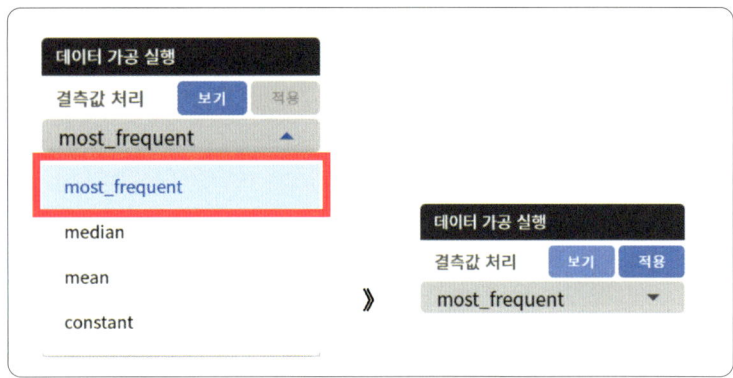

❸ 이전 값은 nan으로 되어 있고, 변경된 값은 190임을 확인할 수 있다.

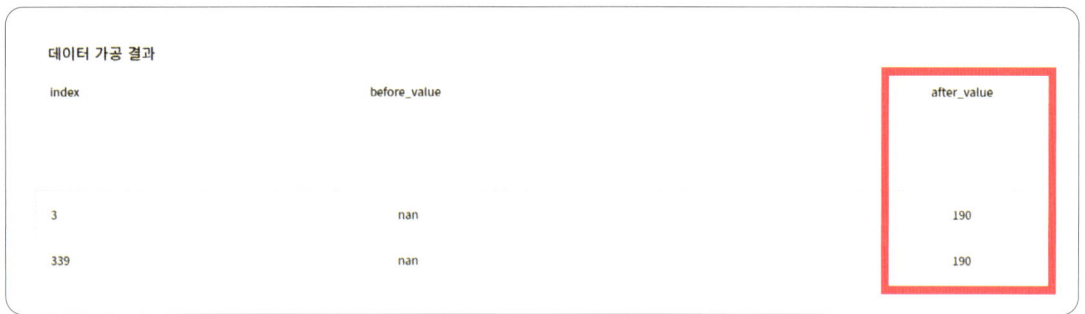

❹ 위와 동일한 방법으로 처리하면 5개의 칼럼이 새로운 이름으로 추가된다.

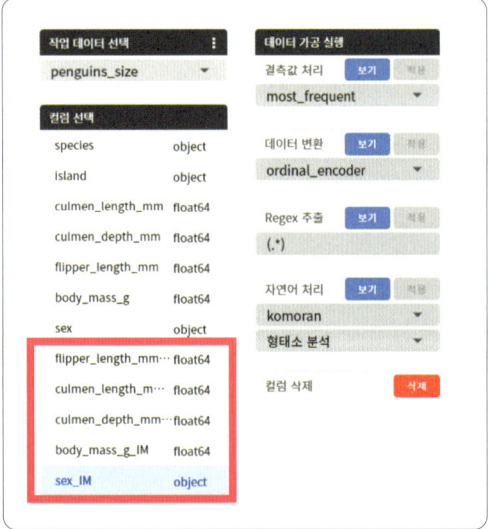

❺ 결측값을 포함하는 이전의 칼럼들은 학습에서 사용하지 않으므로 필요 없다. 따라서 필요 없는 5개의 칼럼을 삭제한다.

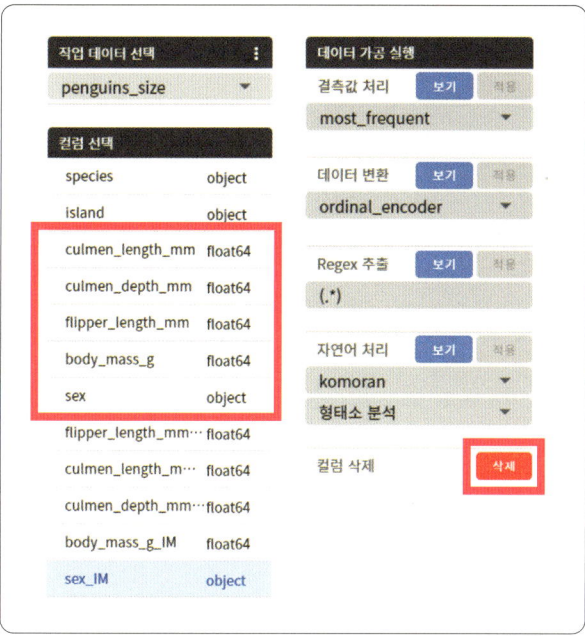

❻ 가공 데이터 저장 버튼을 누르면 penguins_size_processed 작업 데이터가 생성된다.

Q4-3. '부리의 길이'의 결측값을 최빈값으로 처리할 때 변경되는 값을 작성하시오.

4. AI 모델 학습 - 딥러닝(분류)

학습목표
- 가공된 펭귄 데이터로 펭귄의 종류를 구분하는 딥러닝 분류 모델을 구현할 수 있다.

학습내용
- 분류 모델 학습
- 분류 모델 평가

펭귄 종류 분류는 딥러닝 모델을 학습하고, 모델의 정확도(accuracy)로 평가하는 문제이다. AIDU ez에서 딥러닝 모델 학습 순서는 다음과 같다.

① 입력/출력/제외 칼럼을 선택한다.
② 칼럼 파라미터를 설정한다.
③ 학습 파라미터를 설정한다.
④ 결과를 평가한다.
⑤ 모델을 저장한다.

1) 입력/출력/제외 칼럼 선택

작업 데이터는 데이터 가공에서 적용한 penguins_size_processed를 선택하고 Output 칼럼은 펭귄 종류를 선택한다. 제외 칼럼은 성별을 선택한다. Input 칼럼은 나머지가 자동으로 선택된다.

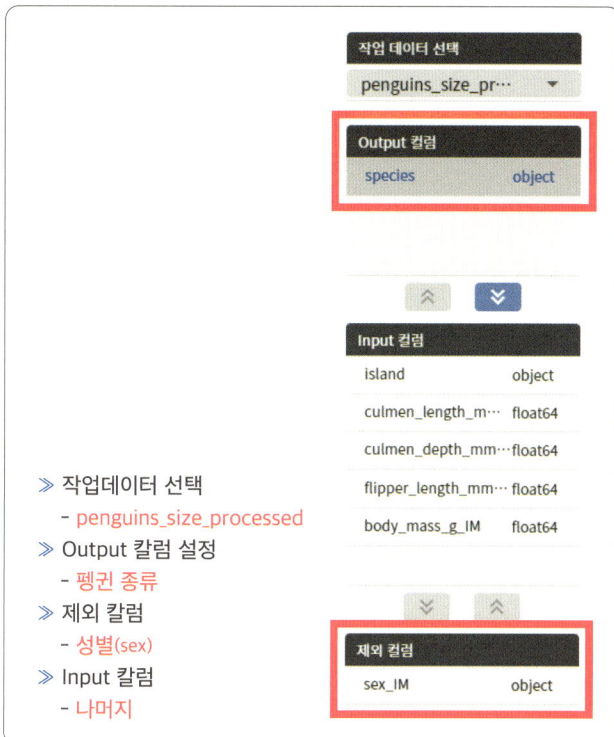

≫ 작업데이터 선택
  - penguins_size_processed
≫ Output 칼럼 설정
  - 펭귄 종류
≫ 제외 칼럼
  - 성별(sex)
≫ Input 칼럼
  - 나머지

*만약 object 칼럼을 원-핫 인코딩으로 변경할 경우에는 해당 칼럼을 선택하고 칼럼 Parameter 설정의 데이터 인코더를 sparse로 변경한다.

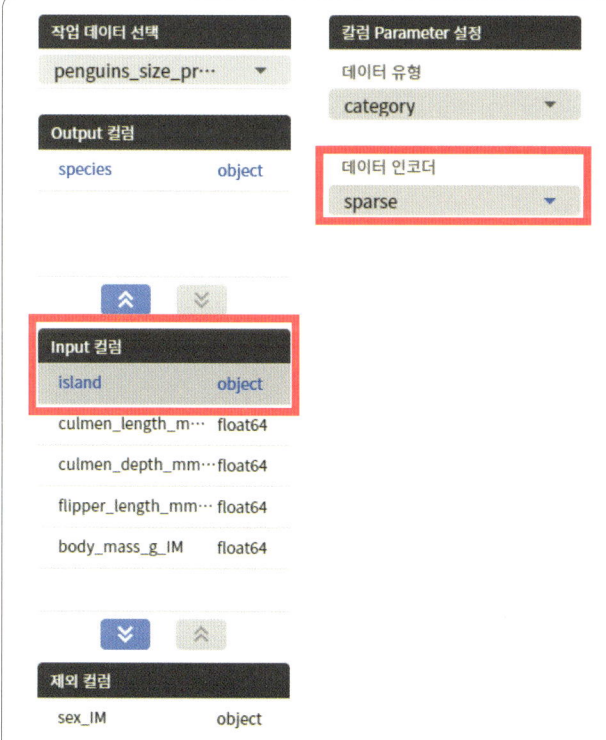

CHAPTER 04 딥러닝의 실습 151

2) 칼럼 파라미터 설정하기

칼럼 파라미터는 기본값으로 설정하기 때문에 특별히 변경해야 할 것은 없다. Output 칼럼의 'species'를 선택 후 칼럼 Parameter 설정의 내용을 살펴보자. 데이터 유형은 category, 분류이기 때문에 모델의 유형은 classifier, 다중분류이므로 활성함수는 소프트맥스를 사용한다.

기본값에서는 FC 레이어 수는 0, FC 레이어 크기는 256, 드롭아웃은 0으로 되어 있는지 확인해본다.

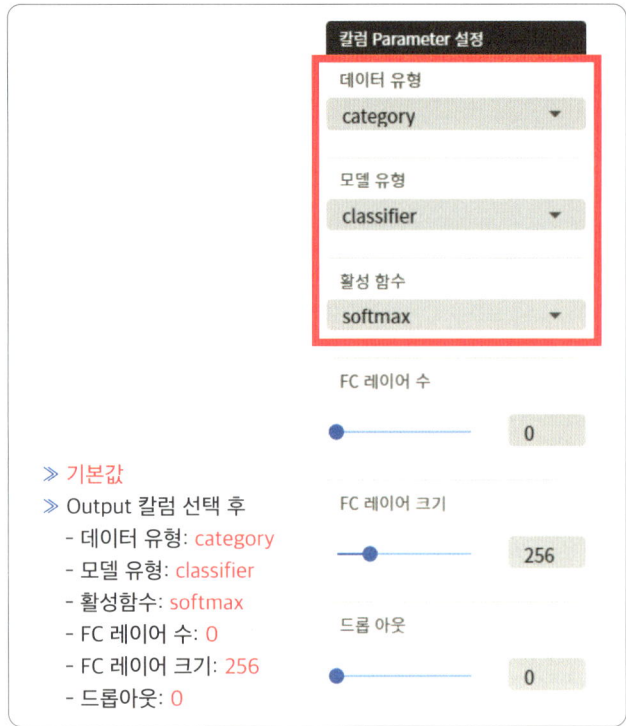

3) 학습 파라미터 설정하기

학습 파라미터의 기본값을 확인해보자. 기본값이므로 특별히 설정값을 바꿀 필요는 없다. 반복횟수는 100, batch size는 128, 조기종료는 5, 최적화는 adam, 학습률은 0.001, 교차 검증 fold 수는 1이다. 혹시 모르는 용어가 있다면 이론 부분을 다시 한번 살펴보고 잘 익혀야 한다.

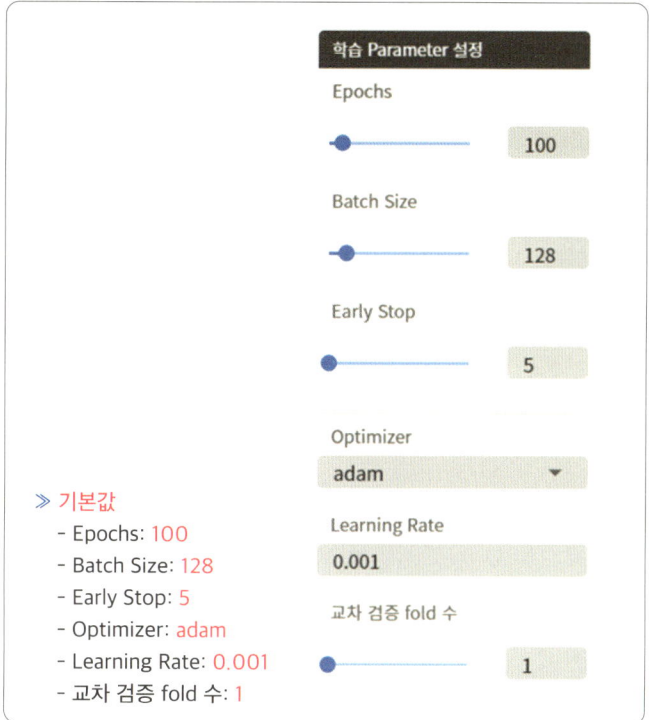

> 기본값
- Epochs: 100
- Batch Size: 128
- Early Stop: 5
- Optimizer: adam
- Learning Rate: 0.001
- 교차 검증 fold 수: 1

4) 결과 평가

학습 시작을 누르면 정확도 0.82가 나옴을 확인할 수 있다. 실행할 때마다 값의 차이가 있을 수 있다.

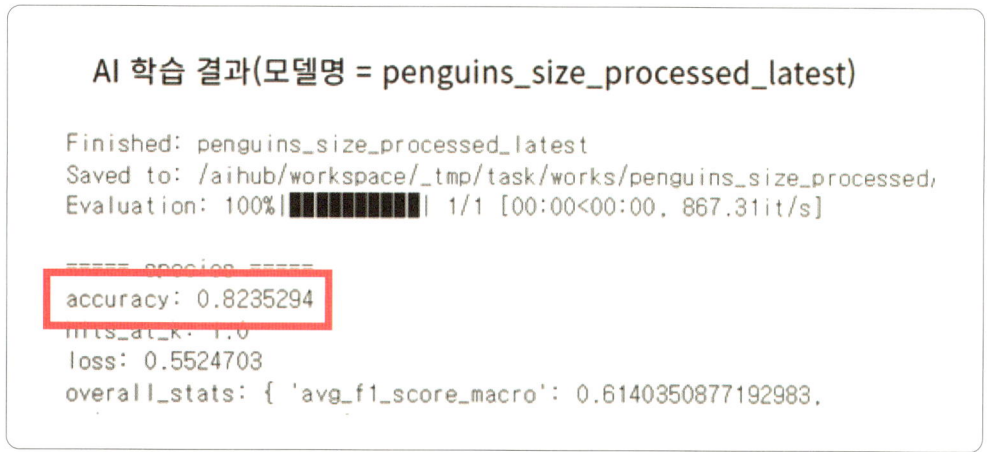

5) 모델 저장

모델 저장을 선택하고 다른 이름으로 저장에서 이름 부분에 classification을 추가하고 저장을 누른다.

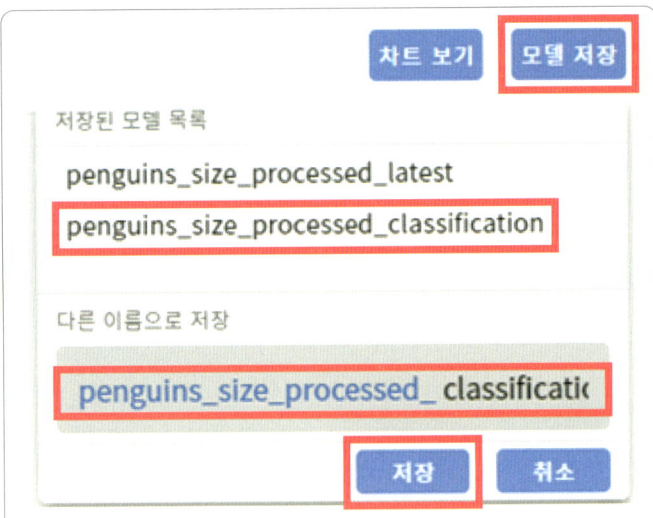

5. AI 모델 학습 - 딥러닝(회귀)

학습목표
- 가공된 펭귄 데이터로 펭귄의 종류를 구분하는 딥러닝 회귀 모델을 구현할 수 있다.

학습내용
- 회귀 모델 학습
- 회귀 모델 평가

펭귄 분류 문제는 종속변수가 연속적이지 않은 속성이었다. 같은 데이터를 이용하여 펭귄의 몸무게를 종속변수로 바꾸면 회귀 문제가 된다. 펭귄 몸무게 예측은 딥러닝 모델 학습을 통해 평균제곱오차를 평가하는 것이 대표적이다. AIDU ez에서 딥러닝 모델 학습 순서는 분류 모델을 학습하는 순서와 같다.

① 입력/출력/제외 칼럼을 선택한다.
② 칼럼 파라미터를 설정한다.
③ 학습 파라미터를 설정한다.
④ 결과를 평가한다.
⑤ 모델을 저장한다.

다음과 같이 분류의 경우는 종속변수가 펭귄의 종류이고, 회귀의 경우 몸무게를 예측한다.

영문명	한글명	분류의 경우	회귀의 경우
species	펭귄 종류 (Adelie, Gentoo, Chinstrap)	종속변수	독립변수 (input 칼럼)
island	팔머 군도(남극) 섬 이름 (Biscoe, Dream, Torgersen)	독립변수 (input 칼럼)	
culmen_lengh_mm	부리의 길이		
culmen_depth_mm	부리의 깊이		
flipper_lengh_mm	날개의 길이		
body_mass_g	몸무게		종속변수
sex	성별(male/female)		독립변수 (input 칼럼)

1. 입력/출력/제외 칼럼 선택
- Output 칼럼 설정: 펭귄 몸무게(body_mass_g)
- 제외 칼럼: 성별(sex)
- Input 칼럼: 나머지

2. 칼럼 파라미터 설정하기
- FC 레이어 수: 2
- 나머지는 기본값

3. 학습 파라미터 설정하기
- Learning Rate: 0.002
- 나머지는 기본값

4. 결과 평가
- 평균제곱오차(MSE)

1) 입력/출력/제외 칼럼 선택

Output 칼럼은 몸무게, 제외 칼럼은 성별로 선택한다.

2) 칼럼 파라미터 설정하기

Output 칼럼을 선택하면 데이터 유형은 numerical, 모델 유형은 regressor, 활성함수는 relu로 설정되어 있으므로, 변경할 필요는 없다. FC 레이어 수는 2로 설정하고 나머지는 기본값을 사용한다.

3) 학습 파라미터 설정하기

학습 파라미터 설정에서는 학습률을 0.002로 변경하고 나머지는 기본값을 이용한다.

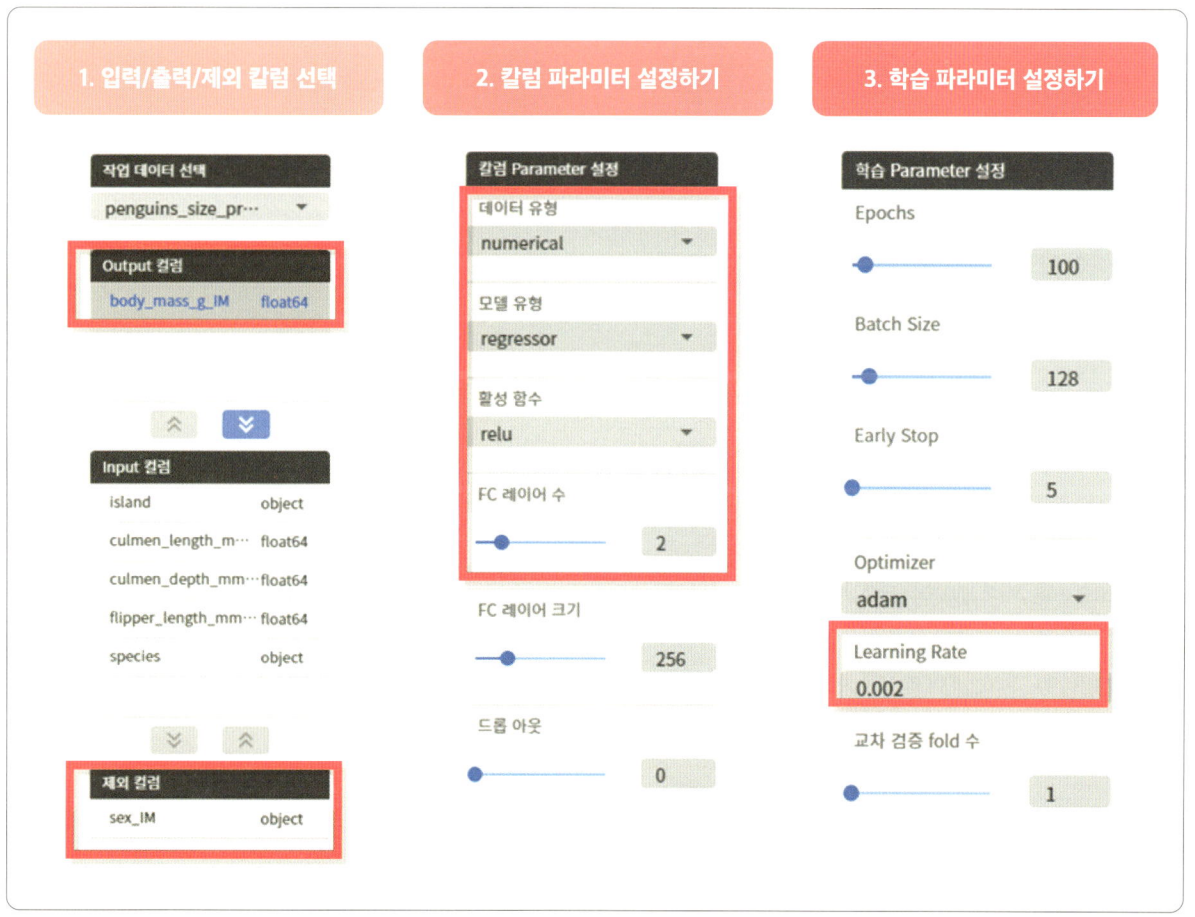

4) 결과 평가

학습 시작을 클릭하면 학습 결과 MSE가 0.91이 나옴을 확인할 수 있다. 실행 환경에 따라 값의 차이가 있을 수 있다.

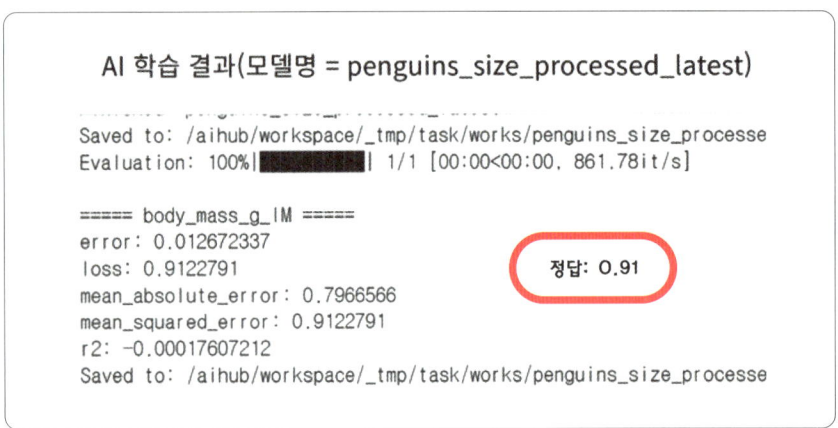

5) 모델 저장

모델 저장을 선택하고 다른 이름으로 저장에서 이름 부분에 regression으로 변경하고 저장을 누른다.

6. AI 모델 활용

학습목표
- 학습이 완료된 AI 모델을 시뮬레이션에 활용할 수 있다.

학습내용
- AI 모델 활용 예측

마지막 단계로 완성된 AI 모델을 활용하여 분류와 회귀를 예측하는 단계이다.

1) 분류 모델의 예측값 시뮬레이션

AI 모델 활용의 시뮬레이션을 이용하여 다음과 같이 변수를 입력하고 예측값을 확인해보자.

- island: Biscoe
- culmen_lengh_mm: 46.7
- culmen_depth_mm: 15.3
- flipper_length_mm: 219
- Body_mass_g: 5200

학습된 모델을 이용하여 예측값을 시뮬레이션하기 위해서는 [AI 모델 활용] 메뉴를 선택하고 다음의 순서를 따른다.

> ① 작업할 데이터를 선택한 후 학습 모델 목록에서 분류 모델을 선택한다.
> ② 아래 기능 중 시뮬레이션 버튼을 클릭하고 예측하고자 하는 데이터를 입력한다.
> ③ 시뮬레이션을 통해 분류 모델이 예측한 값을 확인한다.

❶ AI 모델 활용의 메뉴로 이동한다.

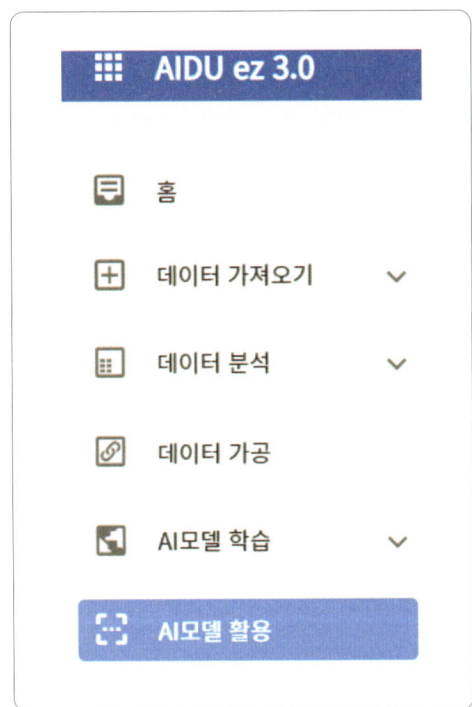

❷ 작업 데이터에서 penguins_size_processed_classification을 선택한다.

❸ 시뮬레이션을 클릭하고 예측하기에 다음과 같이 값을 입력하면 Gentoo라고 결괏값이 출력된다.

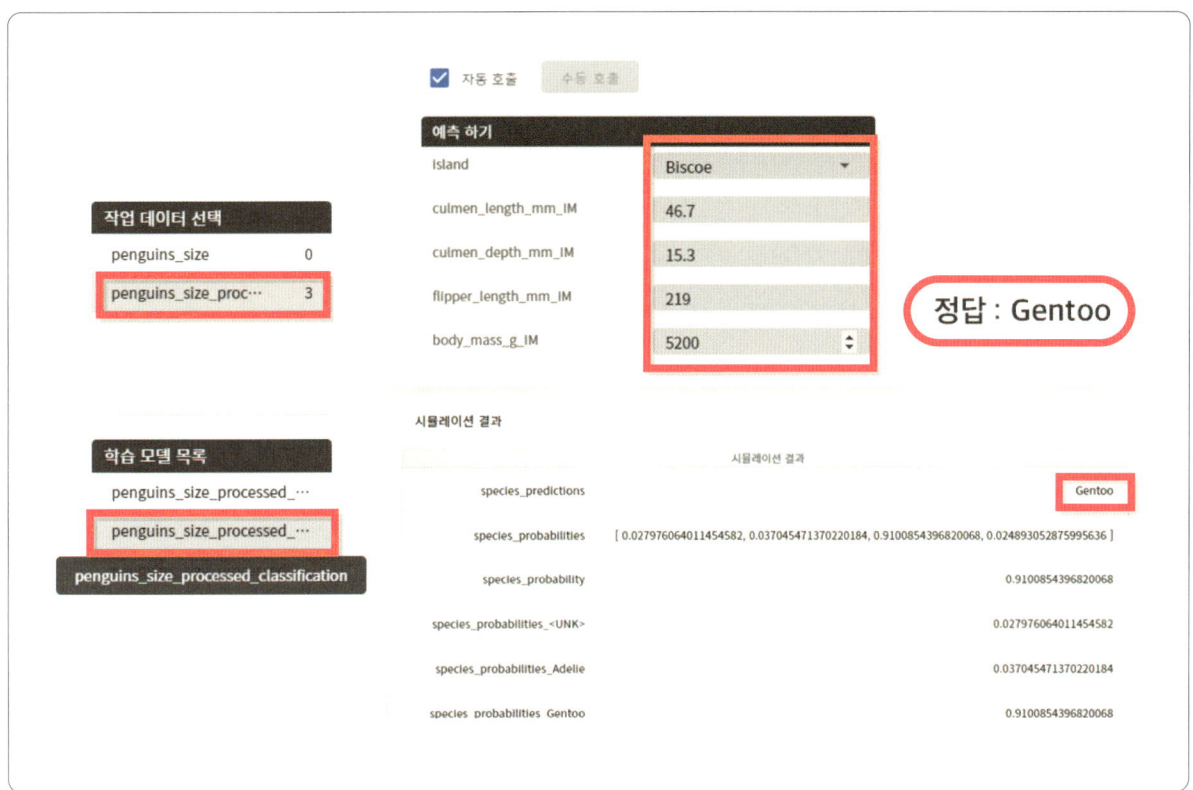

2) 회귀 모델의 예측값 시뮬레이션

시뮬레이션에 다음과 같이 변수를 입력했을 때 펭귄의 몸무게를 예측해보자. (정답은 반올림하여 소수점 2자리까지 작성)

- island: Dream
- culmen_lengh_mm: 46.7
- culmen_depth_mm: 15.3
- flipper_length_mm: 219
- species: Adelie

학습된 모델을 이용하여 예측값을 시뮬레이션하기 위해서는 [AI 모델 활용] 메뉴를 선택하여 다음의 순서를 따른다.

> ① 작업할 데이터를 선택한 후 학습 모델 목록에서 회귀 모델을 선택한다.
> ② 아래 기능 중 시뮬레이션 버튼을 클릭하고 예측하고자 하는 데이터를 입력한다.
> ③ 시뮬레이션을 통해 회귀 모델이 예측한 값을 확인한다.

❶ penguins_size_processed_regression을 선택한다.

❷ 시뮬레이션의 예측하기에 주어진 값을 입력하면 4199.42의 값을 확인할 수 있다.

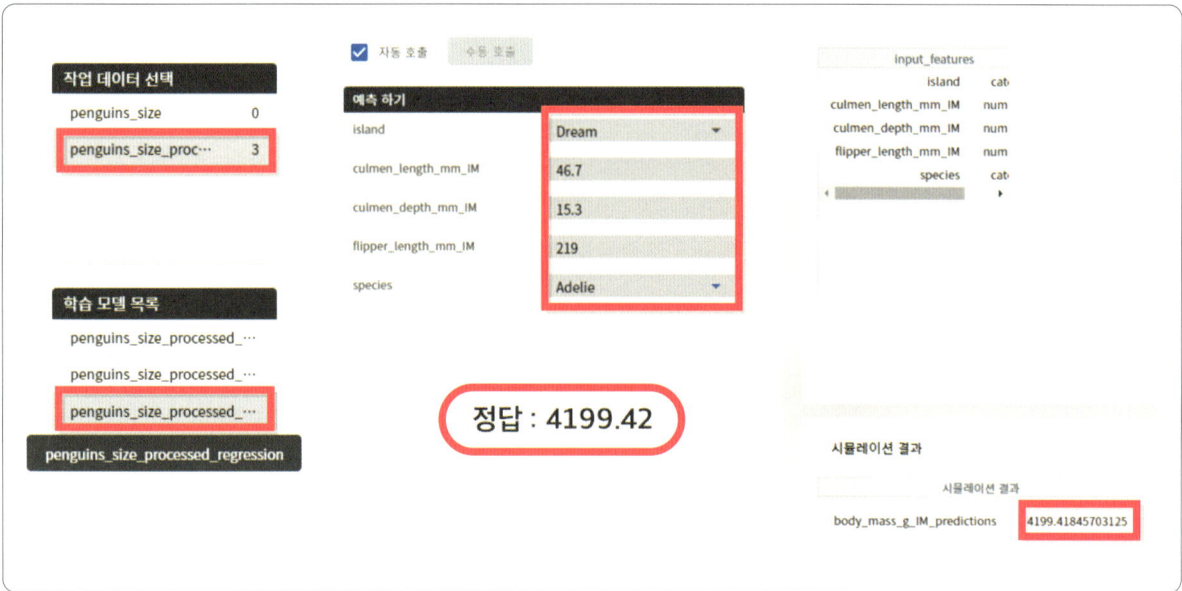

C H A P T E R
05

체질량지수 예측하기

회귀 모델을 이용한 머신러닝

1. 문제 정의
2. 데이터 수집
3. 데이터 분석 및 가공
4. AI 모델 학습
5. AI 모델 활용

5장
한눈에 살펴보기

1. 문제 정의
해결하고자 하는 문제를 정의하고 목적을 달성하기 위한 목표[체질량지수(BMI) 예측 모델 구현]를 수립한다.

2. 데이터 수집
BMI 예측을 위해 필요한 데이터를 수집한다.

3. 데이터 분석 및 가공
수집한 데이터의 전체적인 통계와 칼럼별 기술 통계, 시각화를 통해 데이터의 특성을 파악하고 예측에 적합한 데이터인지 분석한다. 또한, 머신러닝에 용이하도록 결측값을 제거하는 등 데이터를 가공한다.

4. AI 모델 학습
머신러닝 중 회귀 모델로 신체정보 데이터를 학습하여 BMI를 예측하고 모델을 구현하고 평가한다.

5. AI 모델 활용
학습된 모델을 이용하여 BMI를 예측해본다.

■ 학습 내용

- 비만, 체질량지수
- 문제 정의
- 체질량지수 데이터 수집
- 체질량지수 데이터 분석
- 체질량지수 데이터 시각화
- 체질량지수 데이터 가공
- 체질량지수 예측 모델 구현
- 체질량지수 예측 시뮬레이션

■ 학습 목표

- 비만과 과체중의 의미를 파악하고, 비만 지수 예측의 중요성을 설명할 수 있다.
- 정확한 BMI 예측을 위한 문제를 정의할 수 있다.
- BMI를 예측할 수 있는 데이터를 수집할 수 있다.
- 기초통계를 바탕으로 BMI 데이터를 분석하고, 칼럼별 특징을 파악할 수 있다.
- BMI 관련 데이터의 결측값 및 이상치 처리, 스케일 조정 등 데이터를 가공할 수 있다.
- 머신러닝 회귀 알고리즘을 이용하여 AI 모델을 학습시키고 평가할 수 있다.
- 학습 완료된 AI 모델을 이용하여 시뮬레이션에 활용할 수 있다.

1. 문제 정의

학습목표
- 비만과 과체중의 의미를 파악하고, 비만 지수 예측의 중요성을 설명할 수 있다.
- 정확한 BMI 예측을 위한 문제를 정의할 수 있다.

학습내용
- 비만
- 체질량지수
- 문제 정의

비만과 체질량지수에 대해 알아보고, 체질량지수 예측을 통해 해결하고자 하는 문제를 정의해보는 단계를 살펴보자.

1) 비만과 체질량지수 알아보기

(1) 비만은 무엇이고 왜 위험한가

최근 건강이 삶의 질을 높이는 요소라는 인식이 널리 퍼지면서 비만(obesity)에 관한 관심도 높아지고 있다. 그러나 많은 사람들이 여전히 비만은 단순히 살이 찐 것이라고 오해하고 있다. 비만은 단순히 체중이 많이 나가는 것을 의미하지 않는다. 체중은 증가했으나 근육량이 늘어났고, 체지방이 증가하지 않았다면 비만이 아니다. 비만은 영어로 obesity라고 하며 라틴어인 adeps(지방)와 obedo(과식)에서 유래된 말로 체내의 지방이 다량으로 축적된 상태를 가리킨다. 1996년 세계보건기구(WHO)에서는 비만이 고혈압, 당뇨,

고지혈, 지방간 등과 관련되어 있어 '비만은 장기 치료가 필요한 질병'이라고 규정했다.

그러나 체지방량이 적다고 절대적으로 좋은 것도 아니다. 서울대 유근영 교수 연구팀에서 2014년 아시아인 114만 명을 추적 조사한 결과 한국인은 체질량지수(BMI)가 22.6~27.5일 때 사망 확률이 가장 낮다는 결과를 발견했는데 이를 통해서도 적당한 체지방량은 필요하다는 것을 알 수 있다.

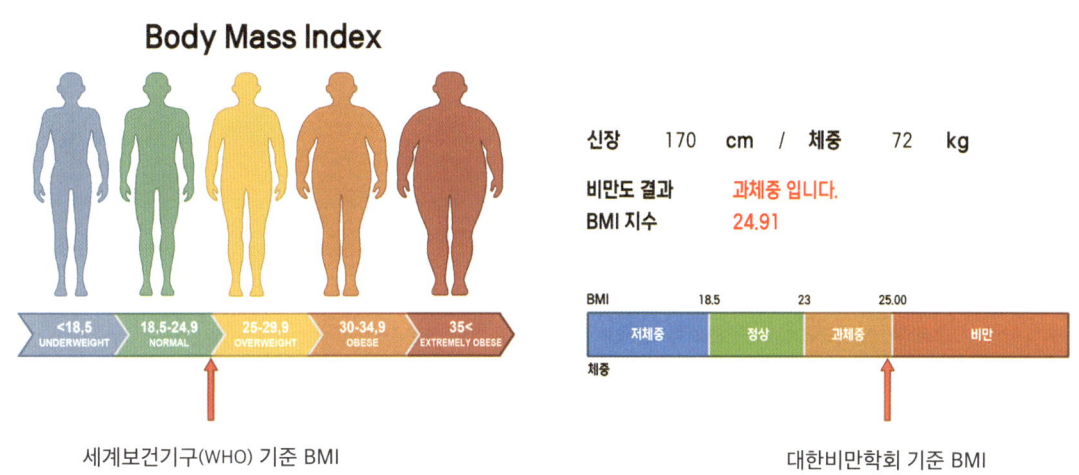

키 170cm, 몸무게 72kg인 사람은 세계보건기구의 BMI 기준으로는 정상체중이고,
대한비만학회의 BMI 기준으로는 과체중이다.

(2) 과체중과 비만은 다른가

과체중(overweight)은 표준 체중을 초과하여 체중이 조금 늘어난 상태를 의미하며, 비만은 체지방량이 과체중을 넘어서 합병증 등 각종 질환에 노출될 위험이 큰 상태이다. 따라서, 과체중은 체지방량에 관심을 가져야 하긴 하나 건강한 상태를 의미한다.

(3) 내 몸의 BMI는 어떻게 측정할까

비만 여부를 확인하기 위해서는 체중을 측정하는 것보다는 체지방량을 직접 측정하는 것이 가장 이상적

이지만, 전문적인 측정 장비를 필요로 하기 때문에 번거롭다. 그래서 일반적으로는 간접적인 측정 방법으로 키와 몸무게를 사용하여 체질량지수(BMI: Body Mass Index)를 계산하는 방법을 사용한다.

$$체질량지수(BMI) = \frac{체중(kg)}{신장(m)^2}$$

비만 분류	체질량지수	
	세계 기준 (WHO, 1998)	국내 기준 (아시아태평양지역 WHO, 2000)
저체중	18.5 미만	18.5 미만
정상	18.5~24.9	18.5~22.9
과체중	25.0~29.9	23~24.9
비만	30.0~39.0	25~29.9
고도비만	40.0 이상	30.0 이상

출처: https://medicalworldnews.co.kr/m/view.php?idx=1510927742

국가 누리집 통계에 따르면 체질량지수 30 이상일 때 비만으로 분류하는 국제 기준에 따라 주요 국가의 비만율을 살펴보면, 2019년 기준, 남자는 미국 43.5%, 캐나다 26.7%, 호주 31.5%, 영국 27.0%, 독일 18.1%, 프랑스 13.5% 등이다. 한국은 6.2%로 서구 선진국에 비해 매우 낮은 편이다. 특히 여자는 한국이 5.5%로 서구 국가보다 크게 낮다. 그러나 서구식 생활 방식이 널리 퍼짐에 따라 비만율이 높아질 가능성은 매우 크며, 체질량지수 기준을 한국 기준인 25 이상으로 하면 2021년 남자는 46.3%이고, 여자는 26.9%에 달한다.

Q5-1. 자신의 BMI를 계산해보자.

키(m)	몸무게(kg)	BMI

2) 문제 정의하기

건강은 얻기는 어렵고 잃기는 쉽다는 이유로, 건강 관리를 모래 쌓기에 비유하기도 한다. 여러 가지 건강 지표 중 체중은 키와 함께 발육 상태 및 건강 상태를 파악하는 기준이 되며, 적정 체중을 유지하여 비만과 질병을 예방할 수 있는 기준이 되기도 한다. 비만은 체내에 축적된 지방의 양으로 비만도 정도를 나타내기 위해 BMI를 이용한다. 하지만 키와 몸무게를 활용한 공식으로 구할 수 있는 수치는 신뢰도가 높지 않다. 다른 체형을 가지고 있더라도 키와 몸무게만 같으면 BMI가 똑같기 때문이다. 그렇다면 어떻게 해야 정확한 BMI를 측정할 수 있을까?

키 180cm와 몸무게 80kg로, 같은 몸무게이나 다른 체형을 가진 사람

> **Q5-2.** 위의 내용을 읽고 예측하고자 하는 문제를 정의해보자.

비만의 역설(obesity paradox)

키가 모두 170cm인 사람이 5명 있다. 각각 몸무게가 45kg, 55kg, 65kg, 75kg, 90kg이라고 할 때 가장 오래 사는 사람은 누구일까? 또 사망할 확률이 가장 높은 사람은 누구일까?

BMI는 $\frac{몸무게(kg)}{키(m)^2}$ 을 통해 얻은 값으로 국내를 기준으로 했을 때 23 이상이면 과체중, 25 이상이면 경도 비만, 30 이상은 고도 비만으로 분류된다. BMI가 25를 넘으면 각종 질환 및 사망 위험이 1.5~2배 높다고 경고한다. 하지만 비만으로 분류된 사람의 사망 확률이 높다는 연구는 주로 유럽인이나 미국인을 대상으로 한 것이었다. 2011년 서울대학교 유근영 교수 연구팀에서 한국, 일본, 중국 등 7개국의 114만 명(한국인 2만 명 포함)을 대상으로 대규모 조사를 실시했다. 2005년부터 9년 동안 추적 관찰한 결과, 동아시아인의 BMI 지수와 사망위험도의 관계는 다음 표와 같이 나타났다.

BMI	사망위험도
15.0 이하	2.76
15.1~17.5	1.84
17.6~20.0	1.35
20.1~22.5	1.09
22.6~25.0	1
25.1~27.5	0.98
27.6~30.0	1.07
30.1~32.5	1.2
32.6~35.0	1.5
35.1~50.0	1.49

연구 결과를 살펴보면 동아시아인의 사망위험도가 가장 낮은 BMI 구간은 25.1~27.5로 경도비만 구간이다. 또한 특이한 점은 가장 사망위험도가 높은 BMI 구간은 15 이하의 저체중 구간으로 나타났다는 것이다.

위에 언급한 사람의 사망위험도가 가장 낮은 몸무게 구간은 72.5~79.5kg이다. 따라서 75kg인 사람(BMI 25.95), 65kg(BMI 22.49), 90kg(BMI 31.14), 55kg(BMI 19.03), 45kg(BMI 15.57) 순으로 사망위험도가 낮음을 알 수 있다.

2. 데이터 수집

학습목표
- BMI를 예측할 수 있는 데이터를 수집할 수 있다.

학습내용
- 체질량지수 데이터 수집

문제 해결에 필요한 체질량지수 관련 데이터를 수집하는 단계를 살펴보자.

Q5-3. 머신러닝이나 딥러닝은 주로 수치형이나 범주형 데이터로 이루어진 정형 데이터로 학습한다. 체질량지수와 관련된 신체 데이터에는 어떤 것이 있는지 적어보자.

데이터 칼럼	데이터 종류	예시
예시) BMI	수치형	25.3
예시) 성별	범주형	여자

정형 데이터와 비정형 데이터

정형 데이터는 고정된 형식과 구조를 가진 일정한 규칙에 따라 구성된 데이터이다. 예를 들면, 이름, 성별, 나이, 키, 몸무게 등 표 형식으로 구성된 데이터는 4개 칼럼과 칼럼별 숫자나 문자 형태의 데이터로 구성된다. 이때 키나 몸무게는 실수형 데이터이고 나이는 정수형 데이터로 모두 수치형으로 분류된다. 또한 성별은 남/녀 2가지로 구분되는 범주형 데이터이다.

이름	성별	나이	키	몸무게
김OO	여	16	162	54.6
이OO	남	17	173	60.7

수치형 데이터	• 수치로 구성된 데이터(실수형, 정수형) • 실수형 예시) 키, 몸무게 등 • 정수형 예시) 나이, 인구수, 차량 대수 등
범주형 데이터	• 몇 개의 범주로 나누어진 데이터 • 예) 성별, 혈액형, 아이스크림 종류 등

비정형 데이터는 일정한 형식이나 구조가 없는 데이터이다. 이미지, 음성, 동영상, 텍스트 등이 해당한다. 비정형 데이터는 계산 및 분석이 어렵기 때문에 주로 정형 데이터의 패턴을 파악하고 예측을 수행하는 머신러닝에서는 많이 사용되지 않는다. 하지만 특성을 스스로 파악하는 딥러닝은 비정형 데이터로 물체를 인식하고 언어를 번역하고, 음성을 인식하는 데 뛰어난 성능을 발휘한다.

1) BMI 예측 데이터는 어디서 수집할 수 있을까

민간 데이터 중 가장 유명한 사이트 중 하나는 캐글이다. 2010년에 설립된 캐글은 데이터 과학자나 머신러닝 연구자들이 서로 데이터 및 인공지능 문제 해결 방법을 공유하는 커뮤니티이자 플랫폼이다. 캐글은 데이터셋 공유, 경연 대회, 교육, 커뮤니티의 기능을 제공하며 데이터 과학, 통계학, 머신러닝을 배울 수 있는 데이터 수집처이다.

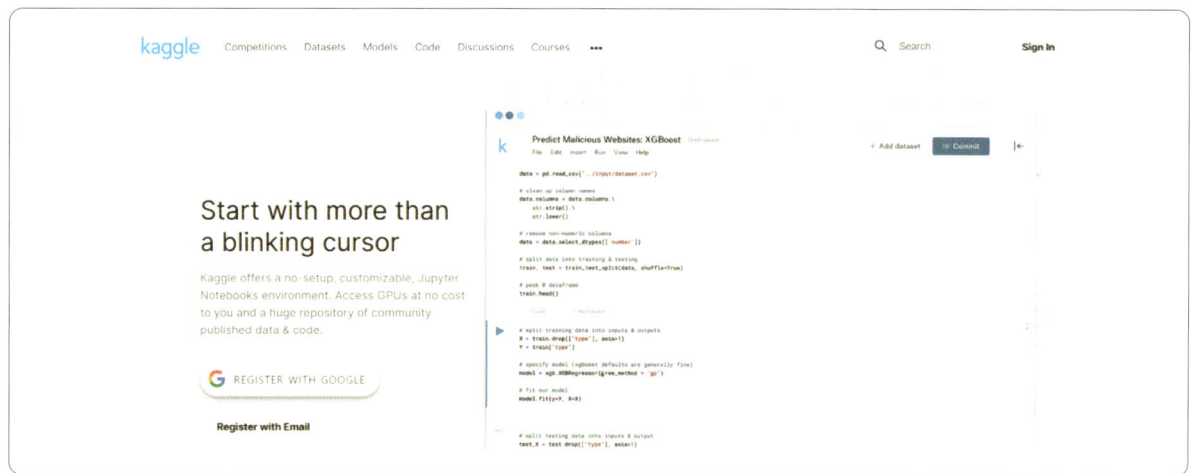

출처: 캐글 https://www.kaggle.com

캐글에서 'BMI_data'로 검색하면 2만 5,000명의 환자의 BMI 정보를 가진 데이터셋을 검색할 수 있다.

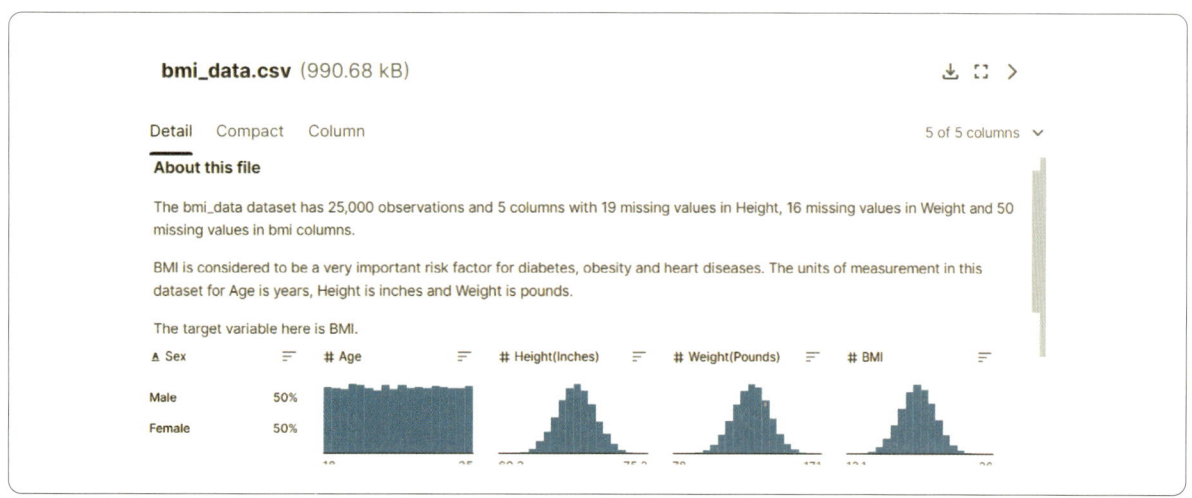

2) BMI 데이터셋을 살펴보자

해당 데이터는 캐글에 로그인 후에 다운로드할 수 있으며, 5개의 칼럼으로 구성되어 있다. 이 데이터셋에서 예측하고자 하는 칼럼은 BMI로 종속변수에 해당되며, 종속변수를 학습하기 위한 칼럼인 독립변수는 성별, 나이, 키, 몸무게 칼럼이 있다.

	A	B	C	D	E
1	Sex	Age	Height(Inches)	Weight(Pounds)	BMI
2	Female	21	65.78331	112.9925	18.35764628
3	Female	35	71.51521	136.4873	18.76265227
4	Female	27	69.39874	153.0269	22.33898483
5	Male	24	68.2166	142.3354	21.50461196
6	Female	18	67.78781	144.2971	22.07766909
7	Female	22	68.69784	123.3024	18.36894397
8	Male	35	69.80204	141.4947	
9	Male	19	70.01472	136.4623	19.57189143
10	Female	28	67.90265	112.3723	17.13502122
11	Male	25	66.78236	120.6672	19.02236604
12	Male	34		127.4516	
...					
24998	Male	26	64.54826	120.1932	20.28195
24999	Female	23	64.69855	118.2655	19.86405
25000	Male	20	67.52918	132.2682	20.39254
25001	Female	34	68.87761	124.8742	18.50612

(독립변수: Sex, Age, Height(Inches), Weight(Pounds) / 종속변수: BMI)

- Sex: 성별로 남(Male)과 여(Female)로 구성된 범주형 데이터
- Age: 18~35세 분포로 구성된 정수형 데이터
- Height(inches): 60.3~75.2인치의 분포로 구성된 실수형 데이터
- Weight(pounds): 78~171파운드의 분포로 구성된 실수형 데이터
- BMI: 13.1~26 분포로 구성된 실수형 데이터

＊키와 몸무게 칼럼은 cm(센티미터)와 kg(킬로그램) 단위로 변환하고, 칼럼명은 한글과 영어로 병기하여 AIDU ez에 'BMI_data'로 탑재해두었다.

3) AIDU ez에서 체질량지수 데이터를 살펴보자

❶ 수집한 데이터를 살펴보기 위해서는 AICE 사이트에 접속한다. 크롬 브라우저에서 안정적으로 작동하므로 반드시 크롬 브라우저를 실행시킨 후 주소창에 https://aice.study를 입력한다.

❷ AICE 사이트에 접속한 후 로그인을 하고 상단의 [AIDU 실습] 메뉴에서 [나의 프로젝트]를 클릭한다.

AICE	AICE 소개	시험신청/응시	AI 교육	AIDU 실습
	AICE 소개	AICE 시험 신청	AICE Ready	AIDU 소개
	AICE 교육소개	AICE 시험 응시	AI 사례실습	나의 프로젝트
		정기시험 사전점검	AI 기본이론	
		AICE 연습문제	AI/DX Story	

❸ [내가 만든 프로젝트]에서 [AIDU ez 실행] 버튼을 클릭하여 AIDU ez를 실행한다.

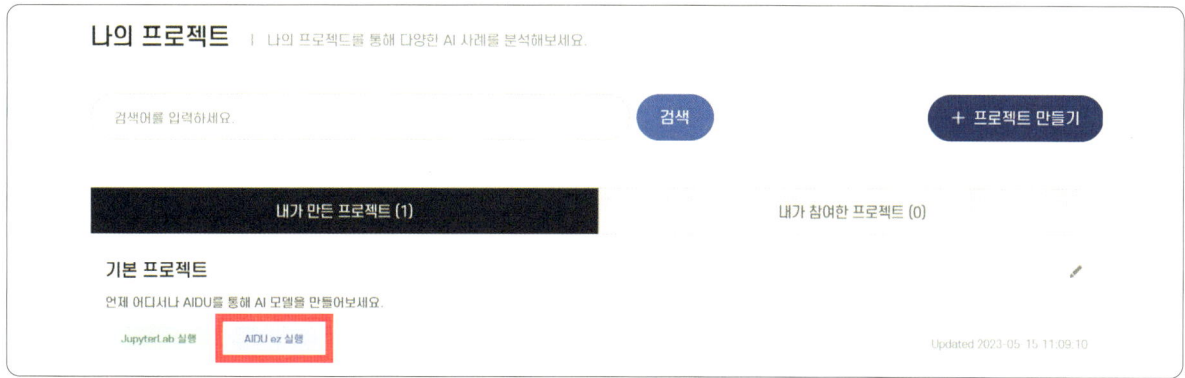

❹ AIDU ez 접속 후 [테이블 데이터 학습] 버튼을 누른 후 [데이터 가져오기] - [AIDU에서 가져오기]에서 'BMI_data' 데이터를 불러온다. 이때 체질량지수 데이터셋의 제목 행에는 한글이 포함되어 있으므로 인코딩 문제로 한글이 깨지는 현상을 예방하기 위해 [인코딩 선택]을 'CP949(한글)'나 'EUC-KR(한글)'을 선택한다. 버튼을 클릭하여 BMI_data를 AIDU ez 작업공간으로 가져온다.

❺ 가져온 데이터셋이 올바른지를 확인하기 위해 AIDU ez의 [테이블 분석] - [데이터 샘플 보기]를 클릭한다. [작업 데이터 선택]과 [칼럼 선택]에서 해당 데이터셋과 칼럼이 맞는지를 확인한 후 [데이터 범위]를 2만 5,000개로 수정하여 데이터를 모두 선택한 후 조회를 클릭한다.

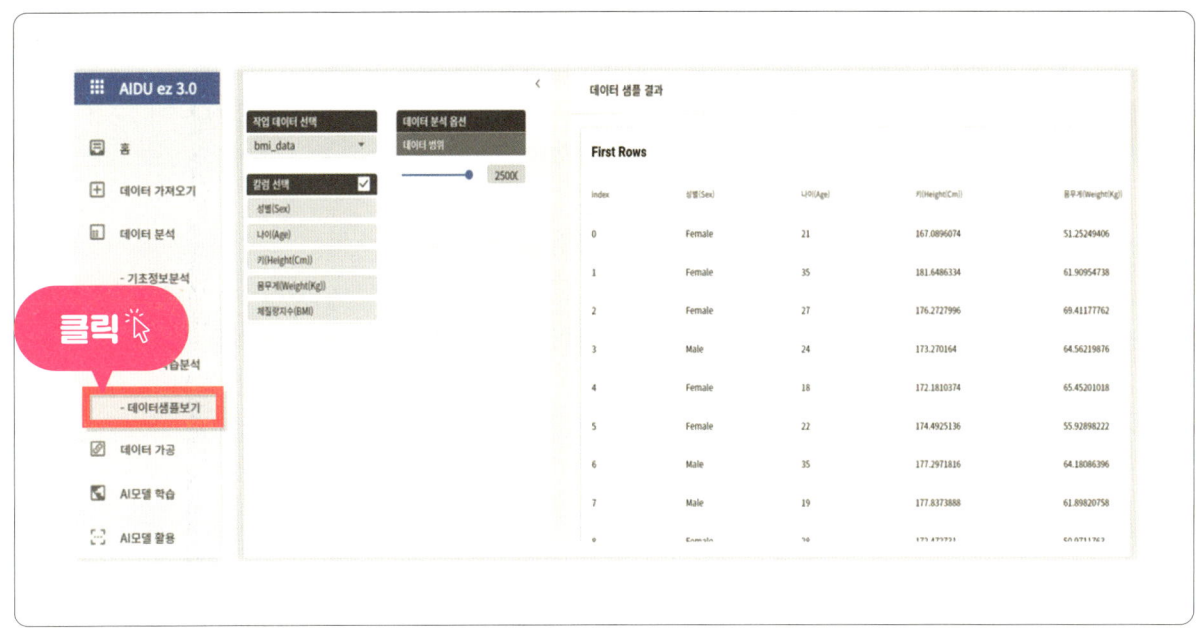

0~9까지의 상위 10개의 관측치와 24990~24999까지의 하위 10개의 관측치를 확인할 수 있다.

3. 데이터 분석 및 가공

학습목표
- 기초통계를 바탕으로 BMI 데이터를 분석하고, 칼럼별 특징을 파악할 수 있다.
- BMI 관련 데이터의 결측값 및 이상치 처리, 스케일 조정 등 데이터를 가공할 수 있다.

학습내용
- 체질량지수 데이터 분석
- 체질량지수 데이터 시각화
- 체질량지수 데이터 가공

수집한 BMI 데이터셋을 분석하여 BMI 관련 데이터의 기초 정보를 파악하고, 더 정확한 BMI를 예측하는 데 필요한 칼럼을 알아본다. 또한 빈 데이터의 결측값 처리를 통해 머신러닝 학습에 적합하도록 데이터를 가공하는 단계를 살펴보자.

1) 기초 정보 분석하기

기초 정보를 분석하기 위해서는 [데이터 분석] - [기초 정보 분석] 메뉴를 선택하여 다음의 순서를 따른다.

> ① 전체 칼럼을 선택한다.
> ② 분석할 데이터 범위를 25,000까지 드래그하여 전체 데이터로 설정한다.
> ③ 조회하기 버튼을 누른다.

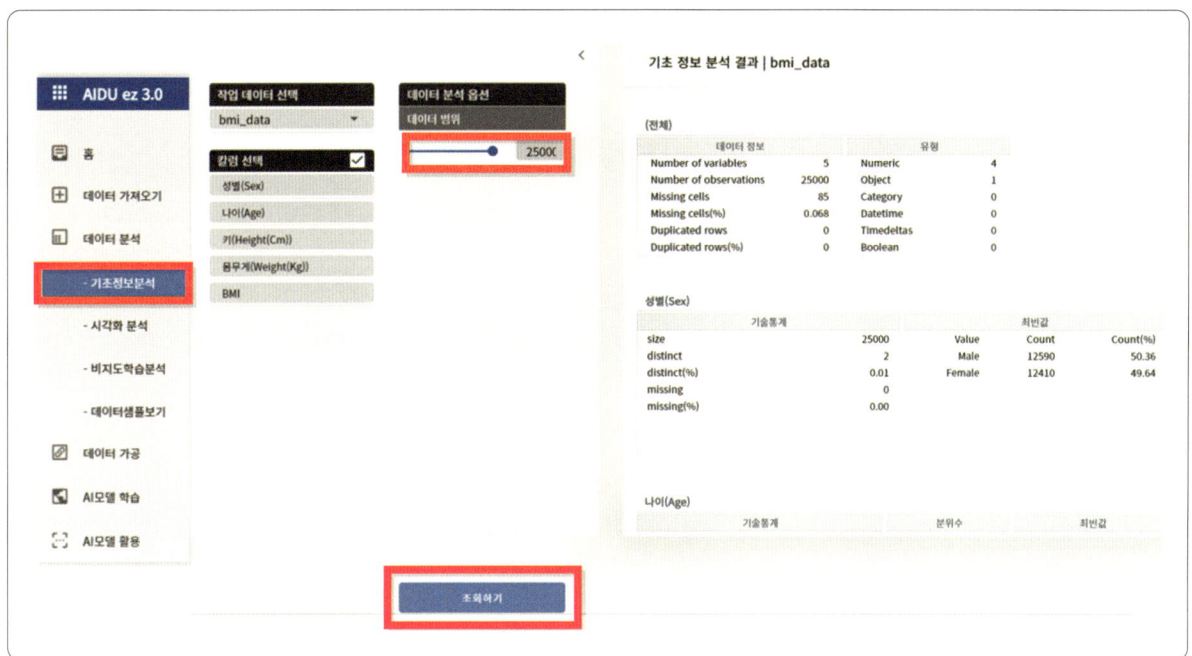

❶ '데이터 정보'는 행 단위의 데이터 관측 항목을 알려준다.

❷ '유형'은 데이터셋 칼럼의 자료형 항목을 알려준다.

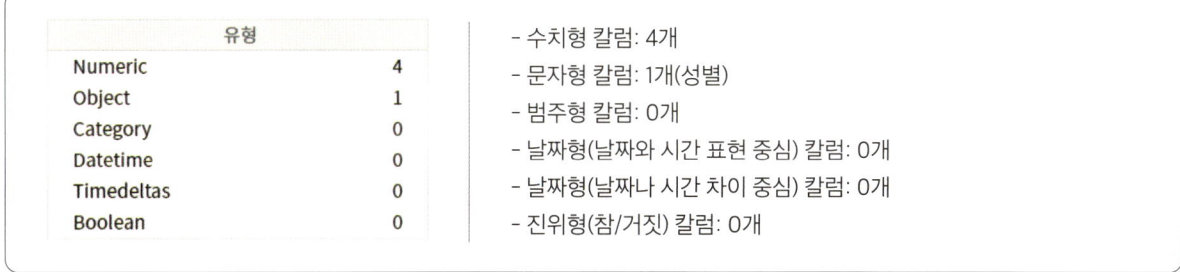

❸ '성별(Sex)' 칼럼의 기초 정보를 분석해보자.

- Male / Female 2개의 값으로 구성된 문자형 데이터
- 결측값 없음
- 남자 데이터와 여자 데이터의 분포가 거의 비슷함. (편향되지 않음.)

❹ '나이(Age)' 칼럼의 기초 정보를 분석해보자.

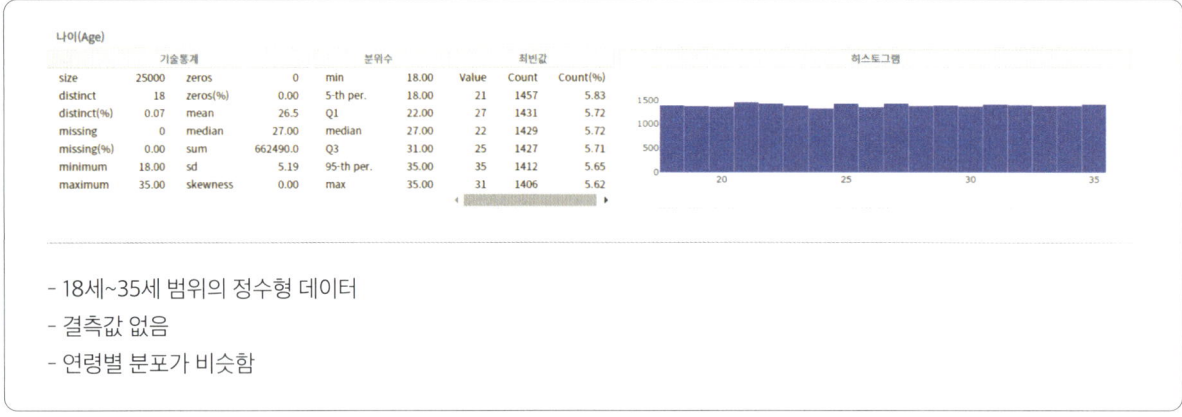

- 18세~35세 범위의 정수형 데이터
- 결측값 없음
- 연령별 분포가 비슷함

❺ '키[Height(cm)]' 칼럼의 기초 정보를 분석해보자.

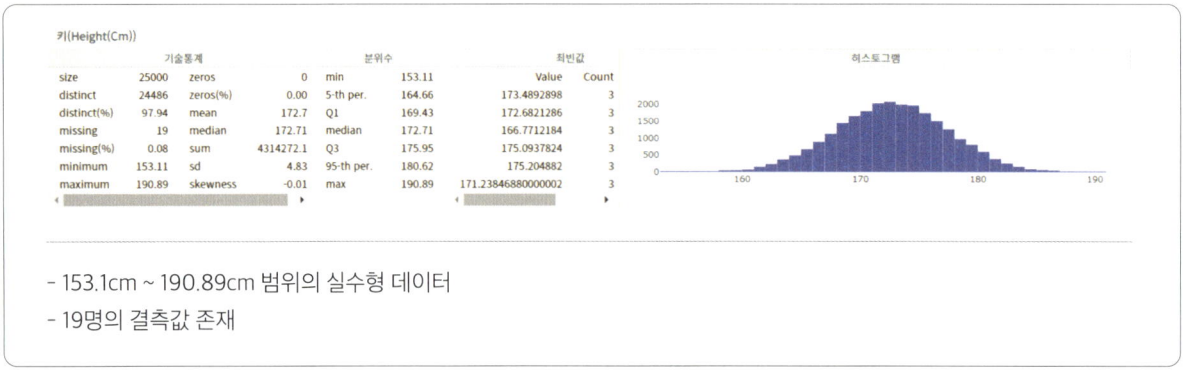

- 153.1cm ~ 190.89cm 범위의 실수형 데이터
- 19명의 결측값 존재

❻ '몸무게[Weight(kg)]' 칼럼의 기초 정보를 분석해보자.

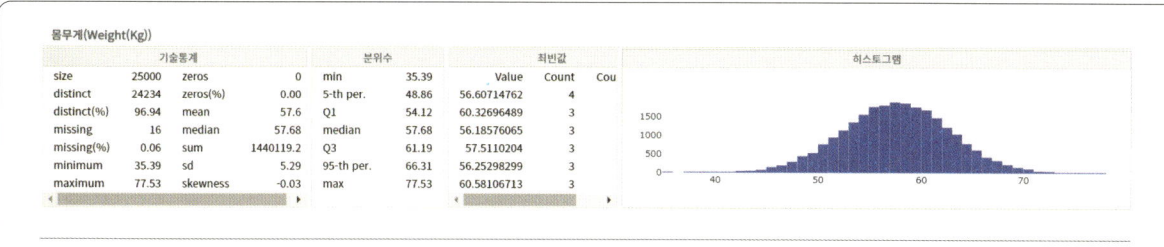

- 35.39kg ~ 77.53kg 범위의 실수형 데이터
- 16명의 결측값 존재

❼ 'BMI' 칼럼의 기초 정보를 분석해보자.

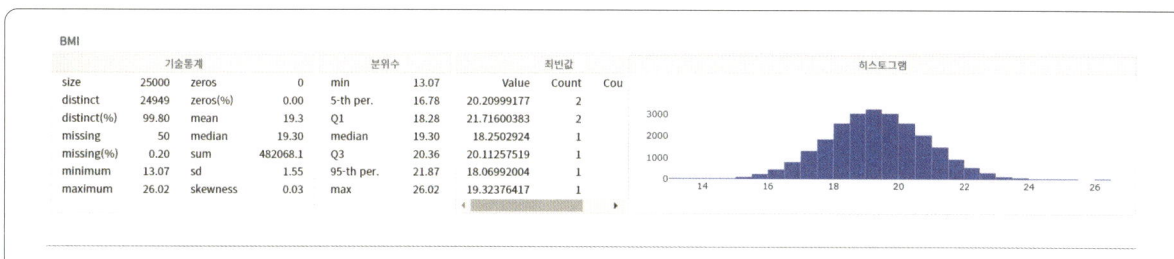

- 13.07~26.02 범위의 실수형 데이터
- 50명의 결측값 존재

Q5-4. '몸무게[Weight(kg)]' 칼럼에서 최솟값은 몇 개인가?

Tip) 기초 정보 분석 결과 - 기술통계나 분위수 항목의 min을 확인해보자.

Q5-5. '키[Height(cm)]' 칼럼의 결측값은 몇 개인가?

Tip) 기초 정보 분석 결과 - 기술통계 항목의 missing을 확인해보자.

2) 시각화 분석하기

기초 정보를 시각화하기 위해서는 [데이터 분석] - [시각화 분석] 메뉴를 선택하여 다음의 순서대로 실행하고, 그래프를 통해 알 수 있는 정보를 찾는다.

① [시각화 선택]에서 그래프 형태를 선택한다.
② 시각화에 포함시킬 칼럼을 선택한다.
③ 차트에서 색깔로 구분할 칼럼을 선택한다.
④ 분석할 데이터 범위를 오른쪽 끝까지 드래그하여 전체 데이터로 설정한다.
⑤ 조회하기 버튼을 누른다.

AIDU ez에서 표현 가능한 시각화 방법
데이터를 그래프로 시각화하면 데이터의 분포나 데이터 간의 관계를 한눈에 파악할 수 있으며, 데이터나 데이터 간의 경향성이나 패턴을 살펴보면서 숨은 정보를 파악할 수 있다. AIDU ez에서는 산점도, 히트맵, 박스차트, 분포차트, 워드 클라우드를 생성할 수 있다.

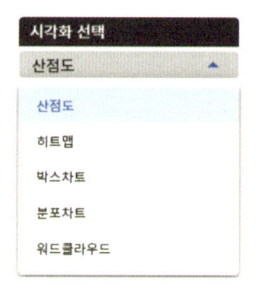

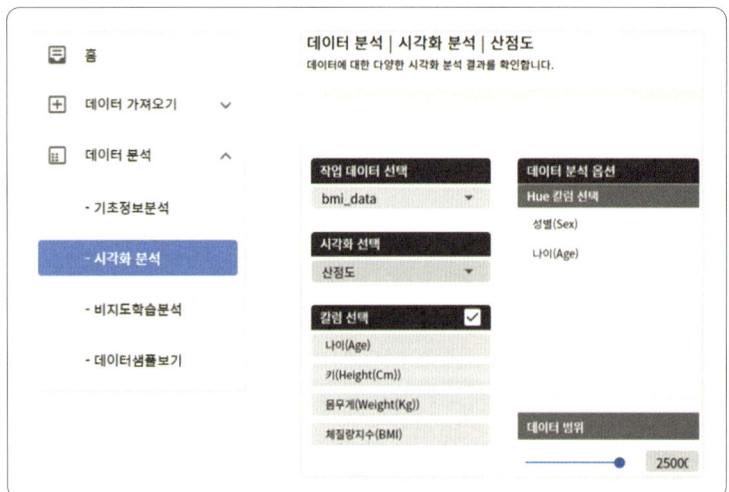

❶ 종속변수인 'BMI'와 다른 칼럼 간의 관계를 산점도로 표현해보고 그 의미를 살펴보자.

Tip) 산점도는 수치형 데이터 간의 관계를 보여주는 시각화 방법이다.

'BMI'-'나이'	'BMI'-'키'	'BMI'-'몸무게'
'나이'는 정수형 데이터이므로 경향성을 판단하기 어렵고, 고루 분포되어 있는 것을 확인할 수 있다.	'키'와 'BMI'는 크게 관련성이 있어 보이지는 않지만, 점이 중복된 것이 많아 확인이 쉽지 않다.	'몸무게'와 'BMI'는 일차함수와 같은 경향성이 드러난다. 즉, '몸무게'가 많을수록 'BMI'도 높아지는 상관관계가 있다고 볼 수 있다.

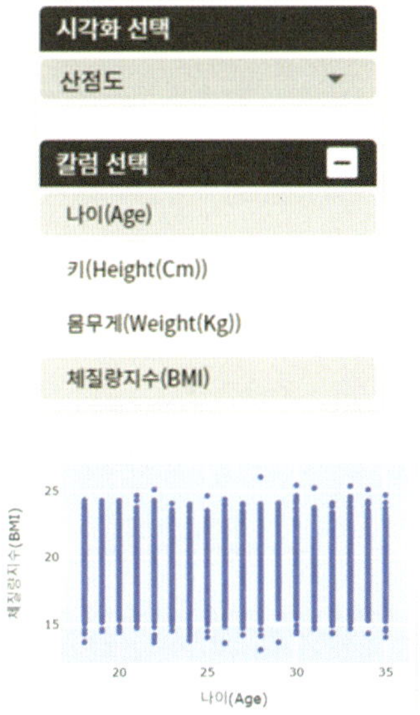

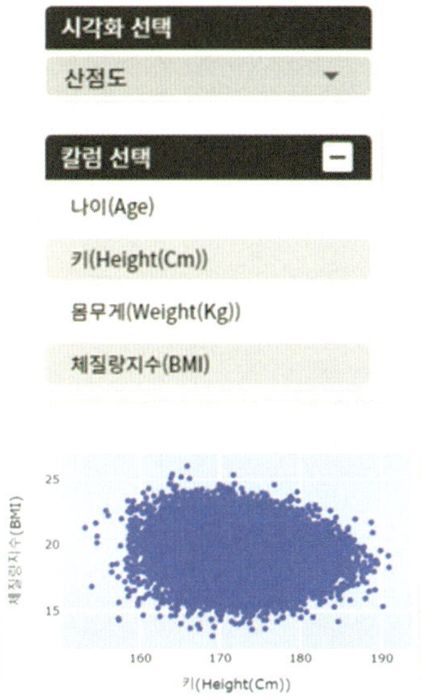

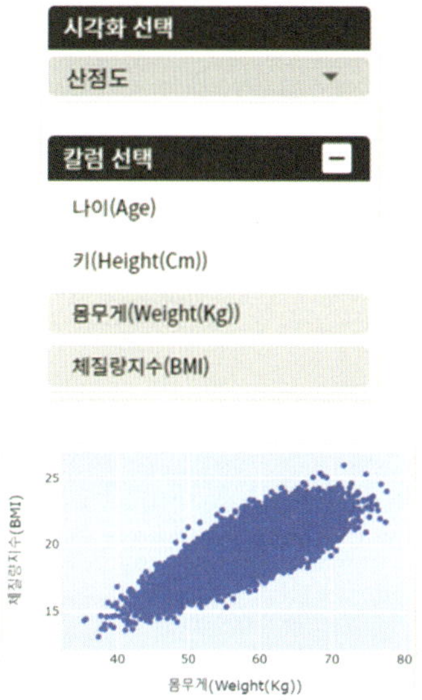

❷ 종속변수인 'BMI'의 분포를 박스차트로 표현해보자.

Tip) 박스차트는 칼럼에 대한 최솟값, 제1사분위수, 중앙값, 제3사분위수, 최댓값을 통해 데이터의 분포를 보여주며, 정상치를 벗어난 이상치를 표시해주는 시각화 방법이다.

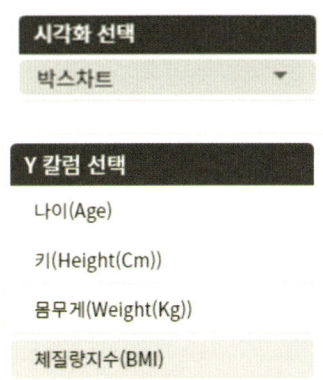

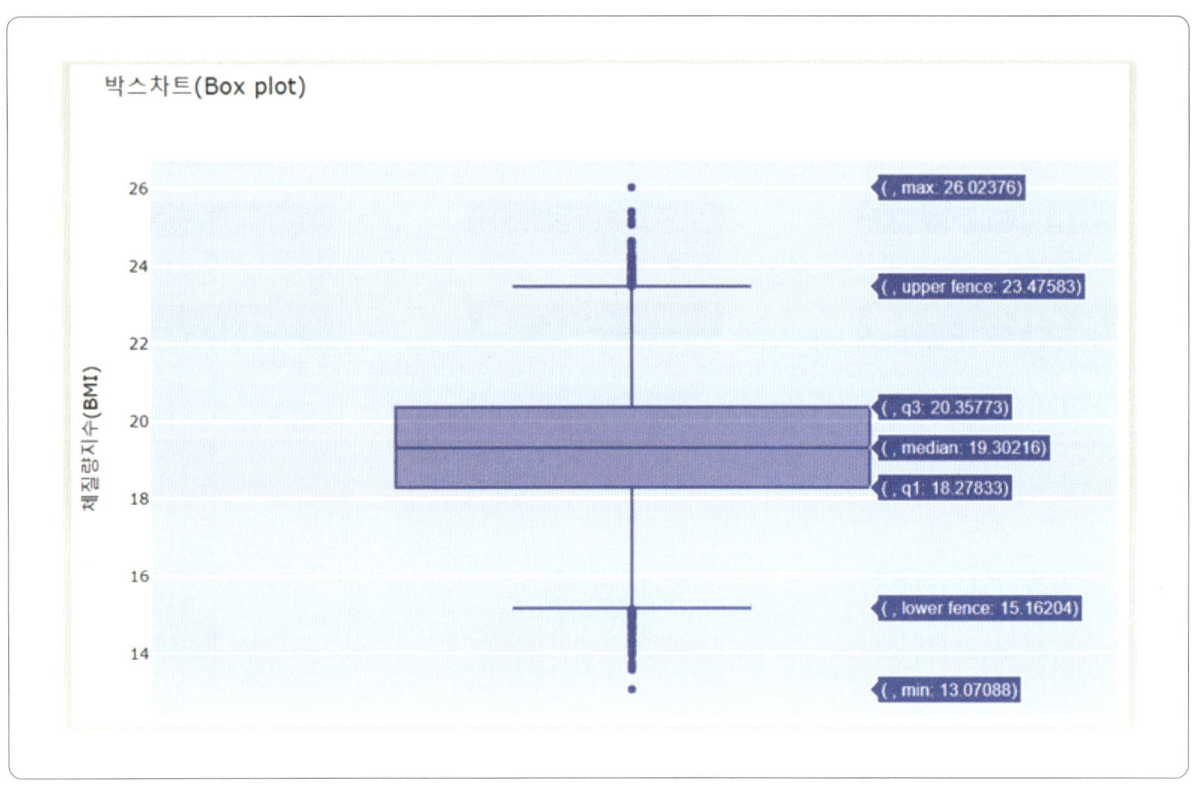

'BMI' 박스차트를 조회하고, 마우스를 그래프 위에 놓으면 통계치가 표시된다. 데이터셋의 BMI 데이터에서 Q1은 1/4지점의 값, median(중앙값)은 2/4지점의 값, Q3는 3/4지점의 값을 나타내며 이 값들이 어느 정도 모여 있음을 알 수 있다.

하위 경계(lower fence)는 정상 범위 내의 최솟값으로 15.16을 의미하여 그 이하의 값은 이상치를 의미한다. 또한, 상위 경계(upper fence)는 정상 범위 내의 최댓값으로 23.47을 의미하며 그 이상의 값은 이상치이다. 일반적으로 머신러닝에서 이러한 이상치는 학습에 부정적인 영향을 끼칠 수 있으므로 제거한다. 하지만 BMI가 15 이하인 경우는 저체중으로 분류되며 저체중 이하의 데이터 BMI 값이 잘못된 것으로 보기는 어렵기 때문에 이상치를 제거하지 않는다.

BMI가 30 이상인 경우는 비만으로 분류되나, 현재 데이터셋에는 포함된 데이터가 없다. 실제 정확한 BMI값을 예측하는 머신러닝 모델을 구현하기 위해서는 비만이 포함된 데이터를 보충해야만 하지만 이 책에서는 제공된 데이터만으로도 충분히 분석 및 학습에 대한 교육 목적을 달성할 수 있어서 별도의 데이터 보충은 하지 않는다.

❸ 종속변수인 'BMI'와 다른 칼럼 간의 상관관계를 확인하기 위해 히트맵으로 시각화한다.

Tip) 히트맵은 상관관계(correlation) 지수를 가로, 세로 형태로 시각화하는 방법으로 두 변수 간의 상관성을 알려준다.

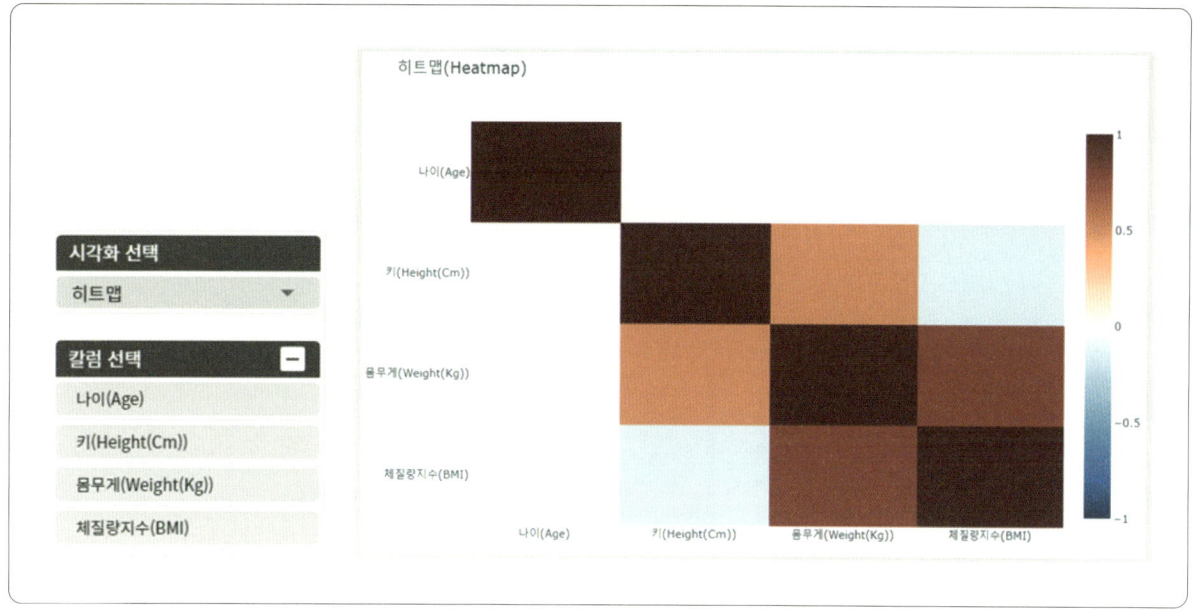

히트맵을 선택하고, 모든 칼럼을 선택한 후 데이터의 범위를 2만 5,000개로 수정한 후 조회를 클릭하면 히트맵이 표시된다. 마우스를 그래프 위에 놓았을 때 두 칼럼 간의 상관관계가 표시된다. 'BMI'와 각 칼럼 간의 상관관계는 다음과 같다.

'BMI' - '나이': -0.0033
'BMI' - '키': -0.1212
'BMI' - '몸무게': 0.7956

따라서 'BMI'와 가장 관련이 높은 칼럼은 '몸무게' > '키' > '나이' 순이다. 회귀에서는 종속변수와 상관관계가 높은 핵심 칼럼은 머신러닝에서 우선적으로 독립변수로 사용한다. 하지만 칼럼의 수가 많지 않기 때문에 '몸무게', '키', '나이' 그리고, '성별' 칼럼도 독립변수로 사용하겠다.

상관관계(correlation)

상관관계는 두 변수(칼럼) 사이의 연관된 정도를 선형 관계의 강도와 방향을 측정하는 것으로 그 수치를 상관계수라고 한다. 상관계수 r은 −1.0~1.0 사이의 값을 의미하며, 절댓값이 1에 가까울수록 상관관계가 높은 것으로 판단한다.

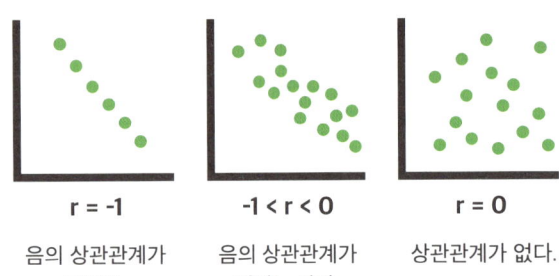

r = -1
음의 상관관계가 강하다.

-1 < r < 0
음의 상관관계가 있기는 하다.

r = 0
상관관계가 없다.

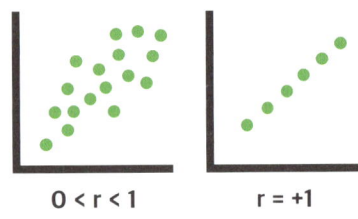

0 < r < 1
양의 상관관계가 있기는 하다.

r = +1
양의 상관관계가 강하다.

상관계수 크기	일반적인 해석
±0.8 ~ 1.0	매우 강한 상관관계
±0.6 ~ 0.8	강한 상관관계
±0.4 ~ 0.6	중간 정도 상관관계
±0.2 ~ 0.4	약한 상관관계
±0.0 ~ 0.2	매우 약한 상관관계

3) 데이터 가공하기

데이터 가공은 결측값 처리, 스케일 조정 등으로 머신러닝이나 딥러닝에 적합한 형태로 변환하는 것을 의미한다. 이번 예시에서 스케일 조정은 크게 학습에 영향을 끼치지 않으므로 결측값 처리만 실시한다.

기초 정보 분석에서 결측값이 있는 칼럼은 '키', '몸무게', '체질량지수'이다. 그런데 '체질량지수'는 예측하고자 하는 종속변수(레이블)이므로 지도학습에서는 종속변수가 비어 있으면 학습이 불가하므로 해당 결측값을 가지는 데이터 50개(행)는 삭제를 해야 한다. AIDU ez에서는 학습 과정에서 자동으로 삭제되어 학습되므로 신경 쓰지 않아도 자동으로 처리된다.

결측값 처리를 위해서는 '데이터 가공' 메뉴를 선택하여 다음의 순서를 따른다.

> ① 처리할 칼럼을 선택한다.
> ② [데이터 가공 실행]에서 결측값으로 처리할 옵션을 선택한다.
> ③ 결측값 처리에 보기 버튼을 눌러, 변경 전과 후의 데이터를 살펴본다.
> ④ 결측값 처리가 완료되면 [가공 데이터 저장] 버튼을 클릭한다.

그렇다면 '키'와 '몸무게' 칼럼에 대해 결측값을 처리해보자.

(1) '키' 칼럼 결측값의 대체 값(평균값) 처리

대체 값은 최빈값(most frequent), 중앙값(median), 평균값(mean), 상수(constant)를 선택하여 변경할 수 있다. 보통 범주형 데이터의 결측값은 최빈값이나 중앙값을 선택하고, 수치형 데이터는 평균값이나 중앙값을 많이 이용한다. 키와 몸무게는 평균값과 중앙값의 차이가 별로 나지 않는 데이터이므로 평균값을 결측값으로 처리한다.

❶ [데이터 가공 메뉴]를 클릭하고, '칼럼 선택'에서 '키[Height(cm)]' 칼럼을 선택한다. 그리고 [데이터 가공실행]에서 mean을 선택하여 보기 버튼을 클릭한다.

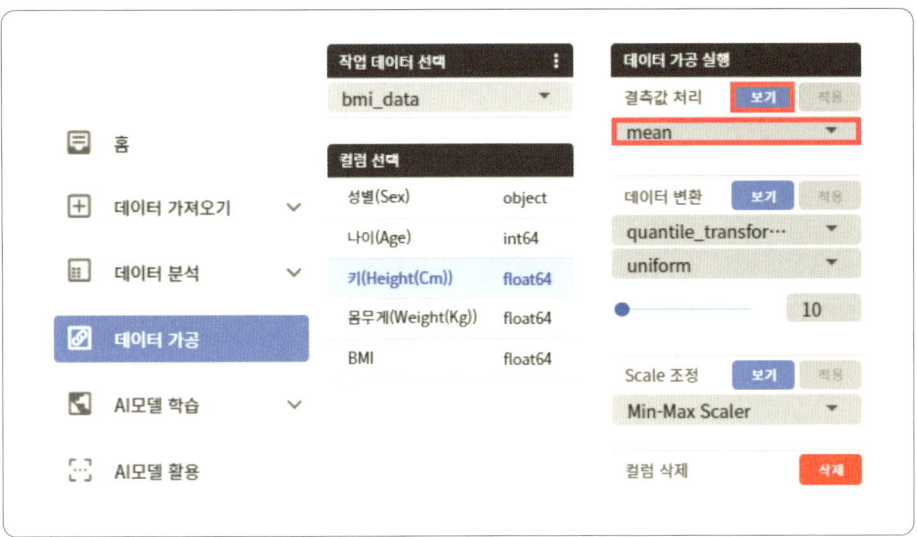

❷ 아래 그림의 통계 정보에서 결측값(missing) 데이터가 19건으로 확인되고 있다. 오른쪽 하단에 데이터 가공 결과에서 원 데이터(before_value)와 대체 값 변경 데이터(after_value)를 확인할 수 있다. 결측값 처리에서 적용 버튼을 누른다.

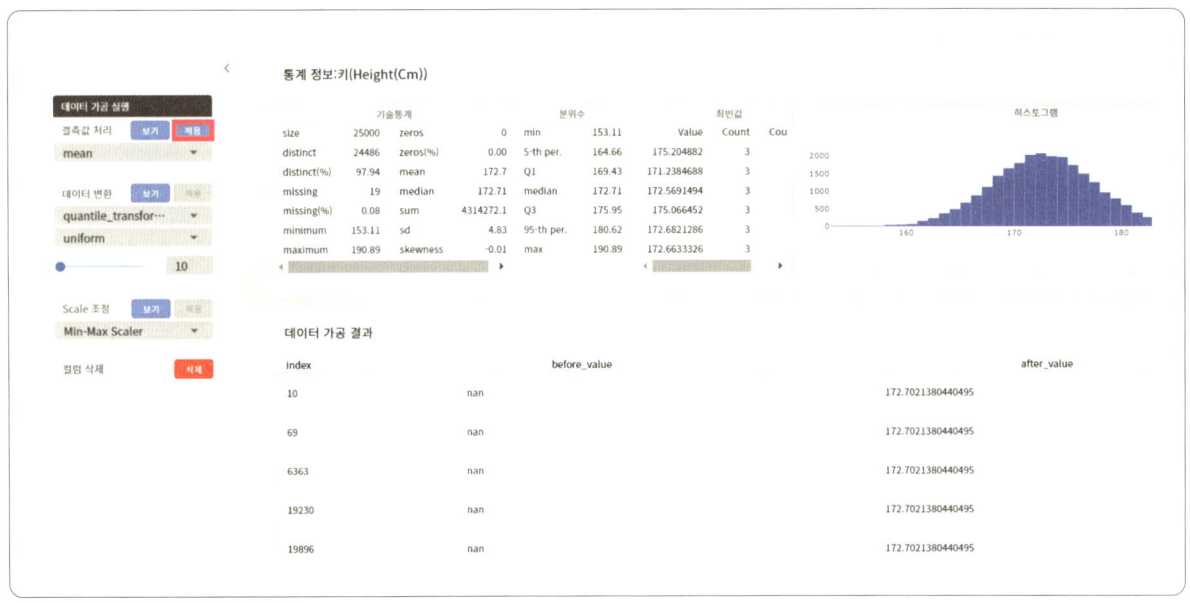

188

❸ 대체 값으로 변경된 칼럼이 칼럼 선택에 '키[Height(cm)]_IM' 칼럼으로 추가되었다.

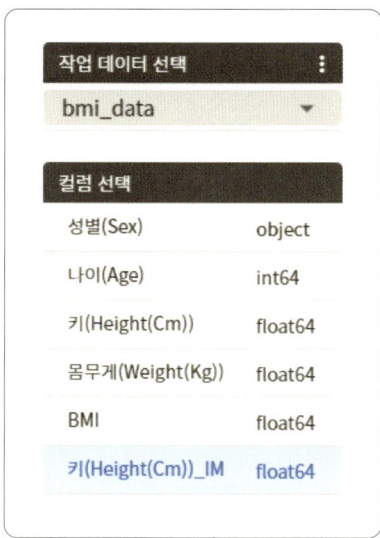

(2) '몸무게' 칼럼 결측값의 대체 값(평균값) 처리

'몸무게' 칼럼 역시 키와 같이 평균값으로 결측값을 변환한다.

❶ [칼럼 선택]에서 '몸무게[Weight(kg)]' 칼럼을 선택하고, [데이터 가공실행]에서 mean을 선택하여 보기 버튼을 클릭한다. '몸무게' 칼럼은 결측값(missing) 데이터가 16개가 있음을 기술 통계에서 확인할 수 있다.

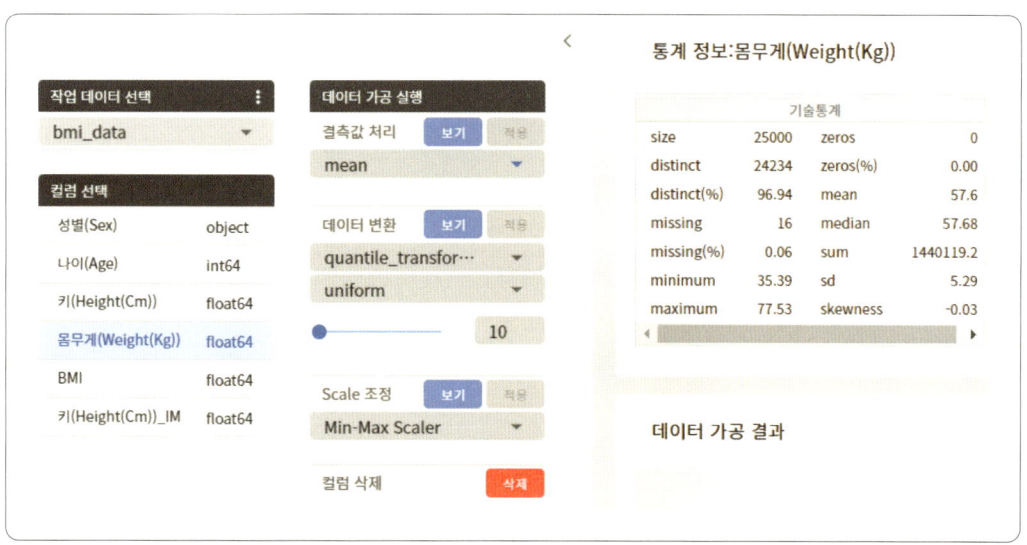

CHAPTER 05 체질량지수 예측하기 189

❷ 아래 그림의 데이터 가공 결과에서 변환 전과 후의 값을 확인한 후 적용 버튼을 클릭하면 칼럼 선택에 '몸무게[Weight(kg)]_IM' 칼럼이 추가된다.

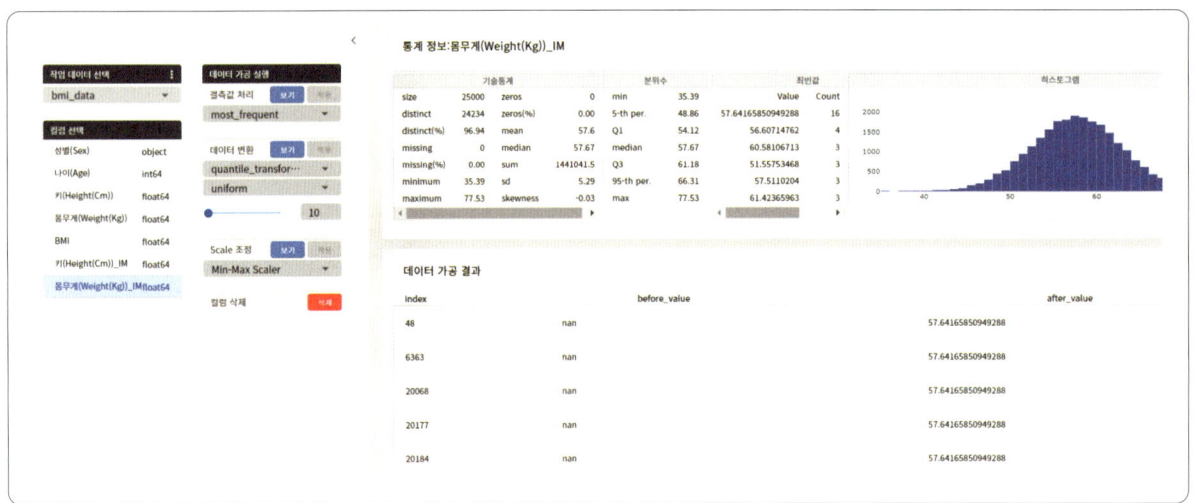

❸ 데이터 가공을 마치고 나면 추가된 칼럼들을 포함한 별도의 데이터셋으로 저장하기 위해 '가공 데이터 저장'을 클릭한다. 그럼 '기존 데이터명_processed'라는 데이터가 저장된 것을 알 수 있다. 이때 주의할 점이 있는데, '가공 데이터 저장'을 누를 때마다 새로운 작업 데이터가 추가되므로 모든 데이터를 가공한 후에 한 번만 누를 것을 권장한다.

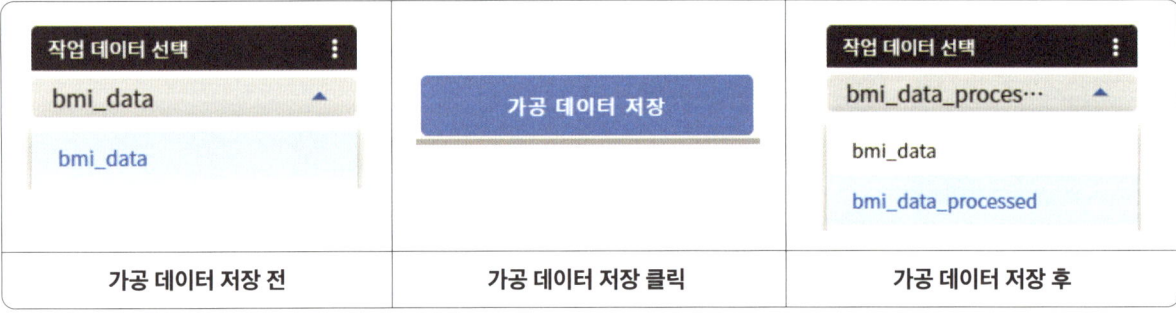

Q5-6. 다음 그림과 같이 BMI 칼럼의 4분위 값을 알려주는 시각화 방법은?

① 산점도
② 히트맵
③ 박스차트
④ 분포차트
⑤ 워드클라우드

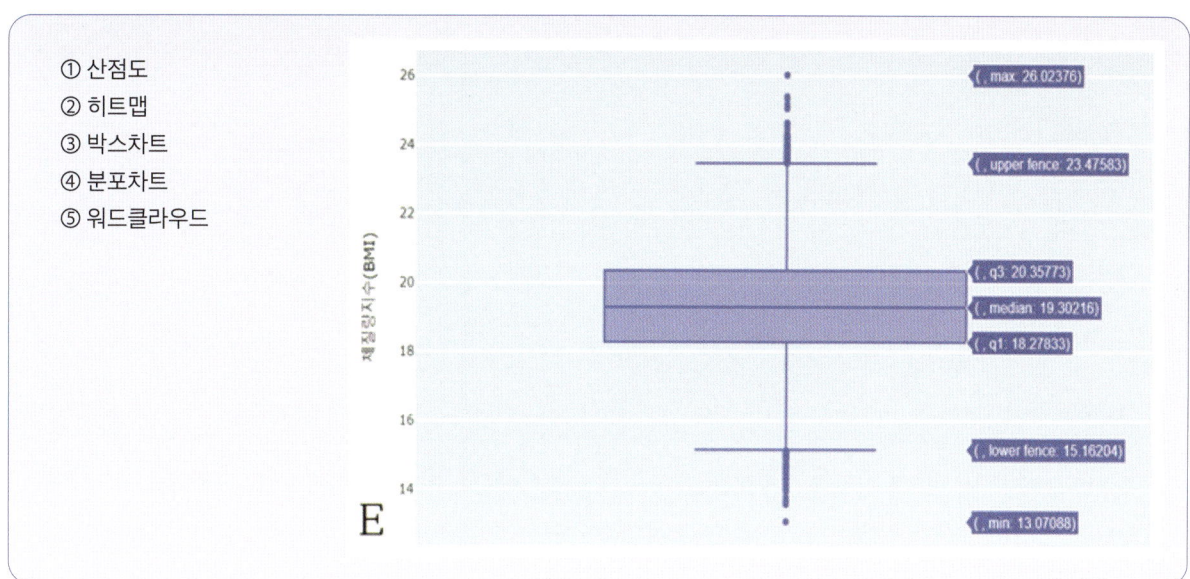

Q5-7. 다음과 같이 처리된 결측값 처리 방법은?

① most_frequenct
② median
③ mean
④ constant
⑤ missing

4. AI 모델 학습

학습목표
- 머신러닝 회귀 알고리즘을 이용하여 AI 모델을 학습시키고 평가할 수 있다.

학습내용
- 체질량지수 예측 모델 구현

수집한 데이터에서 학습할 칼럼을 선정하고, 결측값 등의 가공을 완료하면서 머신러닝/딥러닝 학습 준비를 마쳤다. BMI는 실수형 데이터로 경향성을 판단하는 문제이므로 회귀 알고리즘을 이용하여 학습하고, 학습된 모델을 평가하는 과정을 거치게 된다.

1) 머신러닝 학습 - 회귀 모델 만들기

머신러닝 학습을 위해서는 [AI 모델 학습] - [머신러닝] 메뉴를 선택하여 다음의 순서를 따른다.

① 작업 데이터를 선택한다.
② 학습 유형에서 회귀(Regression)를 선택한다(기본값: Classification).
③ Output 칼럼(종속변수)에 'BMI' 칼럼을 지정한다. 그러면 자동으로 Data Parameter 설정

이 변경된다.

④ 필요 시 학습에서 제외할 칼럼을 제외 칼럼으로 이동시킨다.

⑤ 학습할 머신러닝 회귀 알고리즘을 ML 모델 선택에서 클릭하여 학습을 시작한다(복수 선택 가능).

⑥ 가장 성능이 좋은 모델을 선택하여 재학습한다.

⑦ 모델을 저장한다.

머신러닝의 지도학습에서 회귀와 분류를 결정하는 것은 주로 해결하고자 하는 문제의 성격과 목표에 따라 결정되는데, 결국 수집된 데이터의 종속변수와 가장 관련이 높다. 회귀는 가격, 금액, 인구 수 등 연속적인 값을 예측하는 데 사용이 되며, 분류는 스팸 메일 여부, 10종의 동물 인식 등 몇 가지 범주 중에 하나를 선택해야 하는 데 주로 사용된다. BMI는 연속적인 값을 예측하는 것이므로 회귀 모델이 적합하다.

그렇다면 회귀 모델을 이용하여 체질량지수를 예측할 수 있도록 모델을 학습해보자.

❶ 작업 데이터가 'bmi_data_processed'인지 확인한다.

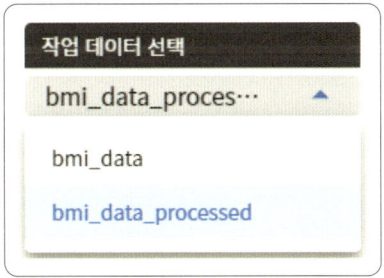

❷ 학습 유형의 기본값은 'Classification'이므로 회귀 모델을 선택하기 위해 'Regression'으로 변경한다. 학습 유형 변경 전에 BMI를 Output 칼럼으로 이동하면 오류 메시지가 나타나므로 학습 유형을 먼저 변경하도록 한다.

❸ 예측하고자 하는 종속변수인 'BMI'를 Output 칼럼으로 이동한다. 종속변수는 1개만 가능하므로 이동한 후에는 화살표(≫)가 활성화되지 않는다.

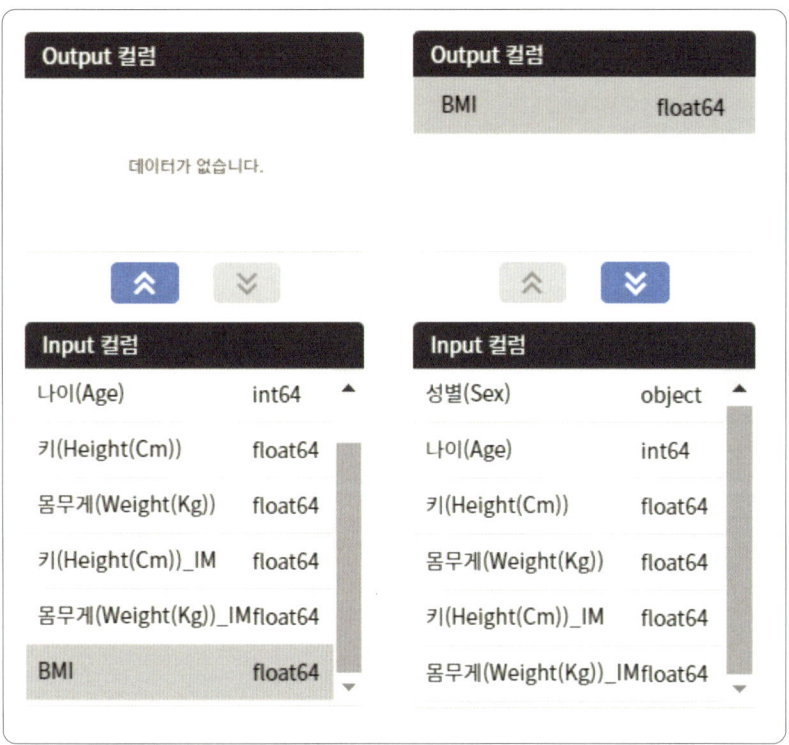

❹ 학습에서 제외할 칼럼은 결측값 처리 전의 '키[Height(cm)]'와 '몸무게[Weight(kg)]' 칼럼이므로, 해당 칼럼을 선택하여 제외 칼럼으로 이동한다.

❺ 학습할 머신러닝 알고리즘을 선택한다. 어떤 알고리즘의 성능이 좋은지는 데이터에 따라 다르므로 모든 알고리즘을 선택하여 학습한 후 가장 성능이 좋은 모델을 선택할 예정이다. 따라서 5개의 ML 모델을 선택해서 학습 시작을 누른다. 이때, 교차 검증 방법인 Kfold 수가 클수록 학습 시간이 오래 걸리므로 10에서 2로 변경한다. 또한, Light Gradient Boosting Machine 모델은 학습하는 데 수 분이 소요된다.

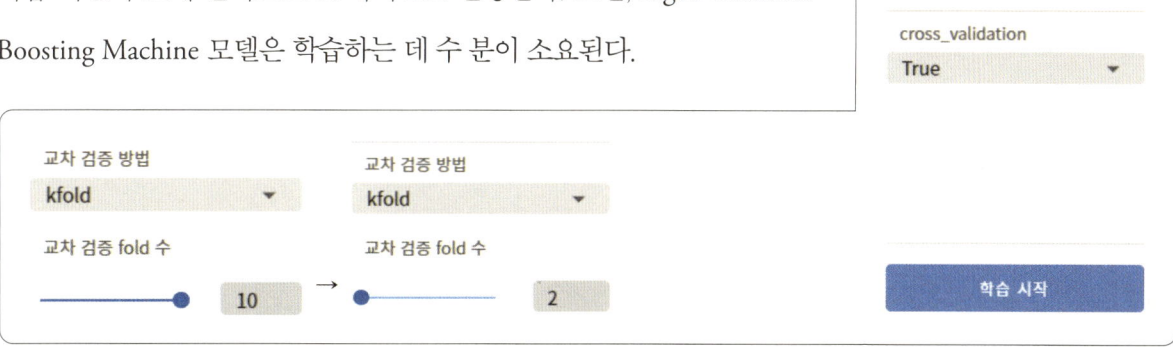

AIDU ez에서 제공하는 머신러닝 회귀 알고리즘 파헤치기

〈핵심 요약〉
- Linear Regression(선형 회귀): 경사하강법을 이용하여 칼럼별 가중치와 편향을 학습하여 예측
- K-Neighbors Regressor(K-최근접 이웃): 예측할 값과 가까운 K개의 값의 평균으로 예측
- Decision Tree(의사결정 트리): 나무 구조로 데이터를 나눠 작은 그룹으로 분류하며, 마지막 그룹의 평균 값으로 예측
- Random Forest(랜덤 포레스트): 여러 개의 의사결정 트리에서 예측한 값의 평균
- Light Gradient Boosting Machine(LightGBM, 라이트 그래디언트 부스팅 머신): 의사결정 트리를 직렬로 연결한 기법으로 학습하여 예측

① Linear Regression(선형 회귀)
종속변수(y)를 예측하기 위해 독립변수들(x_1, x_2, x_3 ...)의 기울기(가중치)와 절편(편향)을 학습하여 데이터의 경향성을 예측하는 함수식을 만드는 기법이다.

예를 들어, 독립변수로 몸무게(weight), 종속변수로 키(height)를 선택했을 때 5개의 점에 대해 초록색 예측선과 빨간색 예측선 중에 어떤 것이 잘 예측했을까? 바로 초록색이다. 그 이유는 모든 데이터와 더 가까운 선으로 데이터의 경향성을 더 잘 설명하기 때문이다. 독립변수가 1개이고, 종속변수가 1개일 때 선형 회귀는 의 예측선 구하기 위해 a(기울기 또는 가중치)와 b(절편 또는 편향)를 학습하는 과정을 의미한다.

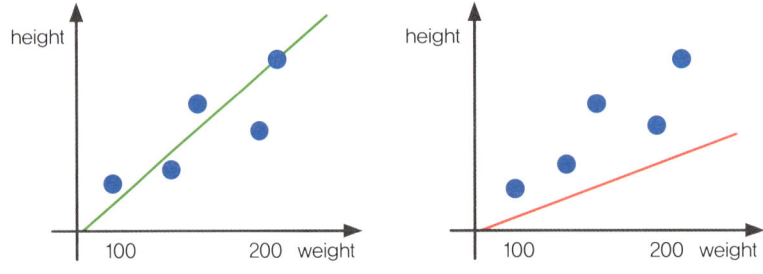

회귀 알고리즘

이 그래프에서 예측한 함수식이 y=5×χ-140이라고 학습되었을 때, 몸무게 60kg인 사람의 키는 160이라고 예측하게 된다.

② K-Neighbors Regressor(K-최근접 이웃)
별도의 학습 과정은 없고, 기존의 데이터를 그래프 공간에 배치한 후 예측할 데이터가 입력되면 그 위치에서 가장 가까운 k의 데이터의 평균값으로 예측하는 방법이다.
예를 들면, 종속변수와 독립변수 2개(x_1, x_2)가 있는 데이터를 다음과 같이 그래프로 표현한다. 그리고, 예측할 데이터(★)가 입력되면 설정된 k개만큼의 인접 데이터의 평균값을 구해 예측하게 된다.

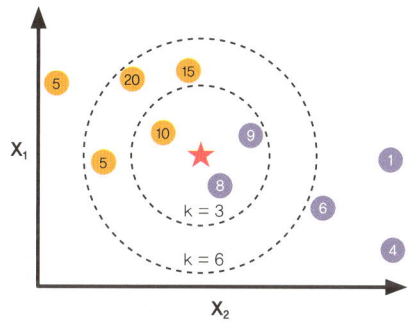

만약 k=3이면 인접한 3개의 10, 9, 8 데이터의 평균값은 $\frac{10+9+8}{3}$=9을 예측한다. 또한, 만약 k=6일 때 가장 가까운 6개의 데이터를 선택하여 5, 20, 15, 10, 8, 3 데이터의 평균값인 $\frac{5+20+15+10+8+3}{6}$ ≒ 10.17 을 예측한다.

③ Decision Tree(의사결정 트리)
의사결정 트리 또는 트리 알고리즘으로 불리며, 칼럼을 학습하여 데이터를 분류하기 위해 뿌리에서 가지가 뻗어나가는 듯한 모습으로 데이터를 하위 그룹으로 분할하는 알고리즘이다.
학습한 칼럼의 기준에 의해 만들어진 트리 구조에서의 가장 하위 그룹을 A, B, C, D, E로 표현을 해 보자. 각 그룹에는 최종 분류된 '학습 데이터'들이 들어가 있다. 새로운 데이터가 들어오게 되면 A, B, C, D, E 그룹 중 하나로 분류가 되고 이 그룹에 들어 있는 '학습 데이터'의 평균으로 새로운 데이터의 BMI를 예측한다.

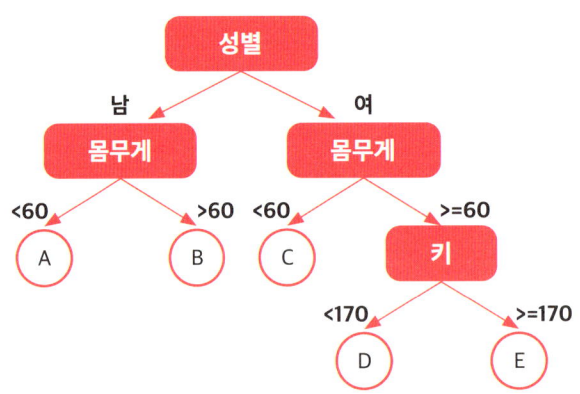

예를 들면, 몸무게가 60kg 이상이고, 키가 170cm 미만인 여성의 BMI를 예측할 경우 이 여성은 D그룹에 속하게 된다. D그룹에 있는 BMI 데이터의 평균으로 BMI를 예측하게 된다.

④ Random Forest(랜덤 포레스트)

Forest는 '숲'을 의미하며 단어의 의미처럼 위의 의사결정 트리를 여러 개 만들어 병렬로 연결하는 구조를 활용한다. 데이터의 행과 열을 랜덤하게 추출함으로써 작은 의사결정 트리를 여러 개 만들어 각각 예측한 값을 기반으로 계산한 평균값을 랜덤 포레스트 알고리즘의 예측값으로 알려준다.

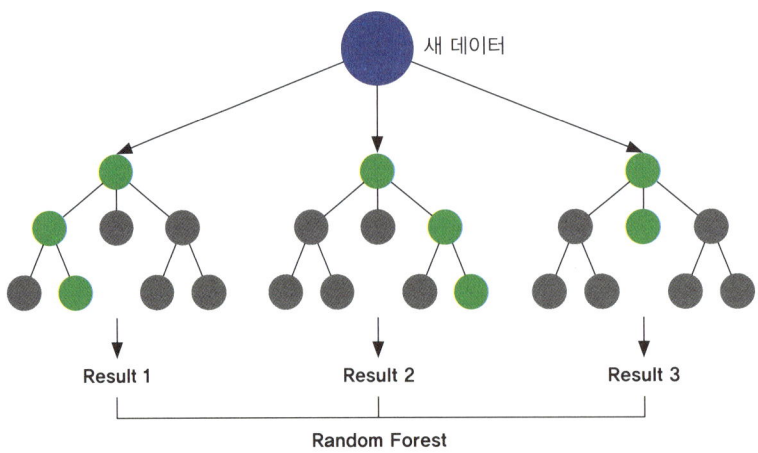

회귀 알고리즘

⑤ Light Gradient Boosting Machine(LightGBM)

LightGBM 알고리즘도 트리 알고리즘에 기반한다. 랜덤 포레스트는 작은 의사결정 트리를 병렬로 연결하는 방식이나 LightGBM은 이전 트리의 오차를 보완하는 방식으로 예측하는 방법이다. 즉, 이전에 학습한 트리의 오차를 보완하여 새로운 트리를 만드는 과정을 반복하며, 학습이 끝나면 모든 트리를 순차적으로 예측하면서 최종 예측하게 된다.

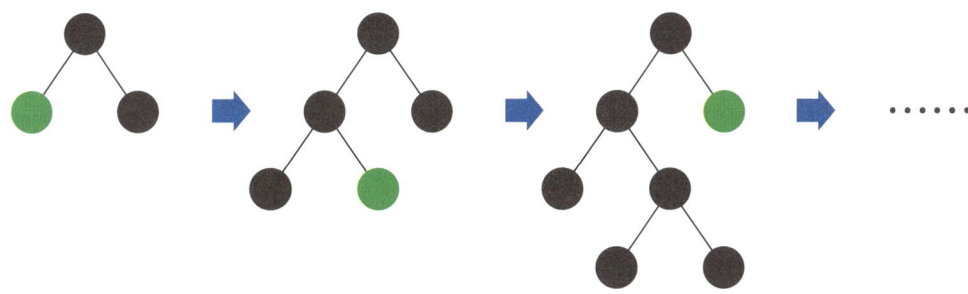

더 알아보기

교차검증 기법(Kfold)

머신러닝 학습이 잘되고 있는지 확인하는 방법 중 하나로 학습할 데이터 중 일부를 학습에 사용하지 않고 학습된 모델을 평가하는 중간 검증을 실시한다. 이때, 학습 데이터를 k로 나눈 뒤, k-1개의 데이터로 학습을 하고 나머지 1개로 평가를 하는 방법으로 해당 과정을 k번만큼 반복하면서 모든 학습데이터를 학습 및 검증하게 된다.

예를 들어, k=5일 때 학습 데이터를 5개로 나눠 4개는 학습에 사용되고, 학습하지 않은 1개의 데이터로 중간 검증을 한다. 이때 학습 및 검증 데이터를 번갈아가며 실시하게 되어 한 사이클이 다섯 번 반복되고, 검증 결과들의 평균값으로 중간 학습 결과를 알려준다.

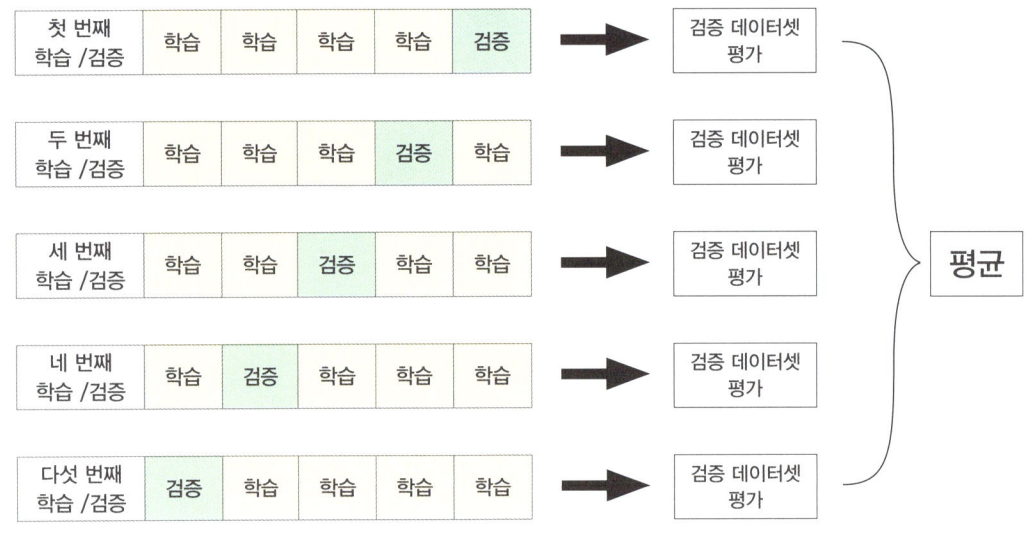

k=5일 때, 교차검증

AIDU ez에서 학습 검증의 정교함을 높이기 위해서는 Kfold를 10으로 설정하는 것이 권장되지만, 학습 시간이 오래 걸려서 2로 수정하여 학습시켰다.

❻ 학습이 완료되면 5개의 회귀 모델 중 성능이 가장 좋은 모델을 선택하고, 해당 모델만 다시 학습을 실시한다. 여러 개의 모델을 저장해도 되나, AIDU ez에서 시뮬레이션을 하기 위해서는 한 번에 여러 개의 모델을 학습하여 저장하는 것이 아니라 1개의 모델만 저장해야만 실행이 가능하기 때문이다.

AI 학습 결과

Regression Train Result

index	Model	MAE	MSE	RMSE	R2	RMSLE	MAPE	TT (Sec)
rf	Random Forest Regressor	0.0223	0.0031	0.0554	0.9987	0.0028	0.0012	1.375
lightgbm	Light Gradient Boosting Machine	0.0431	0.0057	0.0754	0.9976	0.0039	0.0023	0.13
lr	Linear Regression	0.0555	0.0076	0.0873	0.9968	0.0044	0.0029	0.8
dt	Decision Tree Regressor	0.0585	0.0094	0.0969	0.9961	0.0048	0.003	0.08
knn	K Neighbors Regressor	0.0844	0.0122	0.1103	0.9949	0.0055	0.0044	0.235

학습 결과 MAE(0.0223), MSE(0.0031), RMSE(0.0554)의 값은 가장 낮고, R^2(0.9987)의 값이 1에 가장 가까운 랜덤 포레스트 모델이 성능이 가장 좋은 것으로 평가되었다. 그렇다면 체질량지수를 예측하기에 가장 좋은 모델이 랜덤 포레스트라고 할 수 있다.

회귀 모델 평가 지표

학습 중간에 검증은 교차검증기법을 활용하나, 학습이 완료된 모델은 평가 지표를 통해 모델의 성능을 판단한다. 회귀 알고리즘은 예측값으로 데이터의 경향성을 판단하기 때문에 평가 데이터의 실젯값과 회귀 모델의 예측값의 차이를 통해 회귀 모델을 평가하게 된다.

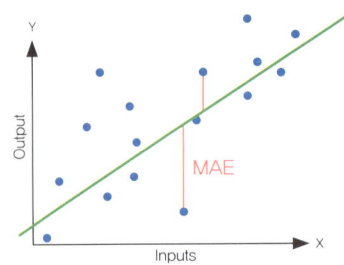

예를 들어, 선형 회귀 모델일 때 파란색 데이터는 실젯값이고 초록색 선은 함수식에 의한 예측선을 의미한다고 가정한다. 이때 오차는 파란색 점의 y축 좌표와 초록색 선의 수선을 내린 y좌표의 차이가 된다. 이를 절댓값으로 바꿔 평균을 구하는 방식을 MAE(Mean Absolute Error. 평균절대오차)라고 하며, 제곱의 평균값은 MSE(Mean Squared Error. 평균제곱오차), MSE의 값을 제곱근으로 표시하면 RMSE(Root MSE)라고 한다. 따라서 이러한 오차값 계산 평가지표는 낮을수록 좋은 모델이라고 할 수 있으며, 2개 이상의 회귀 모델을 비교할 때 사용하게 된다.

또 다른 평가지표는 데이터의 경향성을 실젯값, 예측값, 평균값 사이의 편차를 통해 산출하는 R^2(결정계수)이다. 결정계수는 0~1까지 범위의 값으로 표현되며 잘 예측한 모델일수록 1에 가까운 수치가 계산된다. 다음 예시를 보면 R^2 수치가 97%(0.97)일 때가 56%(0.65)일 때보다 데이터를 잘 설명한다고 할 수 있다. 결정계수는 모델 자체가 얼마나 데이터를 잘 설명하느냐를 평가하는 기준이다.

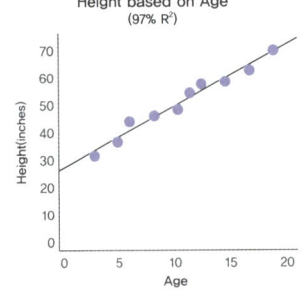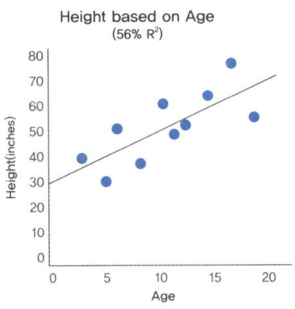

❼ 재학습된 가장 성능이 좋은 회귀 모델을 저장하여 예측에 활용하도록 한다. 랜덤 포레스트 모델만 선택한 후 학습 시작을 누른다. 재학습 후 모델 저장을 클릭하고, 다른 이름으로 저장한다. 이때 모델명 뒤에 랜덤 포레스트를 의미하는 'rf'를 추가하여 저장한다.

Q5-8. 예측할 값과 가까운 k개 값의 평균으로 예측하는 회귀 알고리즘은 무엇인가?

Q5-9. 다음 회귀 모델 중 MSE 기준으로 성능이 가장 뛰어난 모델은 무엇인가?

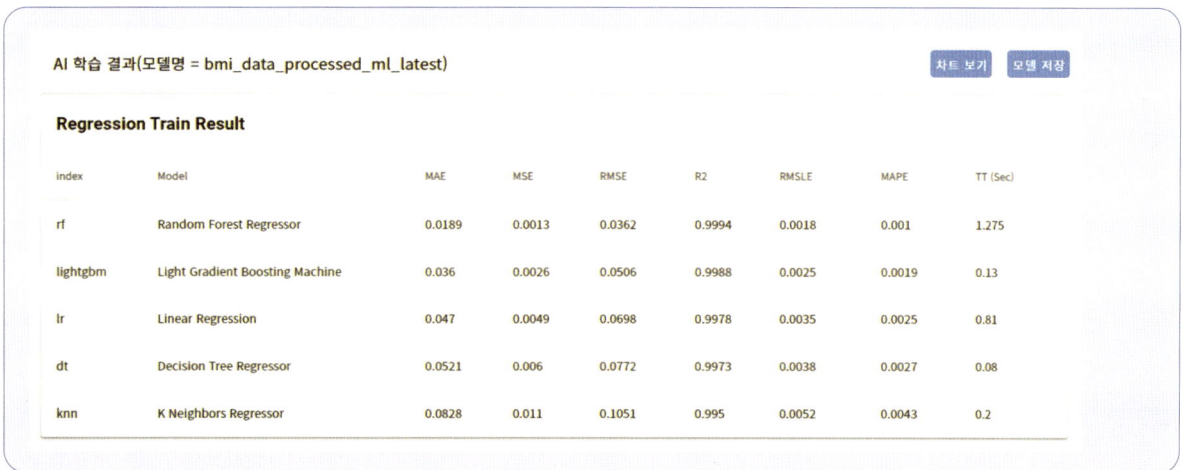

5. AI 모델 활용

학습목표
- 학습 완료된 AI 모델을 이용하여 시뮬레이션에 활용할 수 있다.

학습내용
- 체질량지수 예측 시뮬레이션

마지막으로 완성된 회귀 모델을 활용하여 BMI를 예측하는 단계이다.

1) 시뮬레이션

학습된 모델을 이용하여 예측값을 시뮬레이션하기 위해서는 [AI 모델 활용] 메뉴를 선택하여 다음의 순서를 따른다.

> ① 작업할 데이터를 선택한 후 학습 모델 목록에서 회귀 모델을 선택한다.
> ② 아래 기능 중 시뮬레이션 버튼을 클릭하고 예측하고자 하는 데이터를 입력한다.
> ③ 시뮬레이션을 통해 회귀 모델이 예측한 값을 확인한다.

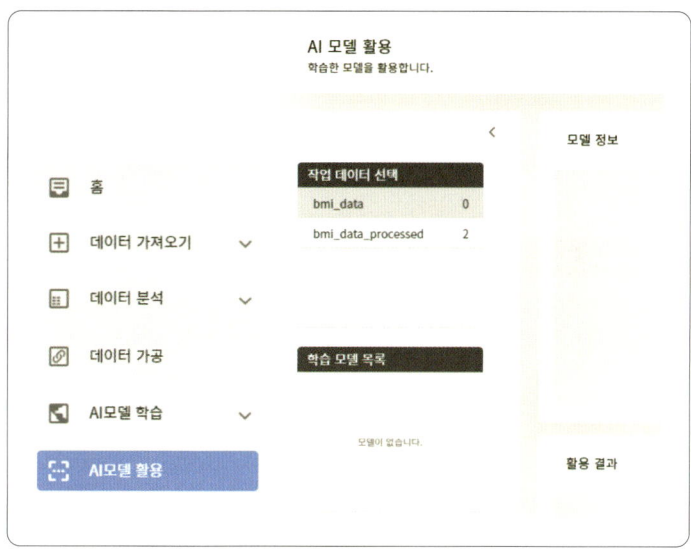

❶ 작업 데이터 선택에서 'bmi_data_processed'를 선택하고, 학습 모델 선택에서 랜덤 포레스트 모델로 시뮬레이션하기 위해 'bmi_data_processed_ml_rf'를 선택한다. 그리고 [시뮬레이션] 버튼을 클릭한다.

❷ [시뮬레이션]을 클릭하여 예측하고자 하는 데이터를 입력한다. 일례로, 21세, 남성, 170cm, 70kg인 데이터를 입력해보자.

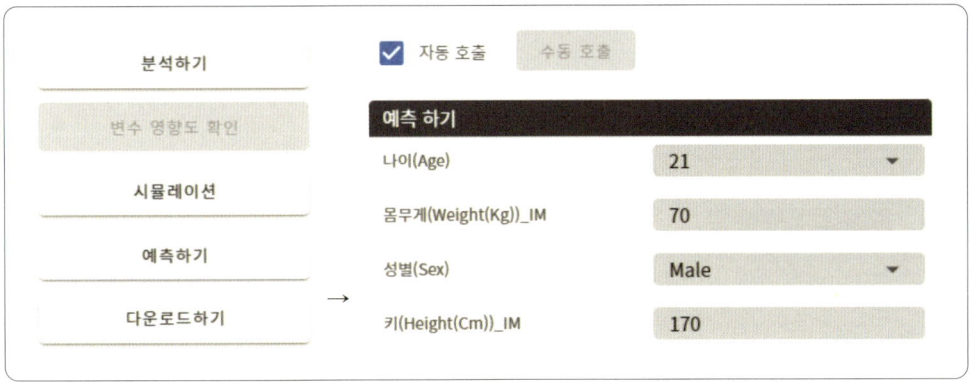

❸ [시뮬레이션 결과]에서 예측 결과를 확인한다. [예측하기]에서 21세, 남성, 170cm, 70kg을 입력했을 때 BMI는 24.16로 예측됐다.

CHAPTER 06

동물 데이터 분석 및 동물 분류하기

분류 모델을 이용한 머신러닝

1. 문제 정의
2. 데이터 수집
3. 데이터 분석 및 가공
4. AI 모델 학습
5. AI 모델 활용

6장
한눈에 살펴보기

1. 문제 정의
해결하고자 하는 문제를 정의하고 목적을 달성하기 위한 목표(동물 분류 모델 구현)를 수립한다.

2. 데이터 수집
동물 분류 모델 구현에 필요한 동물들의 칼럼들이 포함된 데이터를 수집한다.

3. 데이터 분석 및 가공
수집한 데이터의 전체적인 통계와 칼럼별 기술 통계, 시각화를 통해 데이터의 특성을 파악하고 예측에 적합한 데이터인지 분석한다. 또한 머신러닝에 용이하도록 결측값을 제거하는 등 데이터를 가공한다.

4. AI 모델 학습
머신러닝 중 분류 모델로 동물 속성 데이터를 학습하여 동물을 분류하는 모델을 구현하고 평가한다.

5. AI 모델 활용
완성된 분류 모델을 활용하여 동물 데이터의 칼럼을 입력하면 어느 동물군으로 분류되는지 확인한다.

■ 학습 내용

- 동물 분류 기준
- 문제 정의
- 동물 데이터 수집
- 동물 데이터 분석
- 동물 데이터 시각화
- 동물 데이터 가공
- 동물 분류 모델 구현
- 동물 분류 시뮬레이션

■ 학습 목표

- 동물의 종을 나누는 기준을 이해하고, 동물의 특징에 따라 동물 종을 구분할 수 있다.
- 동물 분류 문제를 정의할 수 있다.
- 동물 분류에 필요한 데이터를 수집할 수 있다.
- 동물 분류 관련 수집한 데이터를 분석하여 통계과 칼럼을 파악할 수 있다.
- 동물 분류 관련 데이터의 결측값 및 이상치 처리, 스케일 조정 등 데이터를 가공할 수 있다.
- 머신러닝 분류 알고리즘을 이용하여 AI 모델을 학습시키고 평가할 수 있다.
- 학습 완료된 AI 모델을 이용하여 시뮬레이션에 활용할 수 있다.

1. 문제 정의

학습목표
- 동물의 종을 나누는 기준을 이해하고, 동물의 특징에 따라 동물 종을 구분할 수 있다.
- 동물 분류 문제를 정의할 수 있다.

학습내용
- 동물 분류 기준
- 문제 정의

동물을 분류하는 다양한 기준을 이해하고, 문제 해결에 필요한 동물 분류 기준의 특성을 파악하고, 해결하고자 하는 문제를 정의해 보는 단계를 살펴보자.

1) 동물의 분류 기준 이해하기

분류는 일정한 기준을 세우고 기준에 맞춰 나누는 것을 말한다. 동물을 분류할 수 있는 기준으로는 등뼈의 유무, 사는 곳, 먹이의 종류, 몸 표면의 특징, 다리의 개수, 날개의 유무, 숨 쉬는 방법, 몸의 크기 등이 있다. 등뼈의 유무로 척추동물과 무척추동물로 분류할 수 있고, 사는 곳에 따라 땅 위, 땅속, 물속, 하늘에 사는 동물로 분류할 수 있다. 먹이의 종류에 따라 초식동물, 육식동물, 잡식동물로 분류될 수 있으며, 몸 표면의 특징에 따라 털, 깃털, 딱딱함, 미끈함으로도 분류할 수 있다. 또한 다리가 2개인 동물, 4개인 동물, 6개인 동물 등으로 분류할 수 있으며, 날개의 유무로 분류할 수도 있다. 그리고 숨 쉬는 방법에 따라 폐나 아가미로 분류할 수 있으며 몸의 크기를 기준으로도 분류할 수 있다.

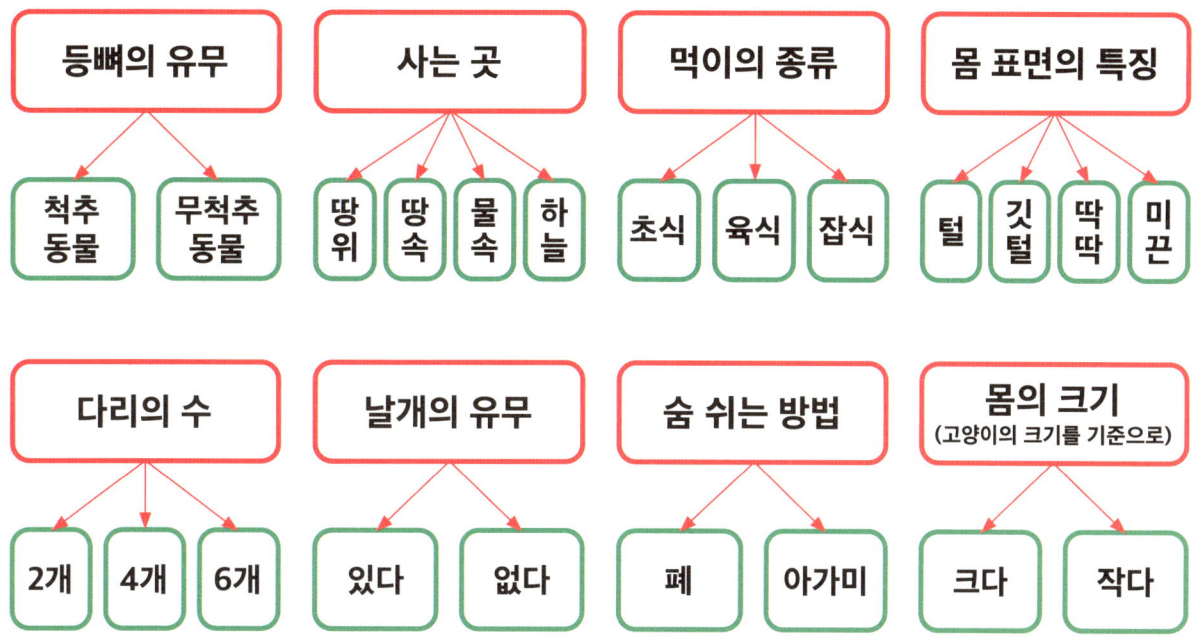

예를 들어, 기린, 반달곰, 호랑이, 침팬지, 달팽이, 고등어, 사슴벌레, 뱀, 이구아나, 오징어를 분류 기준을 세워 분류할 수 있다. 분류 기준으로 몸이 털로 덮혀 있는 동물과 털이 없는 동물, 물속에 사는 동물과 물속에 살지 않는 동물, 다리가 있는 동물과 다리가 없는 동물로 분류한다면 다음과 같이 동물을 분류할 수 있다.

몸의 털 유무	
몸이 털로 덮여 있다	몸에 털이 없다
침팬지, 반달가슴곰, 호랑이, 기린	뱀, 달팽이, 고등어, 사슴벌레, 이구아나, 오징어

사는 곳	
물속	물속이 아닌 곳
고등어, 오징어	기린, 호랑이, 반달가슴곰, 침팬지, 달팽이, 뱀, 사슴벌레, 이구아나

다리 유무	
다리가 없다	다리가 있다
뱀, 달팽이, 고등어	기린, 반달가슴곰, 호랑이, 침팬지, 사슴벌레, 이구아나, 오징어

Q6-1.   아래 해당하는 동물의 이름을 적어보자.

다리의 개수			
다리가 없다	2개	4개	6개 이상

2) 문제 정의

지구에는 수많은 동물이 있다. 이런 동물을 어떻게 분류할 수 있을까? 다음 동물표처럼 척추가 있는지 없는지에 따라 척추동물과 무척추동물로 나뉘며, 척추동물은 체온, 난생, 태생, 호흡 등에 의해 포유류, 조류, 파충류, 양서류, 어류로 나뉜다. 무척추동물은 몸의 마디 개수, 다리의 개수 등에 따라 절지동물, 환형동물, 연체동물 등으로 나뉜다.

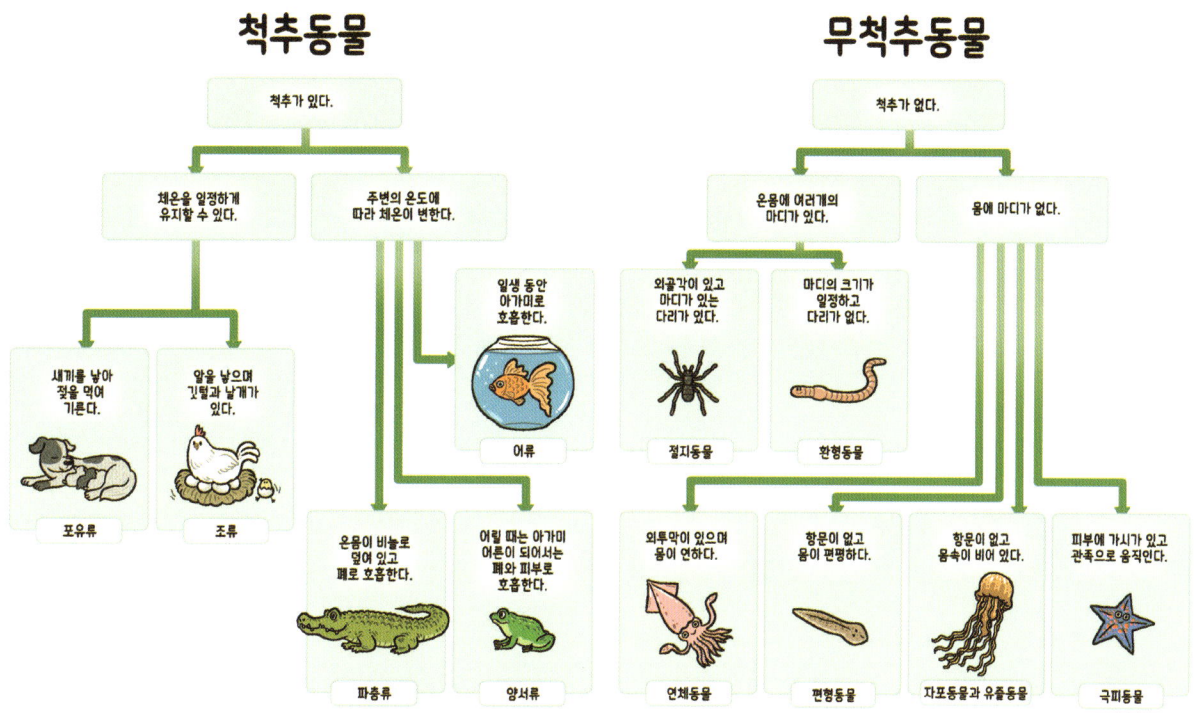

이번 실습에 활용되는 분류 기준으로 동물 분류 기준을 알아보자. 이번 실습에서는 척추동물인 포유류, 조류, 파충류, 어류, 양서류와 무척추동물인 곤충류와 곤충을 제외한 무척추동물로 나눈 데이터를 활용하여 동물을 분류하고자 하기에 각 특징의 이해가 필요하다.

- 포유류는 새끼를 낳는 태생이고, 젖을 먹여 키우며, 폐 호흡을 하고, 체온을 일정하게 유지할 수 있는 항온 동물로, 사람, 강아지, 말 등이 이에 속한다.
- 조류는 하늘을 나는 데 적합한 구조이며 깃털이 있고, 난생으로 알을 낳고, 폐 호흡을 하는 항온 동물로, 닭, 까마귀, 타조 등이 이에 속한다.
- 파충류는 주로 땅에서 생활하며, 난생이고 폐 호흡을 하며 주변의 온도에 따라 체온이 변하는 변온 동물로, 도마뱀, 뱀, 거북이 등이 이에 속한다.

- 어류는 아가미로 호흡하며, 난생(알을 낳는 동물)이고 변온 동물로, 잉어, 메기, 피라냐, 참치 등이 이에 속한다.
- 양서류는 어릴 때는 아가미로 커서는 폐와 피부로 호흡하며, 난생이고 변온 동물로, 개구리, 두꺼비 등이 이에 속한다.
- 곤충류는 몸과 마디가 몇 개의 마디로 나뉘어져 있고, 단단한 껍질로 쌓여 있는 것이 특징으로 벼룩, 파리, 꿀벌, 무당벌레 등이 이에 속한다.
- 곤충류를 제외한 무척추동물은 조개, 게, 문어, 민달팽이, 불가사리 등이 이에 속한다.

동물을 분류하는 기준에 대해 이해했다면 이번 실습에서는 동물 칼럼들이 포함된 동물 데이터를 수집한 후, 수집된 데이터를 분석 및 시각화해보며 각 동물의 특징을 이해하고자 한다. 그리고 데이터를 가공하여 동물을 분류할 수 있는 모델을 만든 후, 시뮬레이션을 통해 만든 모델을 활용해볼 것이다.

이번 실습으로 해결하고자 하는 문제를 정의해보자.

동물 데이터를 수집해서 동물을 분류하는 모델을 구현하고 활용할 수 있다.

동물 종 분류의 예외

어디에나 예외란 있다. 기준에 따라 동물을 분류하다 보면 아래 동물은 착각하기 쉽다. 이러한 특징으로 인해 머신러닝 학습할 때 어려움이 발생할 수도 있다.

2. 데이터 수집

학습목표
- 동물 분류에 필요한 데이터를 수집할 수 있다.

학습내용
- 동물 데이터 수집

문제 해결에 필요한 동물 데이터를 수집하는 단계를 살펴보자.

1) 동물 데이터는 어디서 수집할 수 있을까

캐글에서 'zoo animal'로 검색하면 Zoo Animal Classification 데이터셋을 검색할 수 있다. Zoo Animal Classification 클릭하면 동물들을 7개의 분류로 나누고 각 동물 분류에는 어떤 동물들이 있는지를 확인할 수 있는 class.csv 파일과 101종의 동물이 18개의 칼럼으로 되어 있는 zoo.csv 파일을 확인할 수 있다.

class.csv에서는 '동물 종 분류 번호', '분류된 동물 수', '동물 종의 이름', '동물 이름'을 확인할 수 있다.

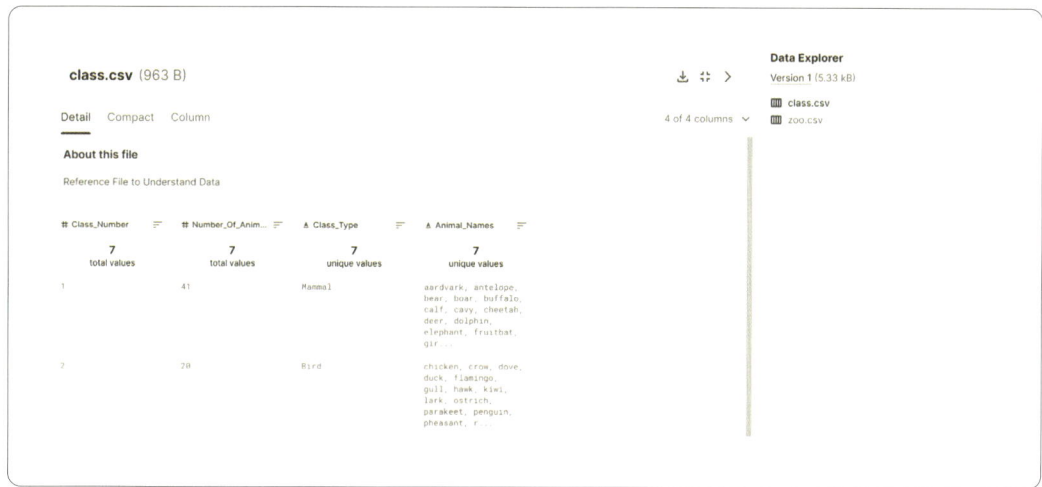

zoo.csv 파일을 선택하면 101개의 동물의 다양한 칼럼 값들을 확인할 수 있다.

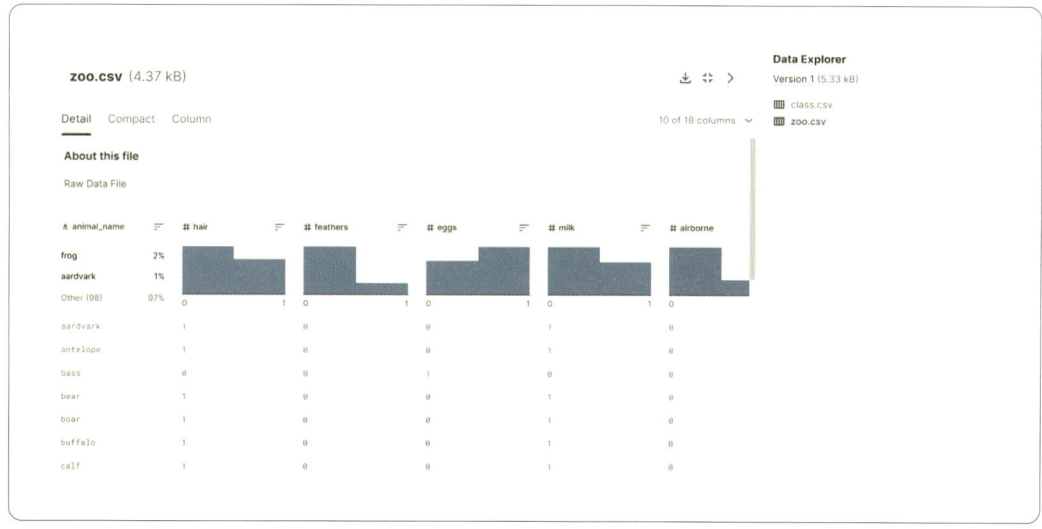

2) 동물 데이터셋을 살펴보자

해당 데이터는 캐글에 로그인 후에 다운로드 받을 수 있으며, 101개의 동물이 18개의 칼럼으로 구성되어 있으며 칼럼별 데이터를 구체적으로 확인할 수 있다.

이 데이터셋에서 분류하고자 하는 칼럼은 class_type으로 종속 변수에 해당하며, 종속 변수를 학습하기 위한 칼럼인 독립변수는 animal_name, hair, feathers, eggs 등이 제공되고 있다.

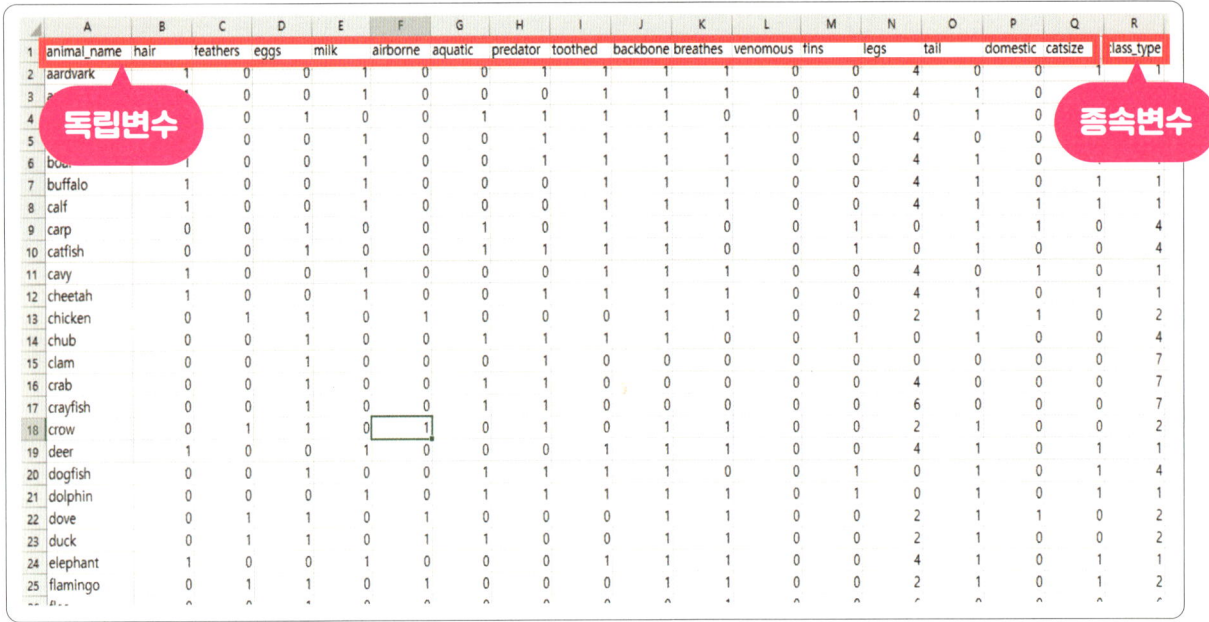

＊원데이터의 동물명과 칼럼명이 영문으로 되어 있는데, 보다 이해하기 쉽도록 한글로 변경한 데이터셋이 AIDU ez에 업로드되어 있다.

3) AIDU ez 플랫폼에서 동물 데이터를 살펴보자

❶ 수집한 데이터를 살펴보기 위해서는 AICE 사이트에 접속한다. 크롬 브라우저에서 안정적으로 작동하므로 반드시 크롬 브라우저를 실행시킨 후 주소창에 https://aice.study를 입력한다.

❷ AICE 사이트에 접속한 후 로그인을 하고 상단의 [AIDU 실습] 메뉴에서 [나의 프로젝트]를 클릭한다.

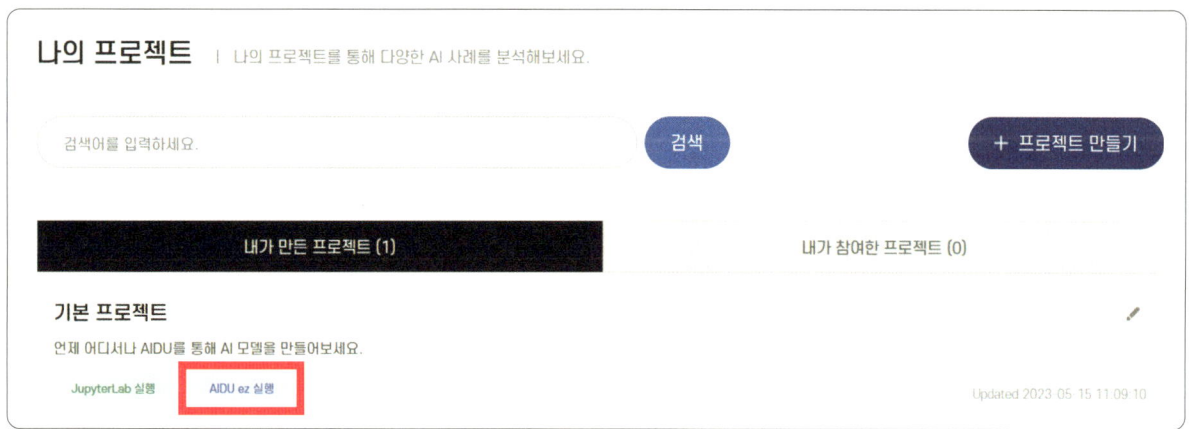

❸ [내가 만든 프로젝트]에서 [AIDU ez 실행] 버튼을 클릭하여 AIDU ez를 실행한다.

❹ AIDU ez 플랫폼 접속 후 [테이블 데이터 학습] 버튼을 누른 후 [데이터 가져오기] - [AIDU에서 가져오기]에서 'zoo_data' 데이터를 선택한다. 그리고, 'zoo_data' 데이터셋의 제목 행과 동물명이 한글로 되어 있으므로 인코딩 문제로 한글이 깨지는 현상을 예방하기 위해 [인코딩 선택]을 'CP949(한글)'나 'EUC-KR(한글)'을 선택한 후 버튼을 클릭하여 zoo_data를 AIDU ez 작업공간으로 가져온다.

❺ 가져온 데이터셋이 올바른지를 확인하기 위해 AIDU ez 플랫폼의 [테이블 분석] - [데이터 샘플 보기]를 클릭한다. '작업 데이터 선택'과 '칼럼 선택'에서 해당 데이터셋과 칼럼이 맞는지를 확인한 후 '데이터 범위'를 101개로 수정하여 데이터를 모두 선택한 후 조회를 클릭한다.

0~9까지의 상위 10개의 관측치와 91~100까지의 하위 10개의 관측치를 확인할 수 있다.

3. 데이터 분석 및 가공

학습목표
- 기초통계를 바탕으로 동물 분류 관련 데이터를 분석하고, 칼럼별 특징을 파악할 수 있다.
- 동물 분류 관련 데이터의 결측값 및 이상치 처리, 스케일 조정 등 데이터를 가공할 수 있다.

학습내용
- 동물 데이터 분석
- 동물 데이터 시각화
- 동물 데이터 가공

수집한 동물 데이터셋을 분석하여 동물 칼럼 관련 데이터에 대한 기초 정보를 파악하고, 칼럼 간의 관계를 살펴본다. 또한 결측값 처리나 스케일 조정을 통해 머신러닝 학습에 적합하도록 데이터를 가공하는 단계를 살펴보자.

1) 기초 정보 분석하기

기초 정보를 분석하기 위해서는 [데이터 분석] - [기초 정보 분석] 메뉴를 선택하여 다음의 순서를 따른다.

① 전체 칼럼을 선택한다.
② 분석할 데이터 범위를 101까지 드래그하여 전체 데이터로 설정한다.
③ 조회하기 버튼을 누른다.

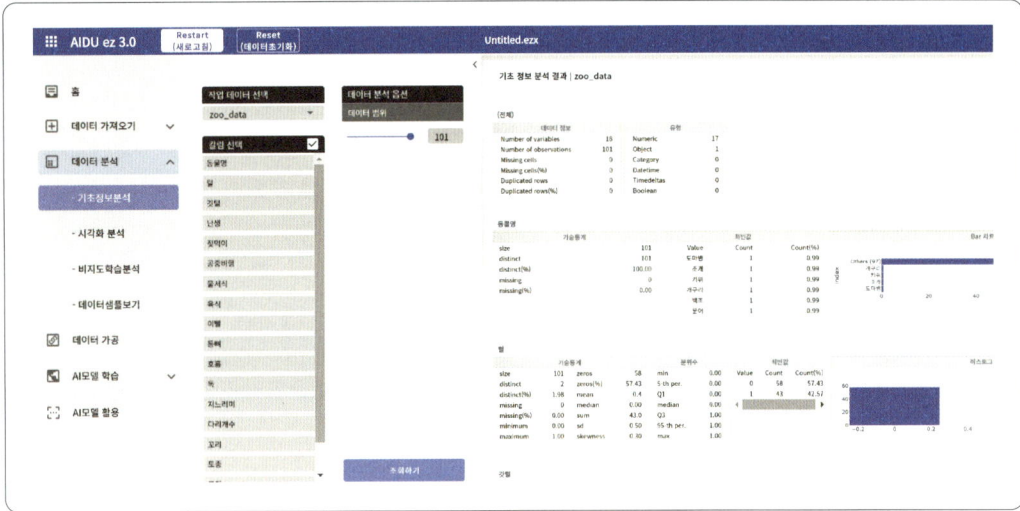

❶ [데이터 정보]는 행 단위의 데이터 관측에 대한 항목을 알려준다.

데이터 정보	
Number of variables	18
Number of observations	101
Missing cells	0
Missing cells(%)	0
Duplicated rows	0
Duplicated rows(%)	0

- 전체 칼럼의 수: 18개
- 관측 데이터 수: 101개
- 결측값 수: 0개
- 결측값 비율: 0%
- 중복행 수: 0개
- 중복행 비율: 0%

❷ [유형]은 데이터셋 칼럼의 자료형 항목을 알려준다.

유형	
Numeric	17
Object	1
Category	0
Datetime	0
Timedeltas	0
Boolean	0

- 수치형 칼럼: 17개
- 문자형 칼럼: 1개(동물명)
- 범주형 칼럼: 0개
- 날짜형(날짜와 시간 표현 중심) 칼럼: 0개
- 날짜형(날짜나 시간 차이 중심) 칼럼: 0개
- 진위형(참/거짓) 칼럼: 0개

❸ '동물명' 칼럼의 기초 정보를 분석해보자.

- 동물의 이름이 저장된 문자형 데이터
- 결측값 없음
- 중복값 없음

❹ '털' 칼럼의 기초 정보를 분석해보자.

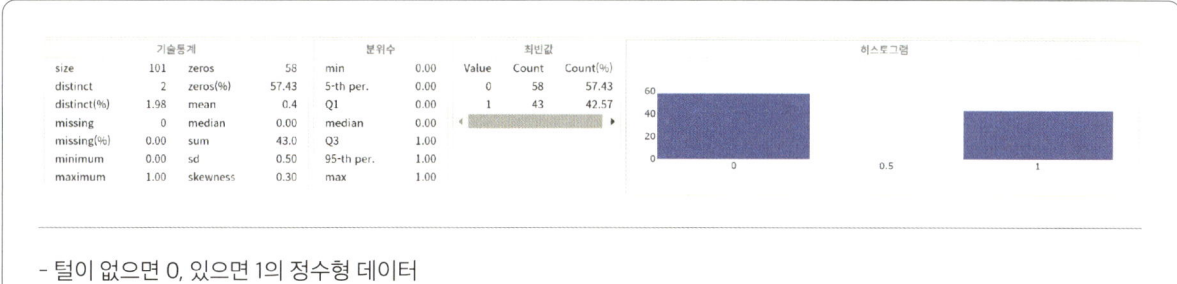

- 털이 없으면 0, 있으면 1의 정수형 데이터
- 결측값 없음
- 털이 없는 동물 58종, 털이 있는 동물 43종으로 털이 없는 동물이 전체에서 57%를 차지하며 털이 있는 동물에 비해 더 많음

❺ '깃털' 칼럼의 기초 정보를 분석해보자.

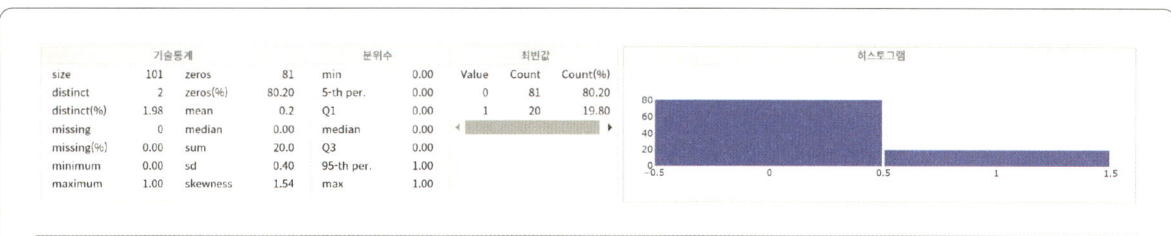

- 깃털이 없으면 0, 있으면 1의 정수형 데이터
- 결측값 없음
- 깃털이 없는 동물 81종, 깃털이 있는 동물 20종으로 깃털이 없는 동물이 전체에서 81%를 차지하며 깃털이 있는 동물에 비해 더 많음

❻ '난생' 칼럼의 기초 정보를 분석해보자.

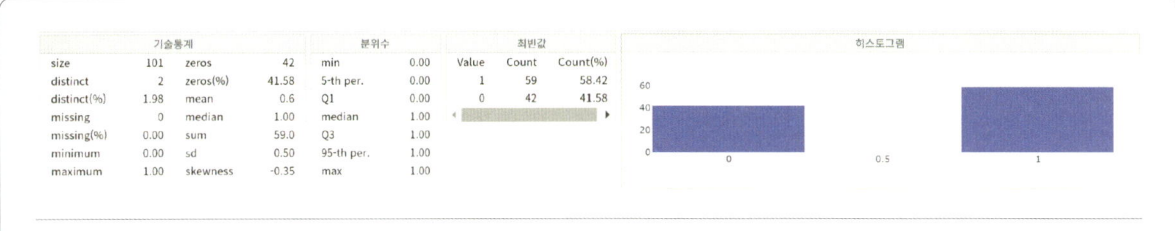

- 알을 낳지 않으면 0, 알을 낳으면 1의 정수형 데이터
- 결측값 없음
- 알을 낳지 않는 동물 42종, 알을 낳는 동물 59종으로 알을 낳는 동물이 전체에서 58%를 차지하며 알을 낳지 않는 동물에 비해 더 많음

❼ '젖먹이' 칼럼의 기초 정보를 분석해보자.

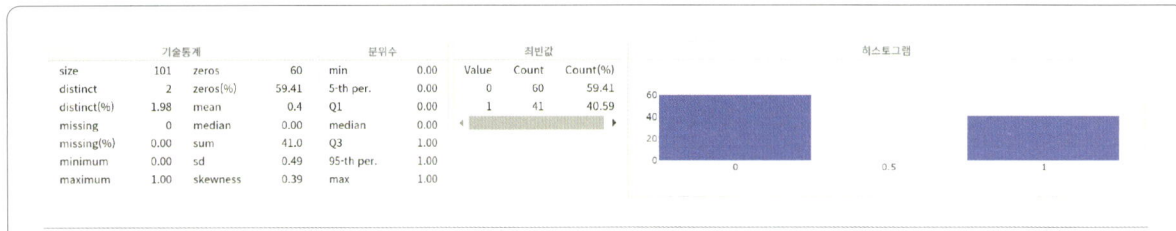

- 젖먹이를 안 하면 0, 젖먹이를 하면 1의 정수형 데이터
- 결측값 없음
- 젖먹이를 하지 않는 동물 60종, 젖먹이를 하는 동물 41종으로 젖먹이를 하지 않는 동물이 전체에서 59%를 차지하며 젖먹이를 하는 동물에 비해 더 많음

❽ '공중비행' 칼럼의 기초 정보를 분석해보자.

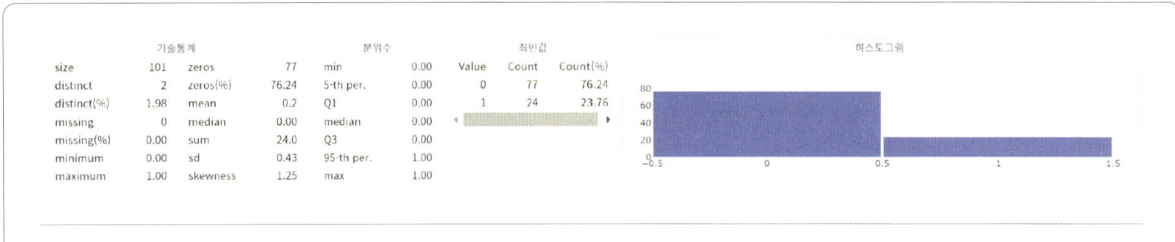

- 공중비행을 하지 않으면 0, 공중비행을 하면 1의 정수형 데이터
- 결측값 없음
- 공중비행을 하지 않는 동물 77종, 공중비행을 하는 동물 24종으로 공중비행을 하지 않는 동물이 전체에서 76%를 차지하며 공중비행을 하는 동물에 비해 더 많음

❾ '물 서식' 칼럼의 기초 정보를 분석해보자.

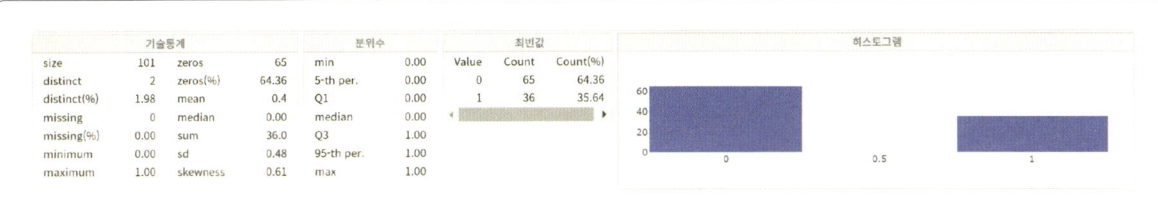

- 물에 서식하지 않으면 0, 물에 서식하면 1의 정수형 데이터
- 결측값 없음
- 물에 서식하지 않는 동물 65종, 물에 서식하는 동물 36종으로 물에 서식하지 않는 동물이 전체에서 64%를 차지하며 물에 서식하는 동물에 비해 더 많음

❿ '육식' 칼럼의 기초 정보를 분석해보자.

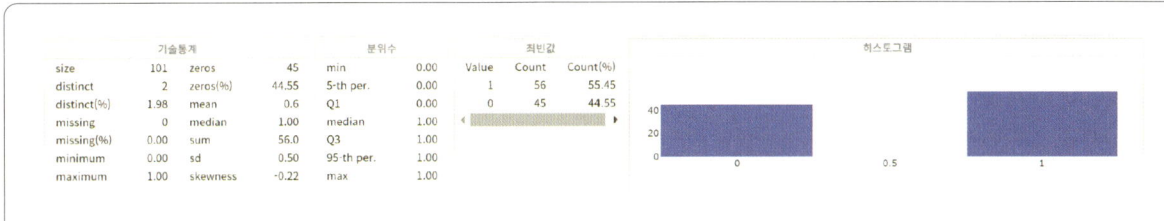

- 육식을 하지 않으면 0, 육식을 하면 1의 정수형 데이터
- 결측값 없음
- 육식을 하지 않는 동물 45종, 육식을 하는 동물 56종으로 육식을 하는 동물이 전체에서 55%를 차지하며 육식을 하지 않는 동물에 비해 더 많음

⓫ '이빨' 칼럼의 기초 정보를 분석해보자.

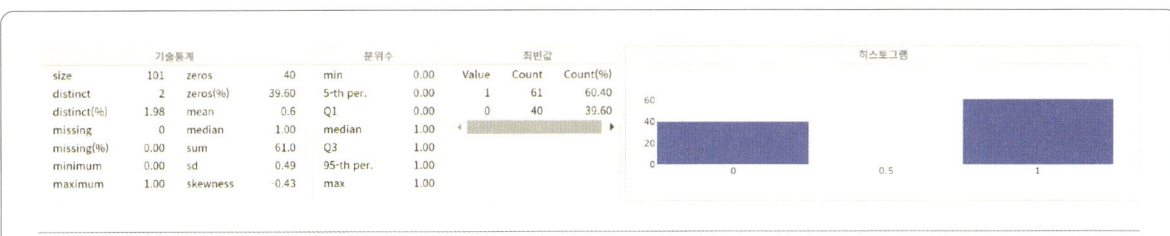

- 이빨이 없으면 0, 이빨이 있으면 1의 정수형 데이터
- 결측값 없음
- 이빨이 없는 동물 40종, 이빨이 있는 동물 61종으로 이빨이 있는 동물이 전체에서 60%를 차지하며 이빨이 없는 동물에 비해 더 많음

⓬ '등뼈' 칼럼의 기초 정보를 분석해보자.

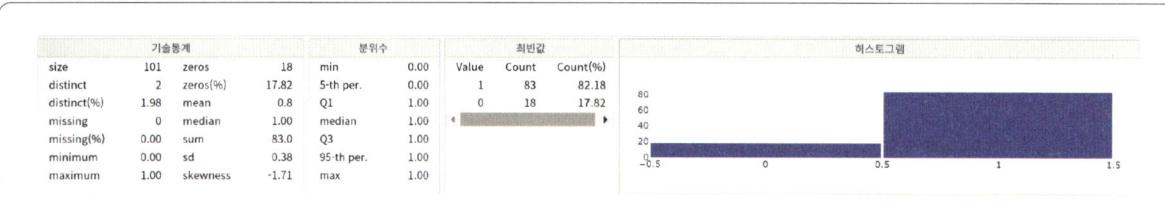

- 등뼈가 없으면 0, 등뼈가 있으면 1의 정수형 데이터
- 결측값 없음
- 등뼈가 없는 동물 18종, 등뼈가 있는 동물 83종으로 등뼈가 있는 동물이 전체에서 82%를 차지하며 등뼈가 없는 동물에 비해 더 많음

⓭ '호흡' 칼럼의 기초 정보를 분석해보자.

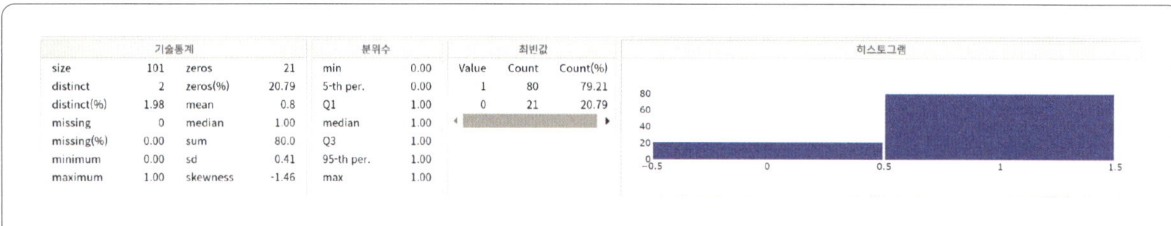

- 폐 호흡을 하지 않으면 0, 폐 호흡을 하면 1의 정수형 데이터
- 결측값 없음
- 폐 호흡을 하지 않는 동물 21종, 폐 호흡을 하는 동물 80종으로 폐 호흡을 하는 동물이 79% 정도로 더 많음

⓮ '독' 칼럼의 기초 정보를 분석해보자.

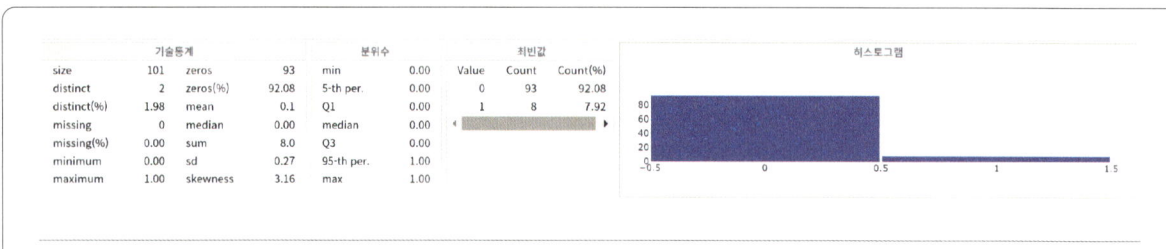

- 독이 없으면 0, 독이 있으면 1의 정수형 데이터
- 결측값 없음
- 독이 없는 동물 93종, 독이 있는 동물 8종으로 독이 없는 동물이 전체에서 92%를 차지하며 독이 있는 동물에 비해 더 많음

⑮ '지느러미' 칼럼의 기초 정보를 분석해보자.

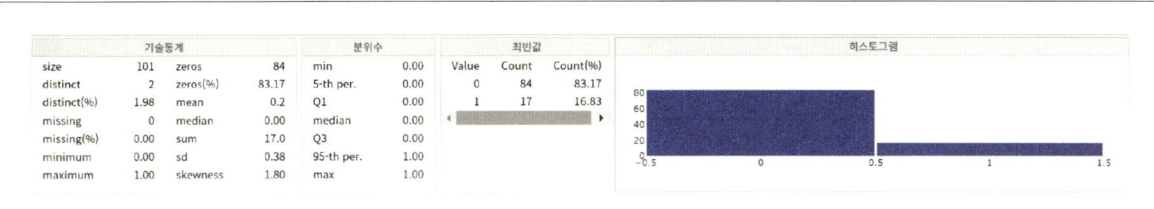

- 지느러미가 없으면 0, 지느러미가 있으면 1의 정수형 데이터
- 결측값 없음
- 지느러미가 없는 동물 84종, 지느러미가 있는 동물 17종으로 지느러미가 없는 동물이 전체에서 83%를 차지하며 지느러미가 있는 동물에 비해 더 많음

⑯ '다리 개수' 칼럼의 기초 정보를 분석해보자.

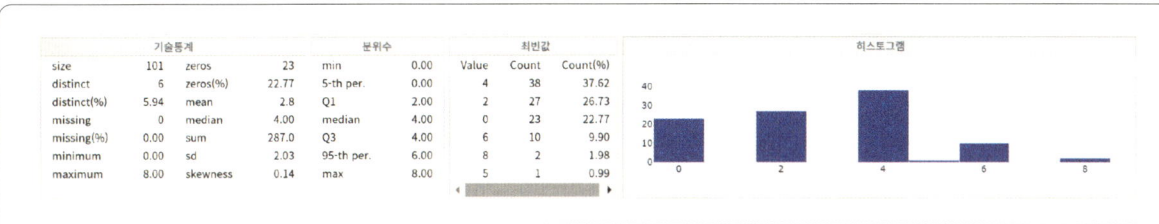

- 다리 개수가 0부터 8까지로 정수형 데이터
- 결측값 없음
- 다리가 없는 동물 23종, 2개인 동물 27종, 4개인 동물 38종, 5개인 동물 1종(불가사리), 6개인 동물 10종, 8개인 동물 2종으로 다리가 4개인 동물이 38%를 차지하며 가장 많음

⑰ '꼬리' 칼럼의 기초 정보를 분석해보자.

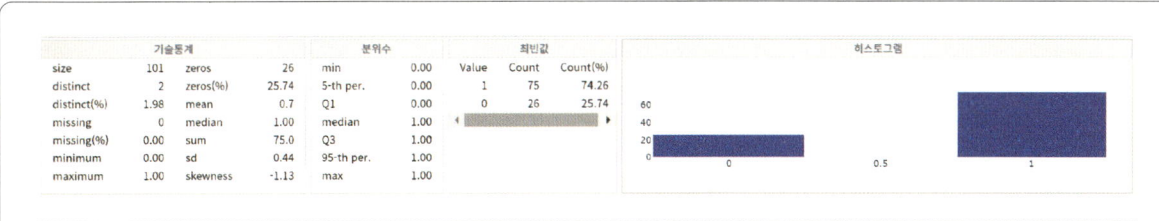

- 꼬리가 없으면 0, 꼬리가 있으면 1의 정수형 데이터
- 결측값 없음
- 꼬리가 없는 동물 26종, 꼬리가 있는 동물 75종으로 꼬리가 있는 동물이 전체에서 74%를 차지하며 꼬리가 없는 동물에 비해 더 많음

⑱ '토종' 칼럼의 기초 정보를 분석해보자.

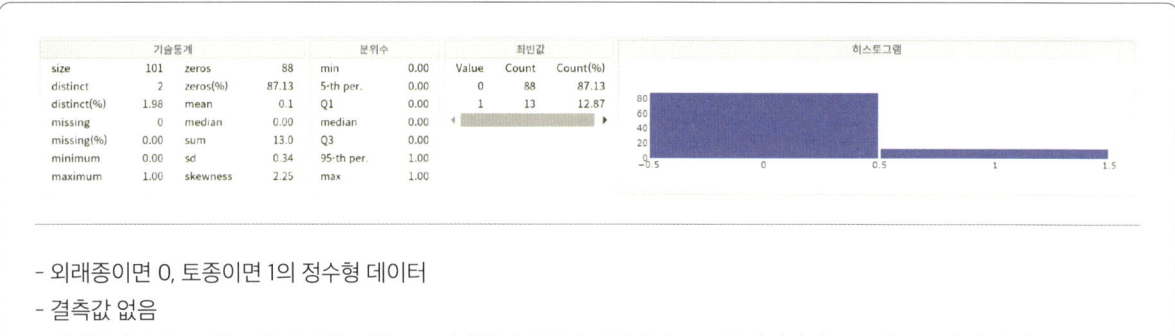

- 외래종이면 0, 토종이면 1의 정수형 데이터
- 결측값 없음
- 외래종인 동물 88종, 토종인 동물 13종으로 외래종인 동물이 전체에서 87%를 차지하며 토종인 동물에 비해 더 많음

⑲ '크기' 칼럼의 기초 정보를 분석해보자.

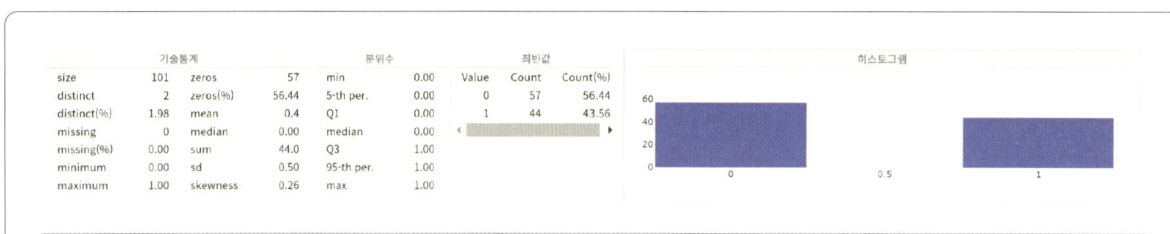

- 고양이보다 작으면 0, 고양이 크기 이상이면 1의 정수형 데이터
- 결측값 없음
- 고양이보다 작은 동물 57종, 고양이 크기 이상인 동물 44종으로 고양이보다 작은 동물이 전체에서 56%를 차지하며 고양이 크기 이상인 동물에 비해 더 많음

⑳ '동물 분류' 칼럼의 기초 정보를 분석해보자.

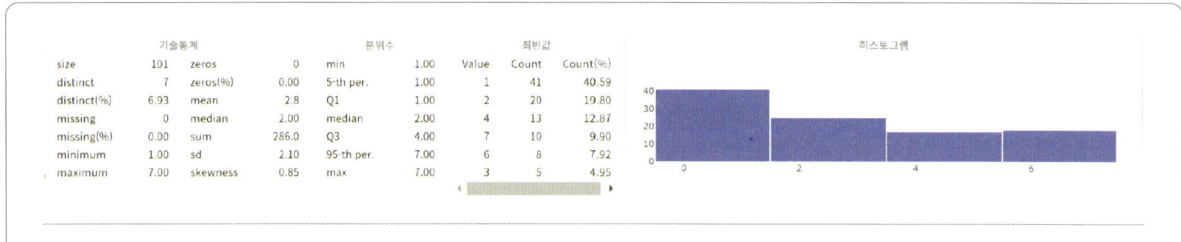

- 동물 분류를 1부터 7까지로 정한 정수형 데이터
- 결측값 없음
- 포유류(1)인 동물 41종, 조류(2)인 동물 20종, 파충류(3)인 동물 5종, 어류(4)인 동물 13종, 양서류(5)인 동물 4종, 곤충류(6)인 동물 8종, 곤충을 제외한 무척추동물(7)은 10종으로 포유류가 전체에서 41%로 가장 많음

2) 시각화 분석하기

기초 정보를 시각화하기 위해서는 [데이터 분석] - [시각화 분석] 메뉴를 선택하여 다음의 순서대로 실행하고, 그래프를 통해 알 수 있는 정보를 찾는다.

① [시각화 선택]에서 그래프 형태를 선택한다.
② 시각화에 포함할 칼럼을 선택한다.
③ 차트에서 색깔로 구분할 칼럼을 선택한다.
④ 분석할 데이터 범위를 오른쪽 끝까지 드래그하여 전체 데이터로 설정한다.
⑤ 조회하기 버튼을 누른다.

AIDU ez에서 표현 가능한 시각화 방법

데이터를 그래프로 시각화하면 데이터의 분포나 데이터 간의 관계를 한눈에 파악할 수 있으며, 데이터나 데이터 간의 경향성이나 패턴을 살펴보면서 숨은 정보를 파악할 수 있다. AIDU ez에서는 산점도, 히트맵, 박스차트, 분포차트, 워드 클라우드를 생성할 수 있다.

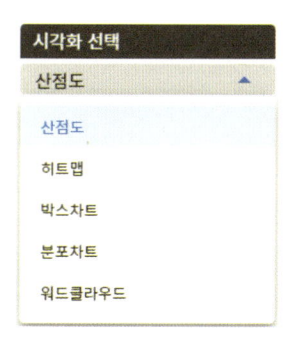

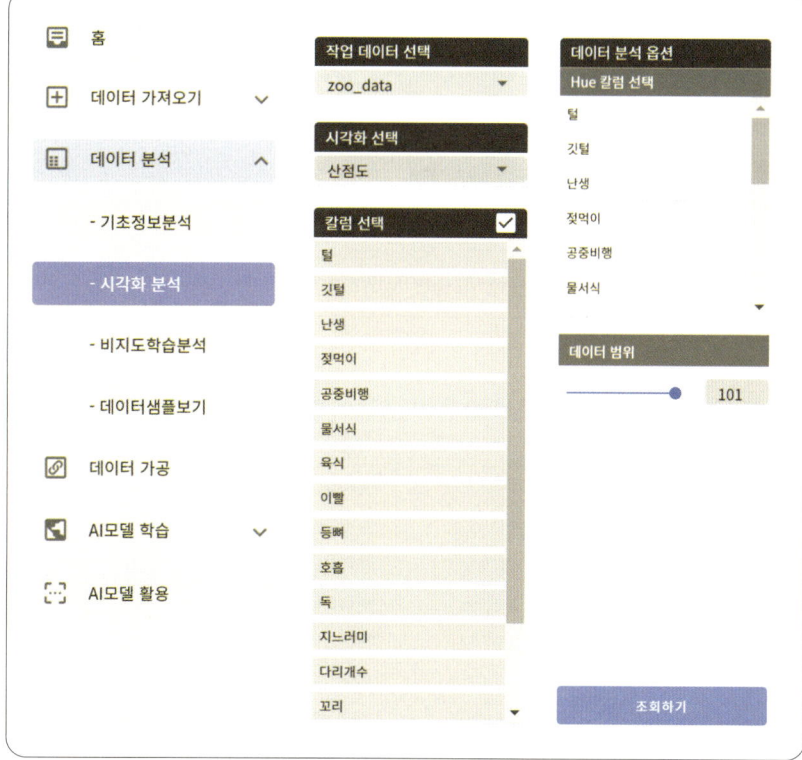

❶ (히트맵) '동물 분류'와 다른 칼럼 간의 상관관계를 확인하기 위해 히트맵으로 시각화한다.

Tip) 히트맵은 상관관계 지수를 가로, 세로 형태로 시각화하는 방법으로 두 변수 간의 상관성을 알려준다.

히트맵을 선택하고, 모든 칼럼을 선택한 후 데이터의 범위를 101개로 수정한 후 조회를 클릭하면 히트맵이 표시된다. 마우스를 그래프 위에 놓았을 때 두 칼럼 간의 상관관계가 표시된다.

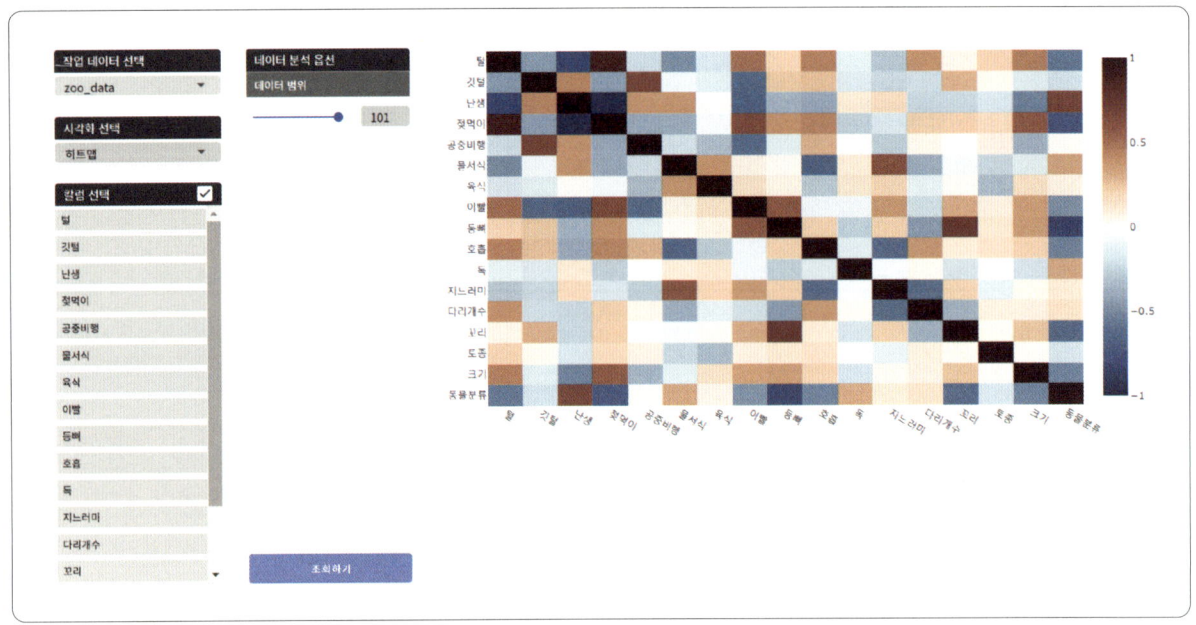

'동물 분류'의 값들은 1부터 7까지로 임의로 정한 값이기에 '동물 분류'와 다른 속성 간의 상관관계를 살펴보는 것은 의미가 없다. 따라서 독립변수 속성들 간의 상관관계를 파악해보고자 한다.

'젖먹이'와 각 칼럼 간의 상관계수를 분석한 결과이다.

'젖먹이' – '털'	0.8785027	'젖먹이' – '호흡'	0.4235269
'젖먹이' – '깃털'	−0.4107606	'젖먹이' – '독'	−0.2424487
'젖먹이' – '난생'	−0.9388479	'젖먹이' – '지느러미'	−0.1563277
'젖먹이' – '공중비행'	−0.3667653	'젖먹이' – '다리 개수'	0.2141963
'젖먹이' – '물 서식'	−0.3626133	'젖먹이' – '꼬리'	0.2100260
'젖먹이' – '육식'	−0.0297210	'젖먹이' – '토종'	0.1639276
'젖먹이' – '이빨'	0.6281685	'젖먹이' – '크기'	0.5749061
'젖먹이' – '등뼈'	0.3849581	'젖먹이' – '등뼈'	0.3849581

'젖먹이' 칼럼과 가장 관련이 높은 속성은 '난생'으로 상관계수는 −0.9388479임을 확인할 수 있다.

> **Q6-2.** 히트맵을 참고하여 '공중비행' 칼럼과 가장 연관성이 높은 칼럼과 상관계수를 적어보자.

칼럼 :
상관계수 :

❷ (분포차트) '동물 분류'의 분포차트를 살펴보자.
   Tip) 분포차트는 수치형 데이터의 구간별 빈도수를 나타내는 시각화 방법이다.

시각화 선택에서 분포차트를 선택하고, X 칼럼 선택에서 '동물 분류'를 선택하고, 데이터 범위를 101개로 수정한 후 조회하기를 클릭한다. '동물 분류' 칼럼 1부터 7까지의 데이터의 개수를 그래프로 확인할 수 있으며, 마우스를 가져가면 동물 분류 번호와 개수를 확인할 수 있다.

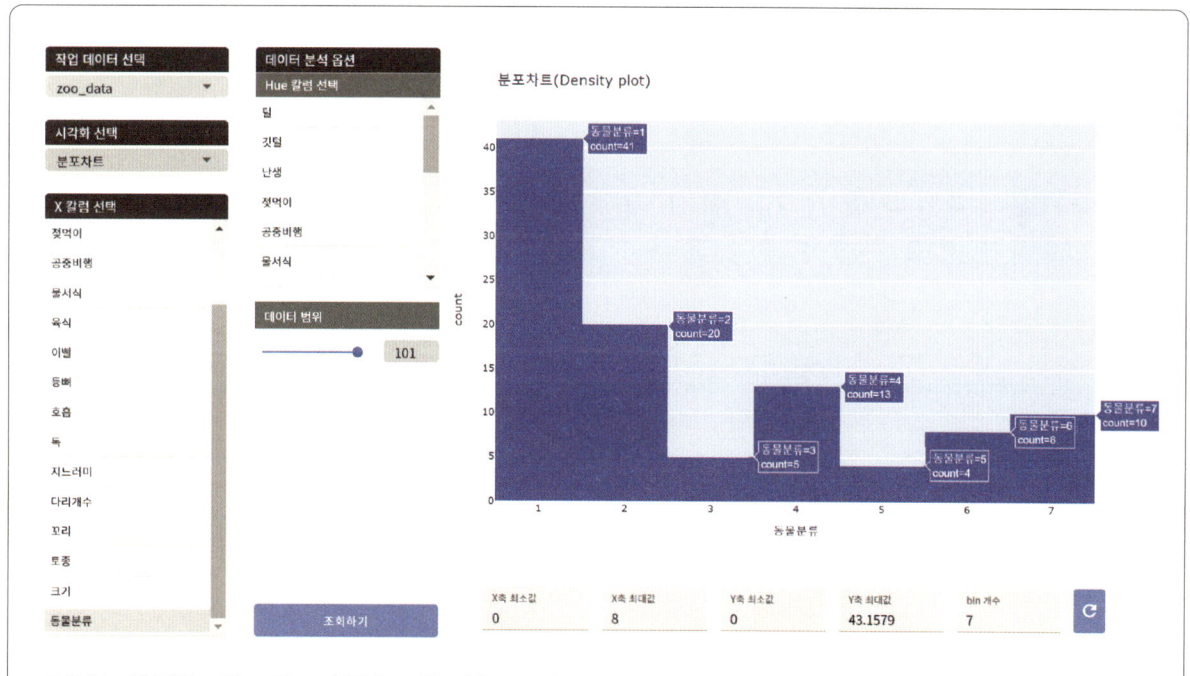

포유류(1)인 동물 41종, 조류(2)인 동물 20종, 파충류(3)인 동물 5종, 어류(4)인 동물 13종, 양서류(5)인 동물 4종, 곤충류(6)인 동물 8종, 곤충을 제외한 무척추동물(7) 10종

여기에 [데이터 분석 옵션] - [Hue 칼럼 선택]에서 '난생'을 선택하고 다시 조회하기를 누르면 동물 분류의 분류 번호별 개수가 난생인 데이터와 난생이 아닌 데이터를 구분해서 표시해준다.

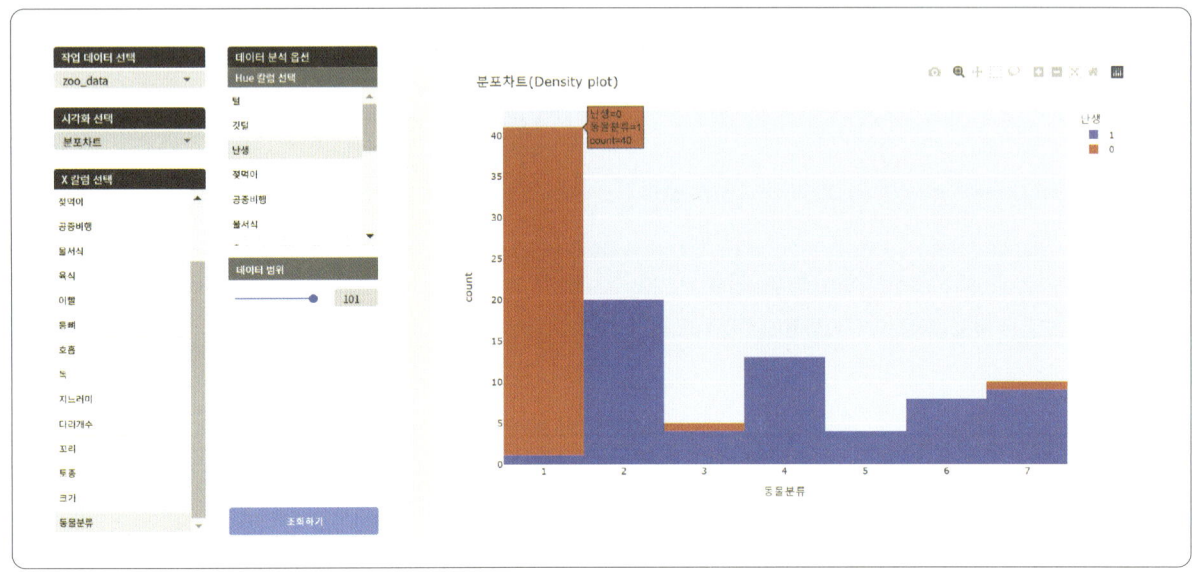

분포차트를 살펴보면 1번 포유류는 41종으로, 그중 알을 낳는 포유류는 1종(오리너구리), 알을 낳지 않는 포유류는 40종임을 분포차트를 통해 쉽게 확인할 수 있다.

Q6-3. 분포차트를 이용하여 동물 분류 중 등뼈가 있는 동물 분류 번호와 등뼈가 없는 동물 분류 번호를 확인해 적어보자.

시각화 선택에서 분포차트, X 칼럼 선택에서 '동물 분류', [데이터 분석 옵션] - [Hue 칼럼 선택]에서 '등뼈'를 선택하고, 데이터 범위를 101개로 수정한 후 조회하기를 클릭하여 분포차트를 확인해본다.

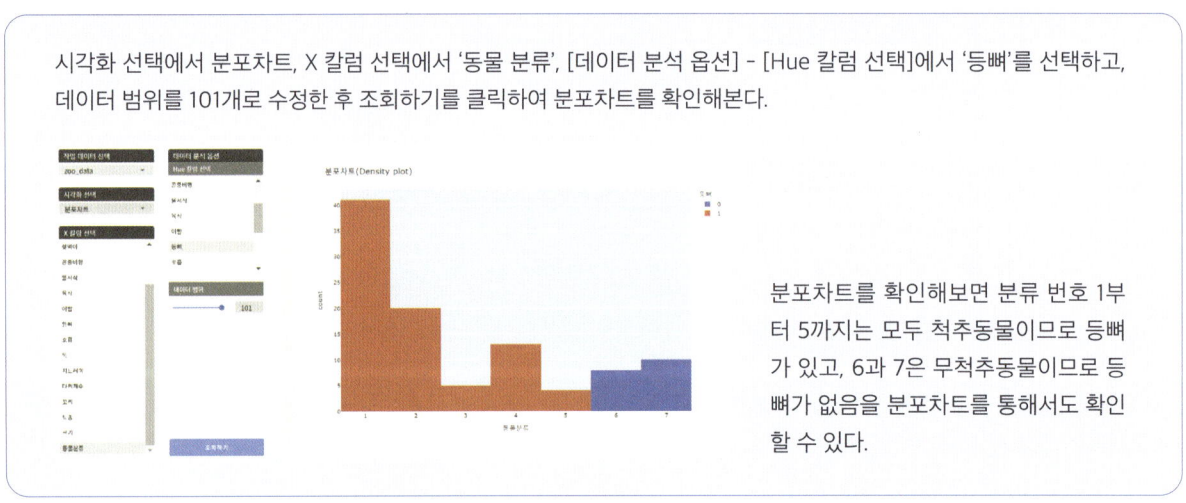

분포차트를 확인해보면 분류 번호 1부터 5까지는 모두 척추동물이므로 등뼈가 있고, 6과 7은 무척추동물이므로 등뼈가 없음을 분포차트를 통해서도 확인할 수 있다.

❸ (박스차트) '동물 분류'와 '다리 개수'의 데이터 분포를 살펴보자.
　　Tip) 박스차트는 칼럼에 대한 최솟값, 제1사분위수, 중앙값, 제3사분위수, 최댓값을 통해 데이터의 분포를 보여주며, 정상치를 벗어난 이상치를 표시해주는 시각화 방법이다.

시각화 선택에서 박스차트를 선택하고, X 칼럼 선택에서 '동물 분류', Y 칼럼 선택에서 '다리 개수'를 선택하고 데이터 범위를 101개로 수정한 후 조회하기를 클릭하고 마우스를 그래프 위에 올려놓으면 통계치가 표시된다. 무척추동물인 동물 분류 7의 박스차트를 살펴보면 제1사분위수는 0, 중앙값은 4.5, 제3사분위수는 7, 최댓값은 8임을 확인할 수 있다.

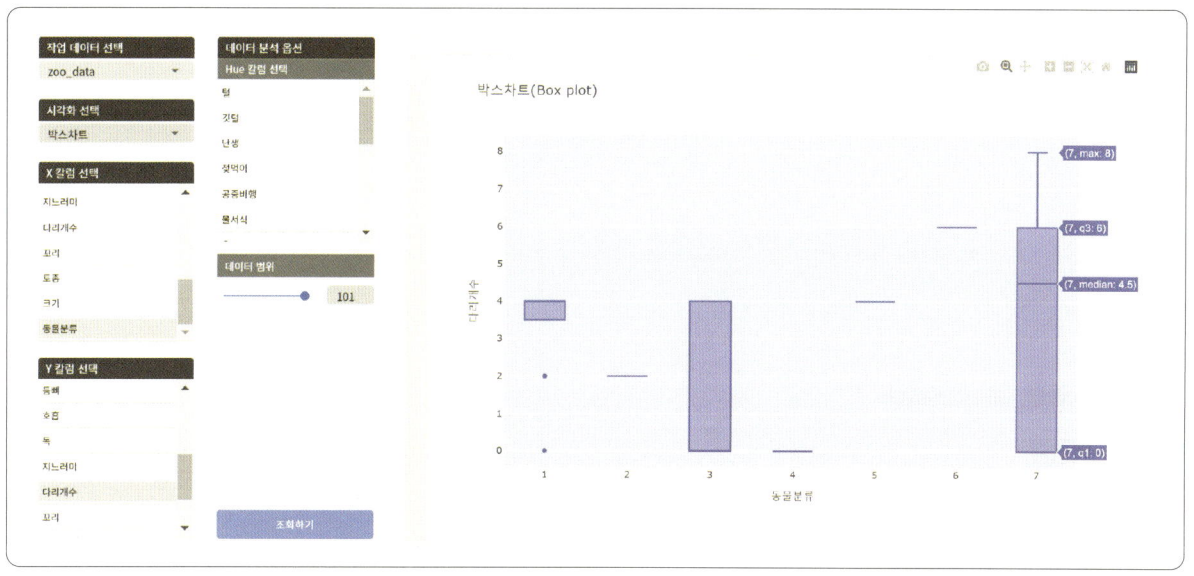

3) 데이터 가공하기

데이터 가공은 결측값 처리, 스케일 조정 등으로 머신러닝이나 딥러닝에 적합한 형태로 변환하는 것을 의미한다. 실습에 사용하는 동물 데이터 101종의 모든 칼럼에는 결측값이 없기에 특별히 결측값을 처리할 것이 없다. 만약 결측값이 있었다면 결측값이 있는 관측치를 제거하거나, 최빈값, 중앙값, 평균값, 특정 숫자를 넣는 방법으로 결측값을 처리할 수 있다.

수치형 데이터의 범위를 조정해주는 스케일 조정의 경우 대부분의 칼럼이 0과 1로 되어 있지만 '다리 개수' 칼럼의 경우 0부터 8까지의 범위의 데이터로 되어 있으므로 Min-Max Scaler를 이용하여 범위를 0부터 1 사이의 값으로 조정할 수 있다.

스케일 조정을 위해서는 [데이터 가공] 메뉴를 선택하여 다음의 순서를 따른다.

① 칼럼 선택에서 '다리 개수' 칼럼을 선택한다.
② Scale 조정에서 [Min-Max Scaler]가 선택된 상태로 [보기] 버튼을 클릭한다.
③ 오른쪽 아래 가공 결과 그래프를 확인하고 [적용] 버튼을 클릭한다.
④ 스케일 조정이 완료되면 [가공 데이터 저장] 버튼을 클릭한다.

그렇다면, '다리 개수' 칼럼에 대해 스케일 조정을 해보자.

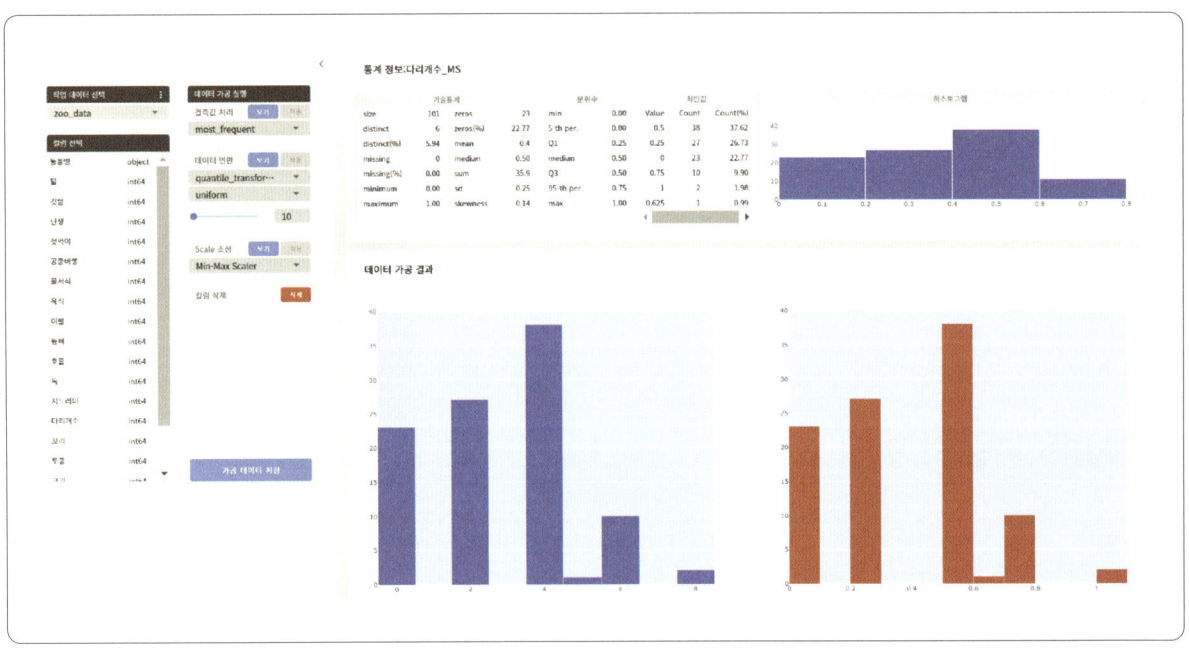

스케일 조정이 완료되면 칼럼 선택 마지막에 '다리 개수_MS' 칼럼이 생긴 것을 확인할 수 있으며 0부터 8의 다리 개수는 0부터 1 사이의 값으로 변경된다. 좀 더 자세히 살펴보면 다리 개수가 최대였던 8개는 1로, 다

리 개수가 6개는 0.75로, 다리 개수가 4개는 0.5로, 다리 개수가 2개는 0.25로, 다리 개수가 최소였던 0개는 0으로 변경되어 저장되었다.

4. AI 모델 학습

학습목표
- 머신러닝 분류 알고리즘을 이용하여 AI 모델을 학습시키고 평가할 수 있다.

학습내용
- 동물 분류 모델 구현

수집한 데이터에서 학습할 칼럼을 선정하고, 결측값 제거나 스케일 조정 등의 가공을 완료하면서 머신러닝/딥러닝 학습 준비를 마쳤다. 동물의 칼럼을 입력하면 1부터 7까지의 동물 분류 중 어디에 속할 것인지를 판단하는 분류 문제이므로 분류 알고리즘을 이용하여 학습하고, 학습된 모델을 평가하는 과정을 거치게 된다.

1) 머신러닝 학습 - 분류 모델 만들기

머신러닝 학습을 위해서는 [AI 모델 학습] - [머신러닝] 메뉴를 선택하여 다음의 순서를 따른다.

① 작업 데이터를 선택한다.
② 학습 유형에서 분류(Classification)를 선택한다. (기본값: Classification)

③ Output 칼럼(종속변수)에 '동물 분류' 칼럼을 지정한다.
④ '동물명' 칼럼을 제외 칼럼으로 이동하고, 히트맵을 통해 상관관계가 비교적 적은 '깃털', '토종', '다리 개수', '다리 개수_MS', '지느러미', '육식', '공중비행' 칼럼 역시 제외 칼럼으로 이동시킨다.
⑤ 학습할 머신러닝 '분류' 알고리즘을 ML 모델 선택에서 선정하고 학습을 시작한다(복수 선택 가능).
⑥ 가장 성능이 좋은(정확도가 높은) 모델을 선택하여 재학습한다.
⑦ 모델을 저장한다.

❶ 작업 데이터가 'zoo_data_processed'인지, 학습 유형이 분류(Classification)인지 확인한다.

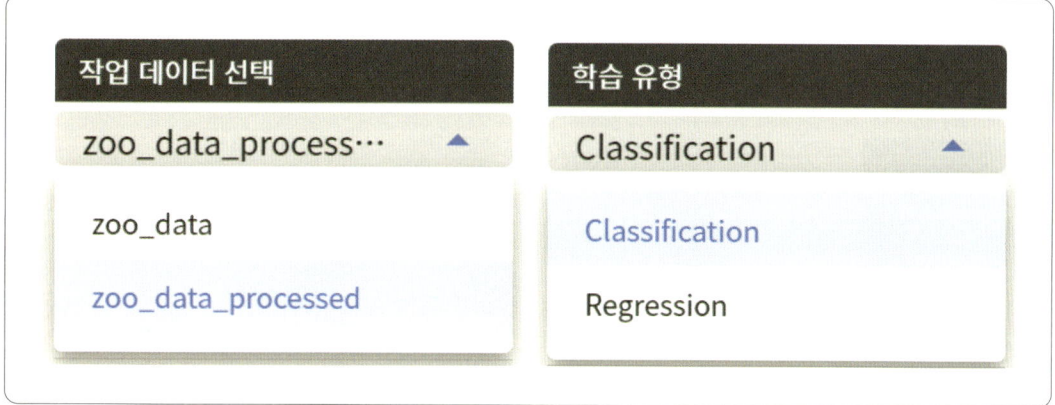

❷ 분류하고자 하는 '동물 분류' 칼럼을 Output 칼럼으로 이동시킨다. 그리고, 제외 칼럼에 '동물명', '깃털', '토종', '다리 개수', '다리 개수_MS', '지느러미', '육식', '공중비행' 칼럼을 선택한다.

ML 모델 선택에 로지스틱 회귀, K-최근접 이웃, 의사결정 트리, 랜덤 포레스트, LightGBM 알고리즘을 선택할 수 있으며, 모델 성능을 확인하기 위해 모두 선택한 후 [학습 시작] 버튼을 클릭한다.

이때 LightGBM 알고리즘이 AIDU ez 플랫폼에서는 학습에 오랜 시간이 걸리기 때문에 제외하고 [학습 시작] 버튼을 클릭해도 된다.

분류 알고리즘

더 알아보기

AIDU ez에서 제공하는 머신러닝 분류 알고리즘 파헤치기

〈핵심 요약〉
- Logistic Regression(로지스틱 회귀): 데이터가 어떤 범주에 속할 확률을 0에서 1 사이의 값을 예측하고, 그 확률에 따라 가능성이 더 높은 범주에 속하는 것으로 분류
- K-Neighbors Regressor(K-최근접 이웃): K개의 가장 가까운 이웃을 찾아서 그 이웃 중 다수가 속한 클래스로 분류
- Decision Tree(의사결정 트리): 스무고개 하듯이 질문에 따라 다음 단계로 이동하여 최종단계에서 속한 그룹으로 분류
- Random Forest(랜덤 포레스트): 여러 개의 의사결정 트리에서 분류한 결과를 집계해서 가장 많이 나온 레이블의 범주로 분류
- Light Gradient Boosting Machine(LightGBM, 라이트 그래디언트 부스팅 머신): 의사결정 트리를 직렬로 연결한 기법으로 학습하여 분류

① Logistic Regression(로지스틱 회귀)

로지스틱 회귀는 이름에 '회귀'가 들어 있지만, 분류 문제를 해결하기 위한 알고리즘으로 두 개 또는 그 이상의 그룹 중 어느 하나에 속하는지를 예측하는 데 사용된다.

로지스틱 회귀의 기본 아이디어는 선형 회귀와 비슷하다. 독립변수(입력값)와 가중치로 계산한 결과를 로지스틱 함수(시그모이드 함수라고도 함)를 통과시켜서 0과 1 사이의 값으로 변환한다. 이렇게 나온 값이 특정 특정값(보통 0.5)보다 크면 '1'로, 작으면 '0'으로 분류하는 방식이다.

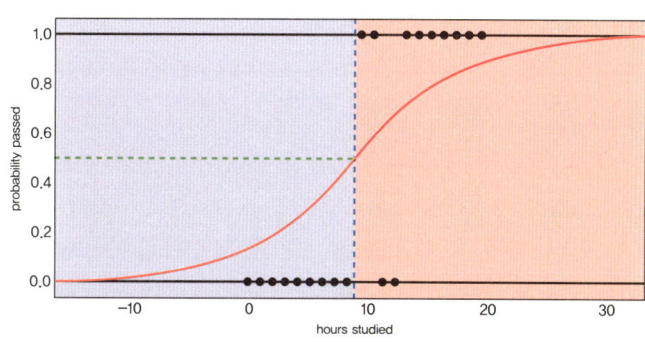

예를 들어, 학생이 시험에 합격할 확률을 예측한다고 하면 독립변수는 공부한 시간, 이전 시험 점수 등이 되며 종속 변수는 합격 여부(합격=1, 불합격=0)로 정할 수 있다. 그리고, 이러한 데이터를 학습하여, 새로운 독립변수(예: 새로운 학생의 공부한 시간, 이전 시험 점수 등)가 주어졌을 때 합격 확률을 계산해 특정값(보통 0.5)보다 크면 1로, 아니면 0으로 분류하는 방식이다.

② K-Neighbors Regressor(K-최근접 이웃)
분류하고자 하는 데이터가 입력되면 K개의 가장 가까운 이웃 데이터를 찾아서 그 이웃 중 다수가 속한 클래스로 분류하는 방법이다.
예를 들어, 가운데 십자가 데이터를 분류하고자 할 때 k값이 1이라면 가장 가까운 데이터는 동그라미이기에 동그라미 클래스로 분류된다. 그리고, k값이 3이라면 가장 가까운 데이터는 동그라미가 1개, 세모가 2개이기에 세모 클래스로 분류된다. 또한, k값이 9라면 가장 가까운 데이터는 동그라미가 3개, 네모가 1개, 세모가 5개이기에 세모 클래스로 분류된다.

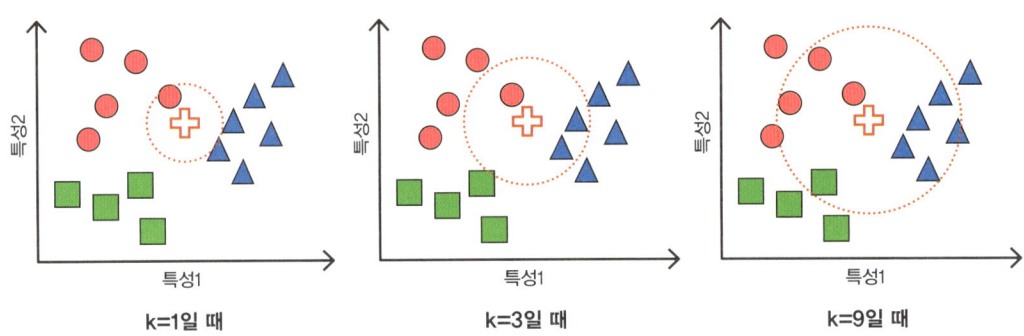

③ Decision Tree(의사결정 트리)
의사결정 트리 또는 트리 알고리즘으로 불리며, 칼럼을 학습하여 데이터를 분류하기 위해 뿌리에서 가지가 뻗어나가는 듯한 모습으로 데이터를 하위 그룹으로 분할하는 알고리즘이다.
예를 들어, "날개가 있나요?"라는 질문에 "예."라면 날 수 있는지를 다시 확인하여 날개가 있다면 매로 분류, 아니라면 펭귄으로 분류되는 방식이다.

분류 알고리즘

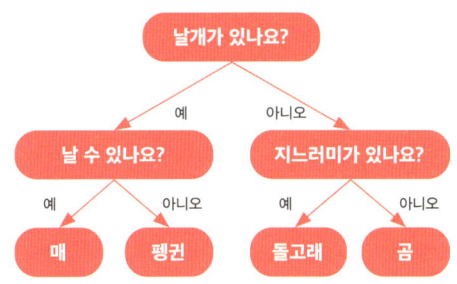

④ Random Forest(랜덤 포레스트)

Forest는 숲을 의미하며 위의 의사결정 트리를 여러 개 만들어 병렬로 연결하는 구조를 활용한다. 데이터의 행과 열을 랜덤하게 추출함으로써 작은 의사결정 트리를 여러 개 만들어 각각 분류 결과를 집계해서 가장 많이 나온 클래스로 분류한다.

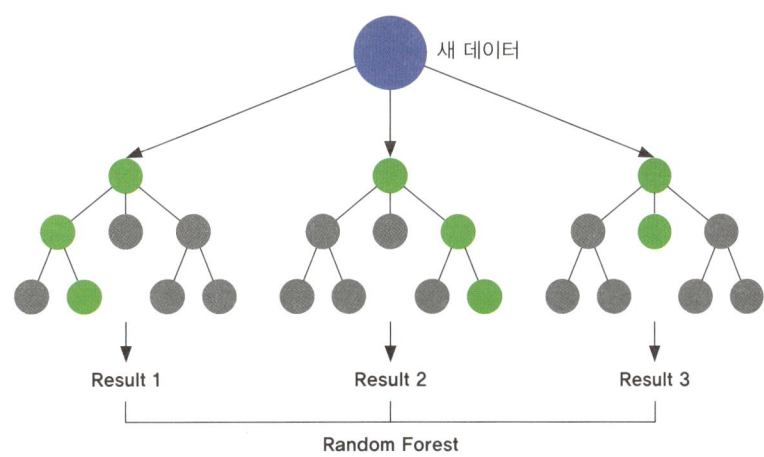

분류 알고리즘

⑤ Light Gradient Boosting Machine(LightGBM)
LightGBM 알고리즘도 트리 알고리즘에 기반한다. 랜덤 포레스트는 작은 의사결정 트리를 병렬로 연결하는 방식이나 LightGBM은 직렬로 의사결정트리를 연결하여 이전 트리의 오차를 보완하는 방식으로 분류하는 방법이다.

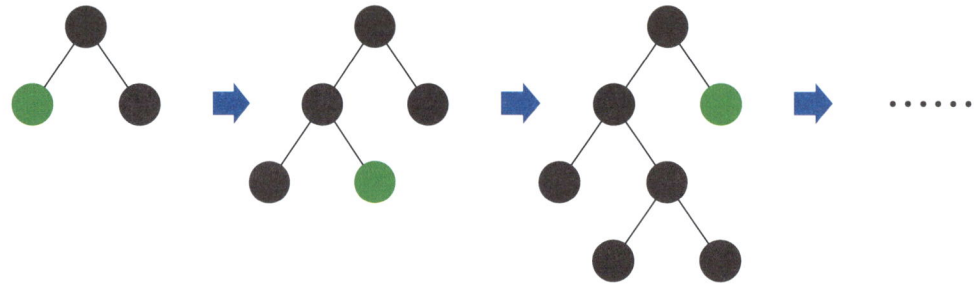

❸ 학습이 완료되면 5개의 분류 모델 중 정확도 값을 확인하여 성능이 가장 좋은 모델을 선택한다. 정확도를 확인하면 의사결정 트리 알고리즘과 랜덤 포레스트 알고리즘의 정확도가 0.9286으로 가장 높음을 알 수 있다.

index	Model	Accuracy	AUC	Recall	Prec.	F1	Kappa	MCC	TT (Sec)
dt	Decision Tree Classifier	0.9286	0	0.8533	0.9143	0.919	0.9042	0.9157	0.005
rf	Random Forest Classifier	0.9286	0	0.8533	0.9143	0.919	0.9042	0.9157	0.146
lr	Logistic Regression	0.9143	0	0.8467	0.8833	0.8943	0.8838	0.8978	0.167
knn	K Neighbors Classifier	0.9143	0	0.86	0.8762	0.8895	0.8833	0.8974	0.008
lightgbm	Light Gradient Boosting Machine	0.7143	0	0.5892	0.6405	0.6538	0.6101	0.6515	0.017

의사결정 트리 알고리즘과 랜덤 포레스트 알고리즘의 정확도가 같기에 두 개의 모델을 재학습하여 각각 다른 이름으로 저장하고자 한다. 저장된 모델은 뒤쪽 AI 모델 활용에서 시뮬레이션할 때 사용된다.

❹ ML 모델 선택에서 의사결정 트리만 선택하고 [학습 시작] 버튼을 클릭하여 AI 학습 결과를 확인한다.

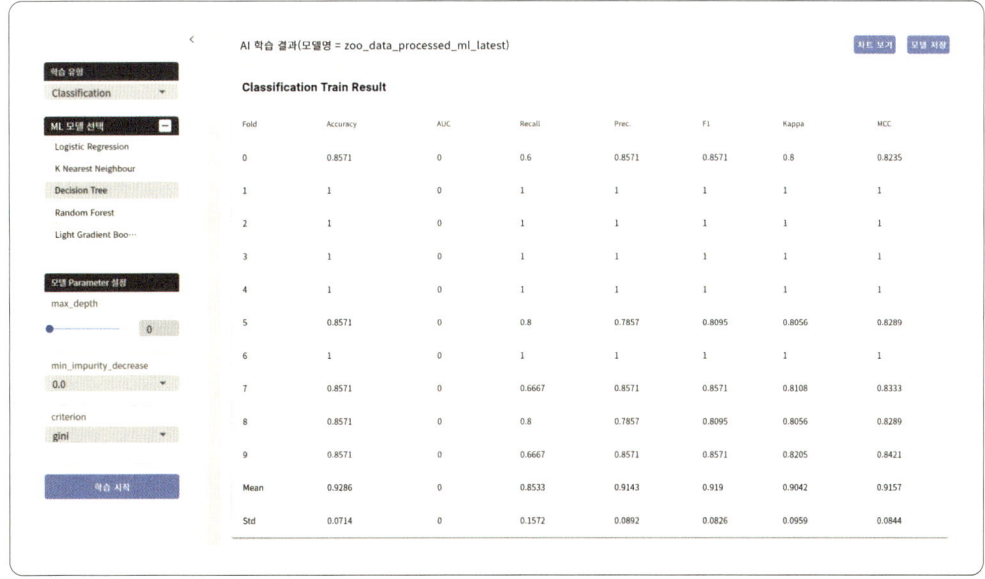

학습된 모델을 저장하기 위해 [모델 저장] 버튼을 클릭하고 다른 이름으로 저장에서 마지막에 decision tree를 줄인 dt를 붙이고 저장을 완료한다.

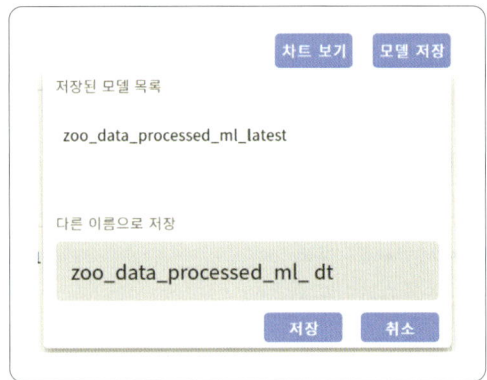

또한 같은 방법으로 [ML 모델 선택]에서 랜덤 포레스트만 선택한 후 [학습 시작] 버튼을 클릭하여 AI 학습 결과를 확인하고 [모델 저장] 버튼을 클릭하고 다른 이름으로 저장에서 마지막에 random forest를 줄인 rf를 붙여 저장을 완료한다.

Fold	Accuracy	AUC	Recall	Prec.	F1		
0	0.8571	0	0.6	0.8571	0.8571		
1	1	0	1	1	1		
2	1	0	1	1	1	1	1
3	1	0	1	1	1	1	1
4	1	0	1	1	1	1	1
5	0.8571	0	0.8	0.7857	0.8095	0.8056	0.8289
6	1	0	1	1	1	1	1
7	0.8571	0	0.6667	0.8571	0.8571	0.8108	0.8333
8	0.8571	0	0.8	0.7857	0.8095	0.8056	0.8289
9	0.8571	0	0.6667	0.8571	0.8571	0.8205	0.8421
Mean	0.9286	0	0.8533	0.9143	0.919	0.9042	0.9157
Std	0.0714	0	0.1572	0.0892	0.0826	0.0959	0.0844

5. AI 모델 활용

학습목표
- 학습 완료된 AI 모델을 이용하여 시뮬레이션에 활용할 수 있다.

학습내용
- 동물 분류 시뮬레이션

마지막 단계로 완성된 분류 모델을 활용하여 시뮬레이션을 통해 동물 칼럼을 입력하면 어느 동물로 분류되는지 확인하는 단계이다.

1) 시뮬레이션

학습된 모델을 이용하여 시뮬레이션하기 위해서는 [AI 모델 활용] 메뉴를 선택하여 다음의 순서를 따른다.

> ① 작업할 데이터를 선택한 후 학습 모델 목록에서 분류 모델을 선택한다.
> ② 아래 기능 중 시뮬레이션 버튼을 클릭하고 예측하고자 하는 데이터를 입력한다.
> ③ 시뮬레이션을 통해 분류 모델이 예측한 값을 확인한다.

❶ 작업 데이터 선택에서 zoo_data_processed를 선택하고, 학습 모델 선택에서 먼저 의사결정 트리 모델로 시뮬레이션하기 위해 zoo_data_processed_ml_dt를 선택한다. 그리고 [시뮬레이션] 버튼을 클릭한다.

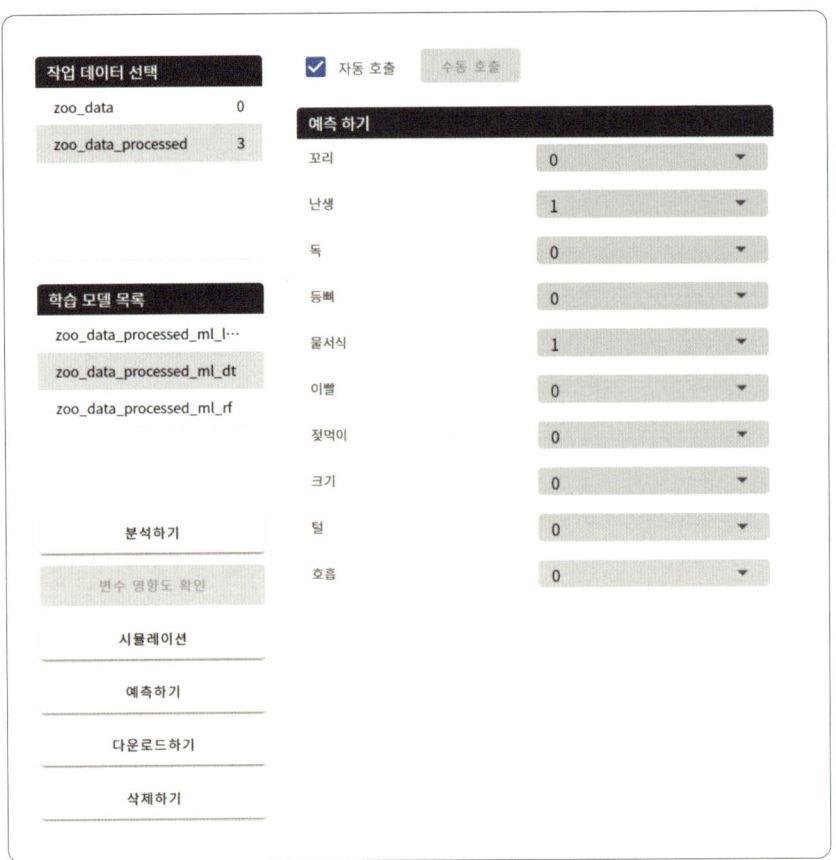

❷ 시뮬레이션을 클릭하여 예측하고자 하는 데이터를 입력한다. 고양이와 비슷한 강아지 데이터로 동물 분류 결과를 확인해보자. 강아지는 꼬리와 등뼈, 이빨이 있으며, 젖먹이를 하고, 크기는 고양이와 비슷하며, 폐로 호흡한다. 이 칼럼을 체크하고 시뮬레이션 결과를 확인해보면 동물 분류가 1(포유류)로 예측된 결과를 확인할 수 있다.

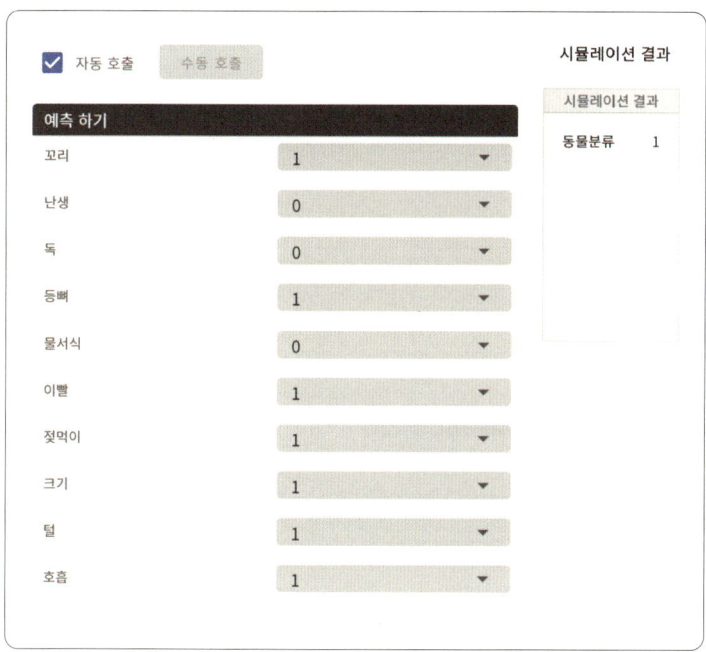

이번에는 두루미 데이터로 동물 분류 결과를 확인해보자. 두루미는 꼬리, 등뼈, 털이 있고, 난생이며, 크기가 고양이 이상이며 폐로 호흡한다. 이 칼럼을 체크하고 시뮬레이션 결과를 확인해보면 동물 분류가 2(조류)로 예측된 결과를 확인할 수 있다.

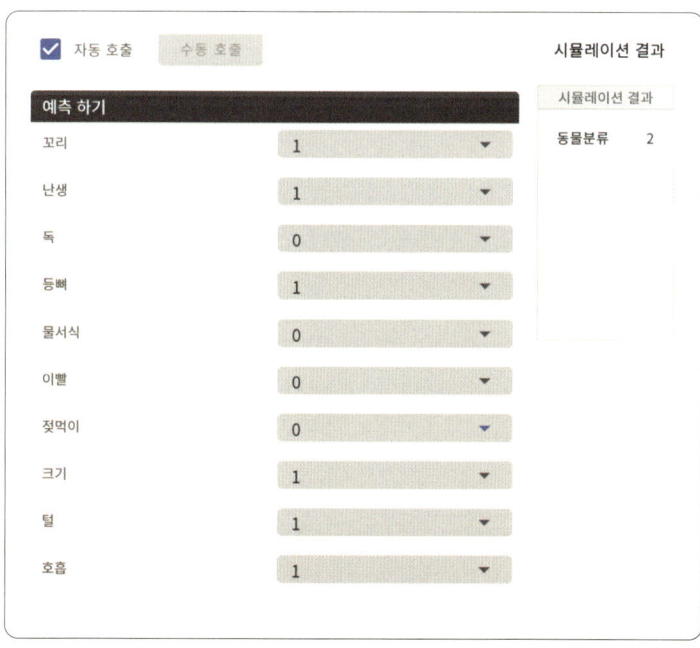

CHAPTER 06 동물 데이터 분석 및 동물 분류하기 247

Q6-4. 학습 모델 목록에서 랜덤 포레스트 알고리즘으로 학습한 모델을 선택하고 두루미 데이터의 분류 결과를 적어보자.

작업 데이터 선택에서 zoo_data_processed를 선택하고, 학습 모델 선택에서 먼저 의사결정 트리 모델로 시뮬레이션하기 위해 zoo_data_processed_ml_dt를 선택한다. 그리고 [시뮬레이션] 버튼을 클릭하고 두루미 데이터에 해당하는 칼럼을 입력하고 결과를 확인한다.

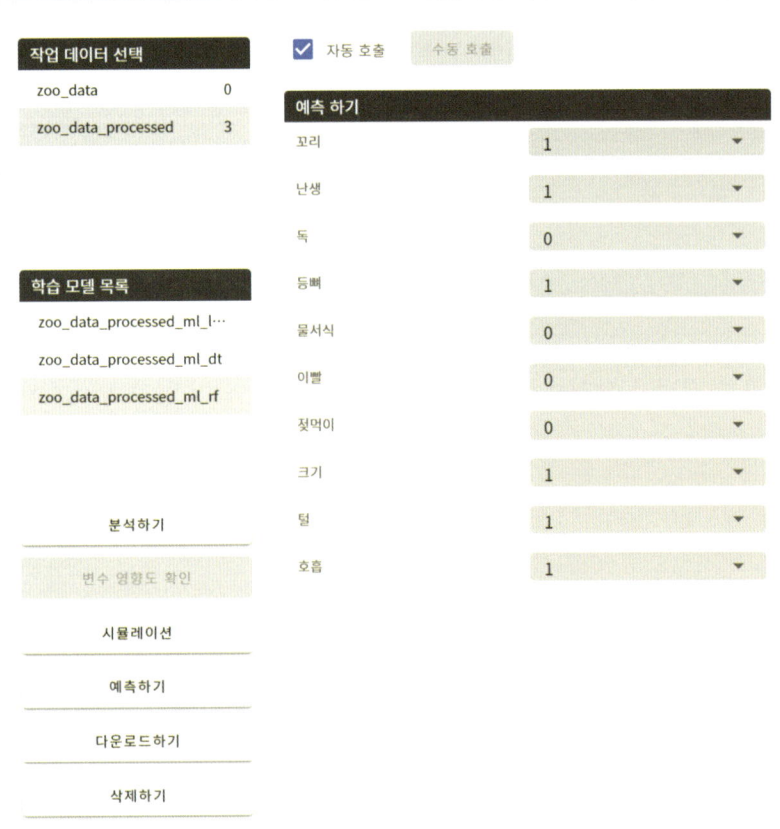

분류 결과가 동물 분류 2(조류)로 예측되었는지 확인한다.

모범 답안

Q1-1

정답) 인공지능

Q1-2

정답) 인공지능
해설) 주변 환경을 감지하고 그 상황이 어떤 상황인지를 이해하는 것은 상황 인식 및 이해 특성에 해당한다.

Q1-3

정답) ① O ② X
해설) ① 사람이 경험이나 지식을 통해 학습하고 성장하는 것처럼, 인공지능은 데이터를 통해 학습하고 성능을 개선한다.
② 양질의 데이터를 확보한다고 해서 모델의 성능이 항상 좋은 것만은 아니다. 다만 성능이 좋아질 가능성이 높은 것이다.

Q1-4

정답) 정형 데이터
해설) 정형 데이터는 형태와 구조를 갖는 데이터로 컴퓨터 시스템에 저장하기 쉽다.

Q1-5

정답) ④
해설) 보기는 수치형 데이터와 범주형 데이터를 구분하는 문제로 ④는 범주형 데이터에 속한다.

Q1-6

정답) ⑤
해설) 인공지능이 학습을 하면서 성능을 개선할 수 있고, 사람이 하던 일을 자동화하여 처리할 수 있으며 새로운 환경에 적응할 수도 있다. 학습하는 데이터가 다양한 분야의 것이면서 학습량이 증가하면 여러 분야의 업무를 처리할 수 있게 되기도 한다. 인공지능이 학습 과정을 거치면 결과를 예측하고, 그 결과에 따라 의사결정을 할 수도 있다.

Q1-7

정답) ⑤
해설) 딥러닝은 학습 기반 인공지능에 속한다.

Q1-8

정답) ②
해설) 문제만 학습하여 문제의 특징을 스스로 찾게 하는 방식은 비지도학습 방식이다.

2장

Q2-1

정답) ④
해설) '어떤 결과를 기대하는가'라는 고려 사항은 AI 모델이 도출해낼 결과와 성능 수준에 대한 기대치를 설정하도록 돕는 질문으로 문제 정의 단계에서 고려해야 할 사항이다.

Q2-2

정답) 평균기온이 약 20도까지는 입장객 수가 증가하는 경향을 보이나 그 이상인 경우 감소한다.
풍속이 1보다 커지는 경우는 입장객 수가 감소한다.
상대습도는 약 50%를 기준으로 이하인 경우 입장객 수가 증가하는 경향을 보이나 그 이상인 경우 감소한다.
합계 일조시간은 입장객 수와 깊은 관련이 있는 것처럼 보이지 않는다.
평균지면온도는 평균기온과 유사한 패턴으로, 약 20도까지는 입장객 수가 증가하는 경향을 보이나 그 이상인 경우 감소한다.

Q2-3

정답) 요일
해설) 인코딩은 범주형 데이터를 수치형 데이터로 변환해야 할 때 수행하는 작업이다. 보기 속성 중에서 범주형 데이터는 요일밖에 없다.

Q2-4

정답) ①
해설) 모델 학습하기는 AI 모델 학습 단계에서 수행하는 작업이다.

Q4-1

정답) **36.05**

해설) ① [데이터 분석]-[기초 정보 분석]의 메뉴에 들어간다.
② 데이터 분석 옵션의 데이터 범위를 오른쪽 끝으로 이동하여 344로 맞추고 조회하기 버튼을 클릭한다.

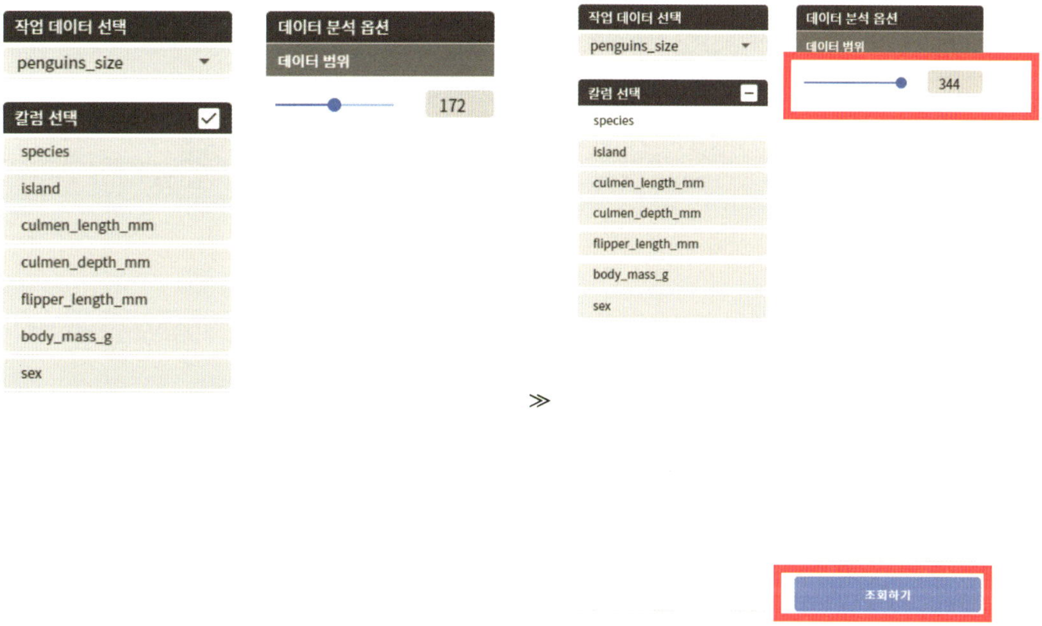

species

기술통계	
size	344
distinct	3
distinct(%)	0.87
missing	0
missing(%)	0.00

최빈값		
Value	Count	Count(%)
Adelie	152	44.19
Gentoo	124	36.05
Chinstrap	68	19.77

Q4-2

정답) 94
해설) Q4-1의 ①, ②번과 동일한 방법으로 기초 정보 분석 결과에서 확인할 수 있다. body_mass_g의 히스토그램에 마우스를 올려놓으면 3500~3990의 범위에는 94개가 있음을 확인할 수 있다.

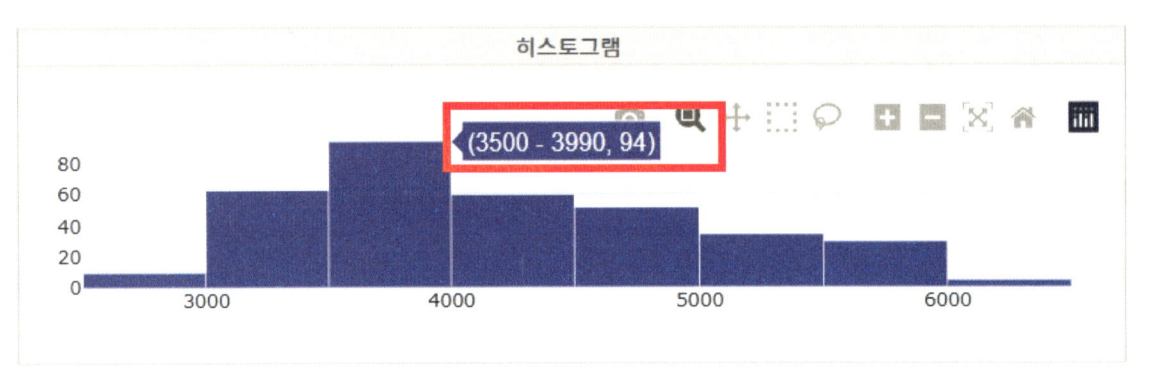

Q4-3

정답) 41.1
해설)

데이터 가공 결과

index	before_value	after_value
3	nan	41.1
339	nan	41.1

5장

Q5-1

정답) (예시) 170, 68, 23.53

Q5-2

정답) 키와 몸무게로 측정하는 간접적인 방법보다 정확한 BMI를 예측하는 AI 모델을 구현해본다.

Q5-3

정답) (예시)

나이	수치형	16
몸무게	수치형	52.5kg
허리둘레	수치형	85cm
국적	범주형	대한민국

Q5-4

정답) 35.39
해설) 최솟값은 분위수 항목에 있는 수치이다. 그중에서 min의 값은 35.39kg이므로 최솟값은 35.39이다.

Q5-5

정답) 19개
해설) 결측값은 빈 데이터의 개수로 기술통계 항목에서 확인이 가능하다. 기술통계 항목에는 전체 개수, 서로 다른 데이터 개수(distinct), 결측값, 최솟값, 최댓값, 0인 데이터 수, 평균값, 중앙값, 합계, 표준편차, 왜도 등의 통계가 포함되어 있다. 키 칼럼에는 19개의 결측값이 있음을 알 수 있다.

Q5-6

정답) ③

해설) 데이터 칼럼을 알려주는 시각화 방법에 대한 문제이다. 해당 그래프는 체질량지수에 대한 4분위 값을 표시해준다. 전형적인 박스차트(박스형 그래프)로 이상치와 최솟값, 제1사분위수, 중앙값, 제3사분위수, 최댓값을 나타내어 수치형 데이터의 전체적인 범위를 알기에 적합한 그래프이다.

Q5-7

정답) ③

해설) 결측값은 데이터 중 빈 데이터의 값으로 before_value에는 nan(not a number)으로 값이 없었으나, 결측값 처리의 결과 값인 after_value에는 172.702 값이 들어 있다.

Q5-8

정답) K-최근접 이웃(KNN)

해설) 회귀 알고리즘 중 K-최근접 이웃 또는 KNN 알고리즘 에 대한 설명이며, AIDU ez에서 제공하는 회귀 알고리즘은 선형 회귀, K-최근접 이웃, 의사결정 트리, 랜덤 포레스트, LightGBM이 있다.

Q5-9

정답) Random Forest Regressor

해설) 회귀 모델의 성능 평가 지표는 MAE, MSE, RMSE, RMSLE, MAPE가 낮을수록 좋고, R^2는 1에 가까울수록 좋기 때문에 5개 중의 모델 중 Random Forest Regressor 모델의 성능이 가장 좋다고 할 수 있다.

Q6-1

정답)

다리의 개수			
다리가 없다	2개	4개	6개 이상
뱀, 달팽이, 고등어	침팬지	기린, 호랑이, 반달가슴곰, 이구아나	사슴벌레, 오징어

Q6-2

정답) '깃털', 0.6565531
해설) 상관계수는 절댓값이 1에 가까울수록 상관관계가 높으므로, 절댓값이 가장 큰 칼럼을 찾는다.

Q6-3

정답 해설 없음. 본문 참조.

Q6-4

정답 해설 없음. 본문 참조.

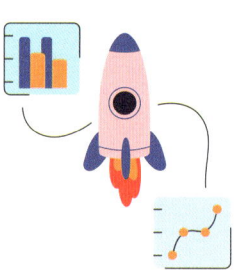

AICE JUNIOR
샘플 문항 및 풀이

AICE 홈페이지(https://aice.study) 〉 AICE 시험 〉 '샘플 문항' 메뉴에서 'AICE Junior'를 클릭하시면 실제 시험 환경에서 샘플 문항 풀이가 가능합니다.
AICE 홈페이지에서 별도의 정답 채점 기능은 제공하지 않으며, 본 교재에 기재된 문제 해설을 참고하시기 바랍니다.

샘플 문항

구분	상세내용
주제	중고 모바일 기기 가격 예측
배경	중고 모바일 기기 거래 플랫폼 A사는 합리적인 중고 거래를 위해 모바일 기기 데이터를 이용하여 모바일 기기 중고가를 예측하고자 한다.
과제명	A사가 보유하고 있는 중고 모바일 기기 거래 데이터를 활용해서, 모바일 기기 가격을 예측하는 AI 모델을 만들어보자.
데이터 칼럼명	customer: 고객 ID brand: 기기 브랜드 os: 운영 체제 4g: 4G 5g: 5G screen_size: 스크린 크기 rear_camera: 후면카메라 해상도 front_camera: 전면카메라 해상도 internal_memory: 내장 메모리 ram: 램 battery: 배터리 weight: 무게 release_year: 출시연도 days_used: 사용일수 used_price: 중고 모바일 기기 가격 release_price: 구매 가격

[문제1] 종속변수(output 칼럼)란 독립변수(input 칼럼)를 바탕으로 예측하는 대상을 의미한다. 다음 중 이 과제를 해결하는 데 필요한 종속변수를 고르시오.

① 기기 브랜드(brand)
② 중고 모바일 기기 가격(used_price)
③ 구매 가격(release_price)
④ 출시연도(release_year)

[문제2] 데이터의 전체 개수(observation)를 작성하시오.

[문제3] '후면카메라 해상도(rear_camera)'의 중앙값(median)을 작성하시오.

[문제4] '4G'가 내장된 휴대폰의 '구매 가격(release_price)'의 계급구간 중 빈도수(frequency)가 가장 높은 구간을 고르시오.

① 650k-654k
② 685k-689k
③ 715k-719k
④ 740k-744k

[문제5] 모든 변수의 결측값(missing cells)을 다음 가이드에 따라 처리한 후, '전면카메라 해상도(front_camera)'의 결측값(missing cells)을 대체하는 값을 작성하시오.

○ 종속변수를 제외한 모든 변수의 결측값(missing cells)을 처리하시오.
  - 수치형 데이터로 구성된 변수는 중위수(median)로 대체하시오.
  - 범주형 데이터로 구성된 변수는 최빈값(most_frequent)으로 대체하시오.
○ 수행 후 기존 변수는 삭제하고 [가공 데이터 저장]을 클릭하여 가공된 데이터를 저장하시오.

[문제6] 다음 가이드에 따라 딥러닝 모델을 학습하고, 해당 모델의 평균제곱오차(MSE)를 작성하시오.

○ 작업 데이터 선택:
  - 문항 5에서 처리한 데이터를 사용하시오.
○ Input 칼럼:
  - '고객ID(customer)'는 제외 칼럼으로 지정하시오.
  - 범주형 변수는 데이터 인코더를 sparse로 설정하시오.
○ Output 칼럼:
  - 종속변수를 Output 칼럼으로 지정하시오.
○ 칼럼 Parameter 설정:
  - 데이터 유형은 모델 유형에 맞게 설정하시오.
  - FC 레이어 수: 2, FC 레이어 크기: 256, 드롭아웃: 0, 활성함수: 렐루
○ 학습 Parameter 설정:
  - Epochs: 20, Batch Size: 128, Early Stop: 5, Optimizer: adam, Learning Rate: 0.001
○ 답안 작성:
  - 모델 학습 후 오른쪽 상단의 [모델 저장] 기능을 통해 모델을 저장하시오.
  - 정답 작성은 반올림하여 소수점 넷째 자리까지 작성하시오.

[문제7] 문제 6에서 학습한 딥러닝 모델 분석 결과, '중고 모바일 기기 가격(used_price)'을 결정하는 데 가장 중요한 요소를 고르시오.

① 내장 메모리(internal_memory)
② 사용일수(days_used)
③ 출시연도(release_year)
④ 구매 가격(release_price)

정답 및 해설

[문제1]
(정답) ② 중고 모바일 기기 가격(used_price)
(해설) 본 과제는 중고 모바일 기기 데이터를 분석하여 가격을 예측하기 위한 모델링을 수행할 것이므로, 타겟변수(예측하고자 하는 값)는 ② 중고 모바일 기기 가격(used_price)이다.

[문제2]
(정답) 10826
(해설)

데이터의 전체 개수(observation)는 [데이터 분석] - [기초 정보 분석] 메뉴에서 확인 가능하며, 정답은 10826입니다.

[문제3]

(정답) 8.5

(해설)

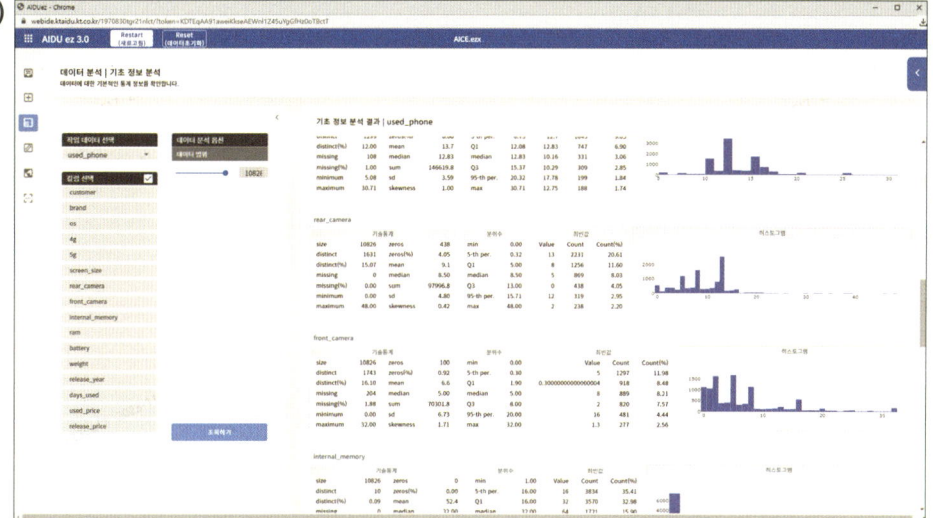

해당 변수의 중위수는 [데이터 분석] - [기초 정보 분석] 메뉴에서 확인 가능하다. 후면카메라 해상도(rear_camera)의 중앙값(median)은 8.5이다.

[문제4]

(정답) 715k-719k

(해설)

[데이터 분석] - [시각화 분석] 메뉴로 들어가 '분포차트'를 선택한다. X칼럼에 구매 가격(release_price), Hue 칼럼에 4G(4g)를 선택하여 분포를 확인해본다. 4g=yes인 파란 차트에서 구매 가격(release_price)이 715k-719k인 구간의 빈도수가 268로 가장 높음을 알 수 있다.

[문제5]

(정답) 5

(해설)

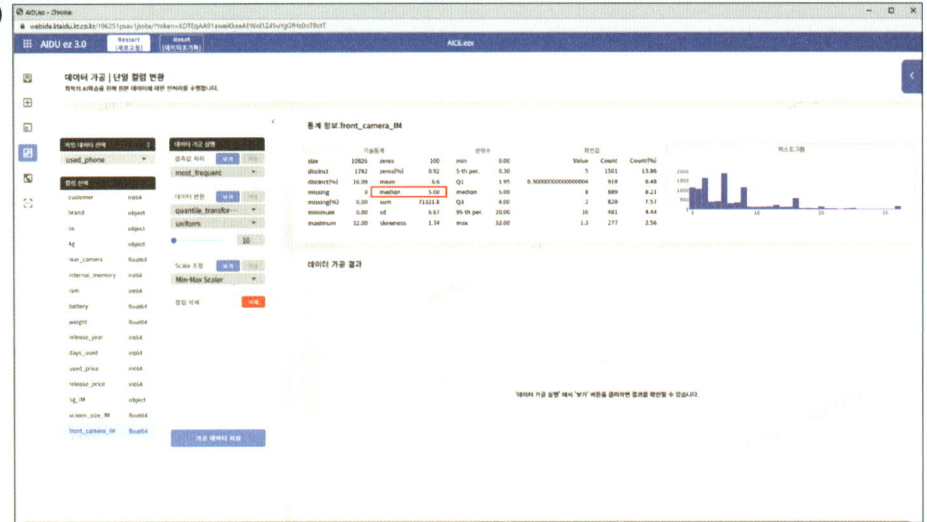

데이터에 결측값이 있는 경우 [데이터 가공] 메뉴에서 대체 값을 넣을 수 있다. 결측값이 있는 칼럼을 선택하고, 결측값 처리 영역에서 어떤 값을 넣을 것인지 선택한 후, [보기] > [적용]을 입력하면 결측값이 대체된 새로운 칼럼이 생성되면서 통계값이 변화한다.

결측값이 존재하는 5G(5g), 스크린 크기(screen_size), 전면카메라 해상도(front_camera) 칼럼을 선택하여, 결측값을 대체하도록 선택한 후, [보기] > [적용]을 입력하면, 결측값이 대체된 새로운 칼럼(5g_IM, screen_size_IM, front_camera_IM)이 생성된다. 이때 변화된 전면카메라 해상도(front_camera_IM) 중위값(median)은 5이다.

[문제6]

(정답) 0.4221

(해설)

[AI 모델 학습] - [딥러닝 학습] 메뉴로 들어가서 작업 데이터는 문제5에서 결측값을 처리한 데이터를 선택한다. Input 칼럼 항목에서 '고객 ID(customer)'는 제외 칼럼으로, '중고 모바일 기기 가격(used_price)'은 output 칼럼으로 이동한 후 문제에 제시된 설정값을 입력한다. 그리고 학습시작 버튼을 누르면 평균제곱오차(MSE)는 0.4221이다.

[문제7]

(정답) ③ 출시연도(release_year)

(해설)

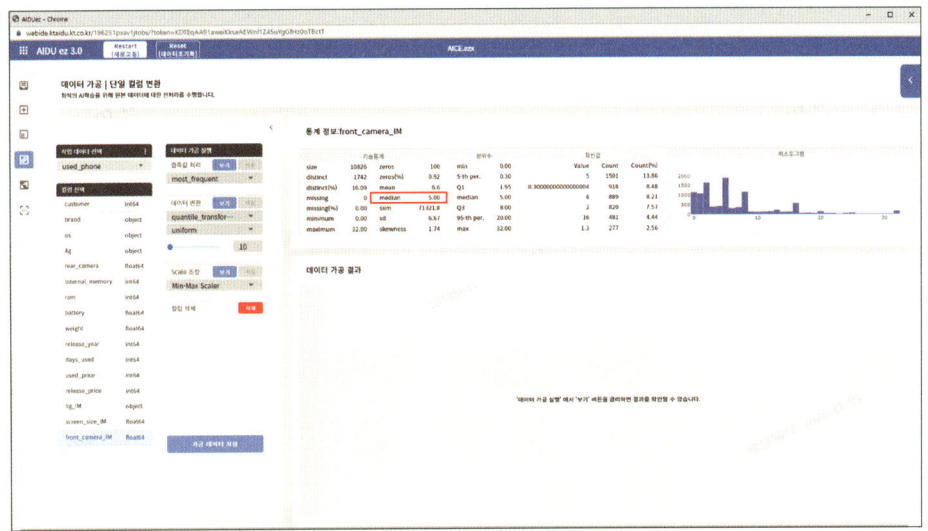

[AI 모델 활용] - [변수 영향도 확인] 메뉴에 들어가서 저장한 작업 데이터와 학습 모델 목록을 누르면 타겟 변수인 '중고 모바일 기기 가격(used_price)'에 영향을 미치는 상위 5개 변수를 볼 수 있다. 가장 중요한 요소는 영향도가 가장 높은 '출시연도(release_year)'이다.

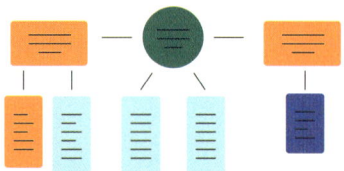

한눈에 살펴보는
AI 용어

1. variable
속성, 변수, 칼럼, 특성, 타겟 등으로도 불린다.
데이터 테이블에서 각 열이 어떤 값들로 이루어져 있는지 살펴볼 수 있다.

2. observation
관측치, 행, 레코드 등의 용어로도 불린다.
데이터 테이블에서 각 행을 의미한다.

일시	평균기온(℃)	평균 풍속(m/s)	평균 상대습도(%)	합계 일조시간(hr)	평균 지면온도(℃)	입장객수	요일
2018-01-01	-1.3	1.4	39.1	8.3	-1.7	2316	월
2018-01-02	-1.8	1.8	42	7.9	-2.3	988	화
2018-01-03	-4.7	2.2	42.3	8.6	-3.4	694	수
2018-01-04	-4.7	1.4	43	6.2		671	목
2018-01-05	-3	1.7		8.2	-2.6	758	금
2018-01-06	-2.8	1.5	45.8	8.8	-3.1	1935	토

3. missing values
결측치, 결측값
데이터 테이블에서 비어 있는 셀
결측값을 처리하는 방식은 삭제, 최빈값(most_frequent), 중앙값(median), 평균값(mean), 상수(constant) 중 하나를 선택하여 처리(AIDU ez 플랫폼에서는 삭제 기능이 없음)

4. distinct
고윳값
예) 요일 속성의 고윳값은 '월', '화', '수', '목', '금', '토', '일'
   성별 속성의 고윳값은 '남', '여'

5. max(maximum) / min(minimum)
최댓값 / 최솟값
가장 큰 값, 가장 작은 값

6. mean
평균값

7. median
중위수, 중앙값
작은 값부터 큰 값으로 정렬한 후 가장 중앙의 값

8. 히트맵
x: x축 속성의 값
y: y축 속성의 값
z: x축 속성과 y축 속성의 상관관계 정도
　-1.0~1.0 사이의 실수로 표현하며, -값은 반비례 관계, +값은 비례 관계,
　절댓값이 1에 가까울수록 깊은 상관관계

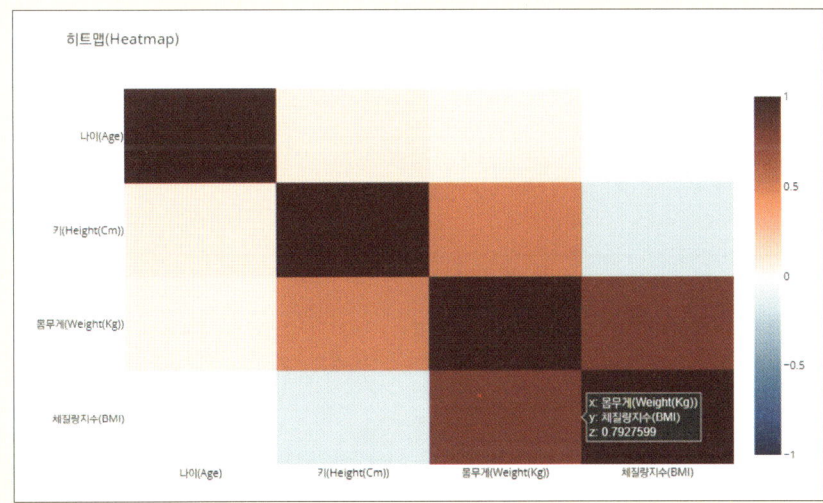

예) x축 속성: 몸무게, y축 속성: 체질량지수, z: 0.79이라면, 몸무게과 체질량지수는 비례 관계로, 몸무게가 상승할수록 체질량지수가 증가하는 경향을 보이고 두 속성 간의 상관관계가 높음

9. 박스차트

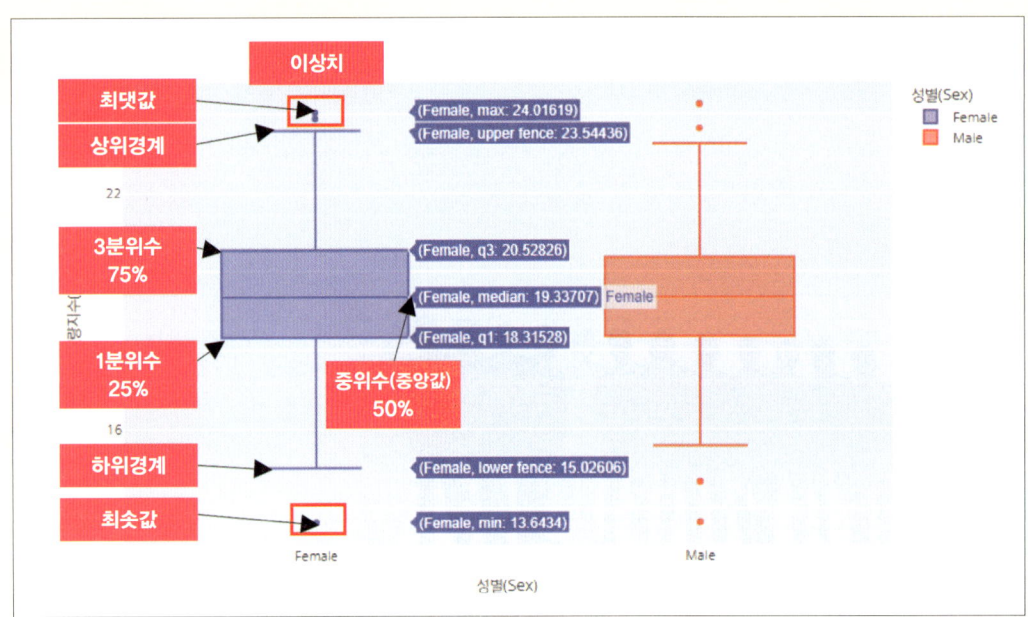

10. 분포차트

수치 데이터의 분포를 알고 싶을 때 사용
가장 큰 값의 구간을 확인할 수 있음

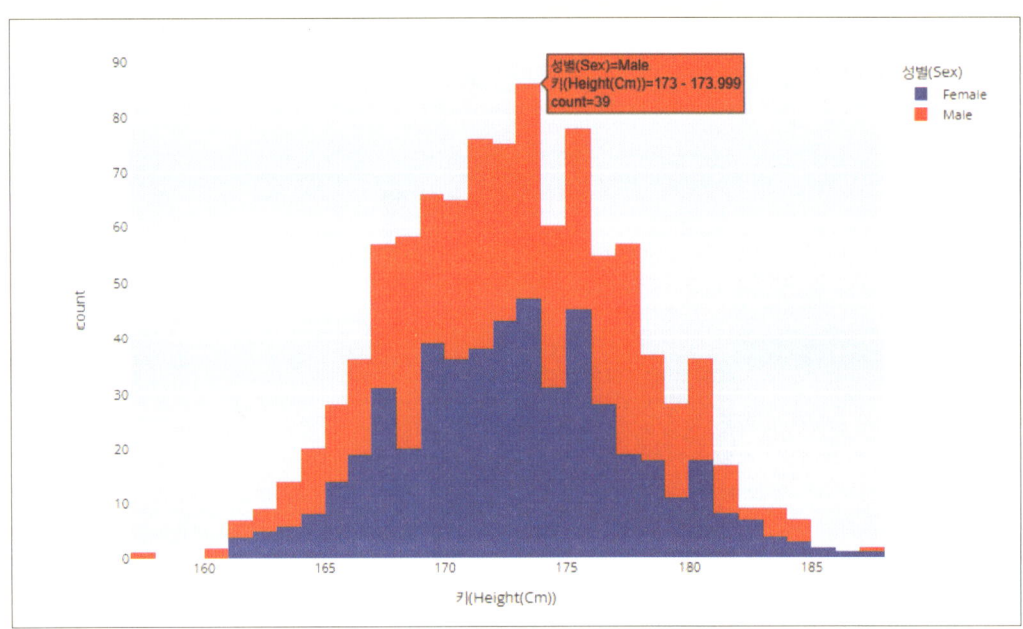

예) 키 분포차트에서 가장 많은 남성(Male)이 해당하는 키의 구간은 173~173.999이며 39명이 해당

11. 데이터 변환

범주형 데이터를 수치형으로 변환

오디널 인코더(ordinal encoder): 범주형 데이터를 순서가 있는 숫자 형태로 변환

예) 옷의 사이즈 XS, S, M, L, XL를 0, 1, 2, 3, 4로 변환

12. 스케일 조정

데이터의 분포 범위가 서로 다른 속성들의 데이터 범위를 일정하게 맞춰주는 것

예) 학교 영어 성적 95점/100점, 토익 영어 100점/990점일 때 어떤 점수가 더 우수한 점수인가?

	몸무게	키	MinMax Scaler	Standard Scaler
최솟값	50	140	0	평균 0, 분산 1
최댓값	160	199	1	

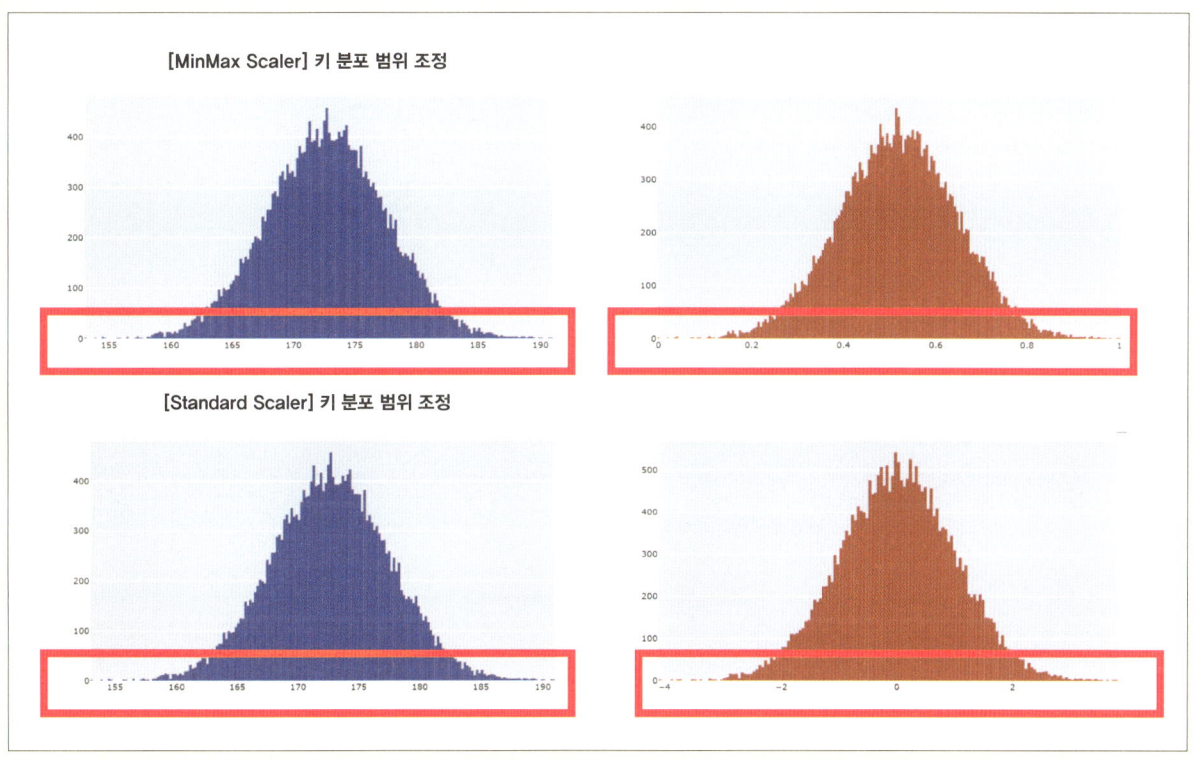

13. 모델 유형

예측하고자 하는 종속변수의 유형이 수치형이면 regressor, 범주형이면 classifier

14. 활성함수

딥러닝 레이어를 구성하는 노드로 입력되는 값을 다음 노드로 보낼지 말지 결정하는 함수

예) 운동 선수 A, B, C가 팀을 이루어 서로 다른 경기에 출전하려고 할 때, 각 경기에서 선수의 중요도를 따져 출전할 만한 능력을 갖추었는지 계산하여 팀 출전 여부를 판단하는 역할

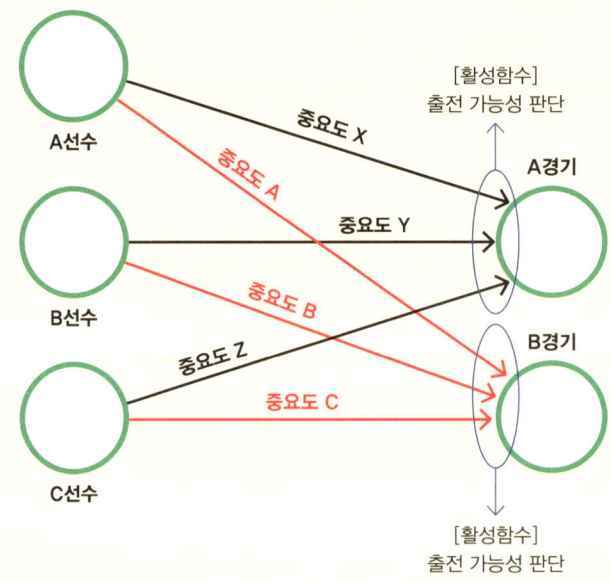

15. FC 레이어 수/레이어 크기

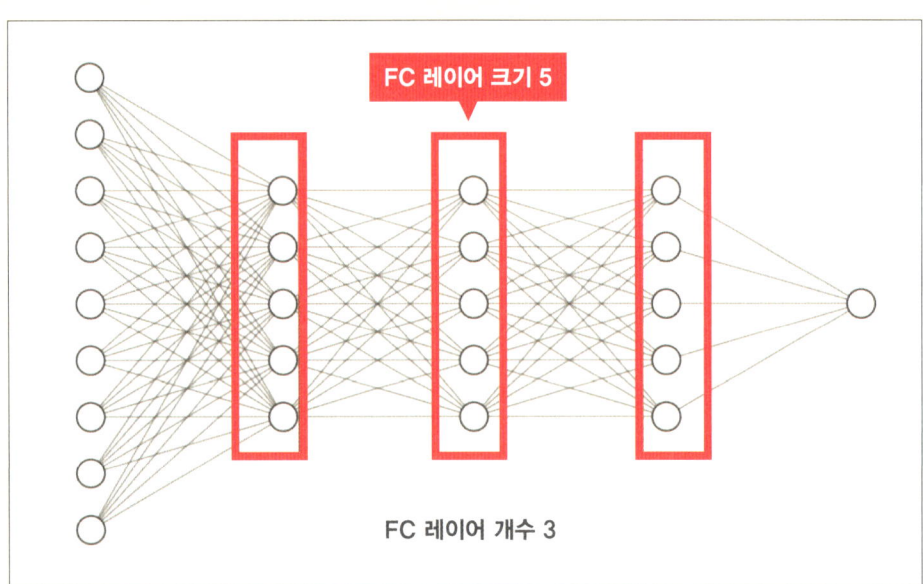

16. 드롭아웃
학습 데이터만 유난히 잘 예측하는 과적합을 줄이기 위해서 임의로 노드를 제거하는 확률(전체 노드 중 얼마나 제거할 것인가?)

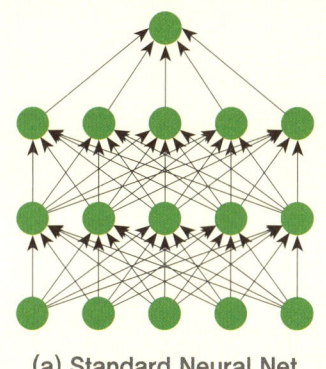
(a) Standard Neural Net

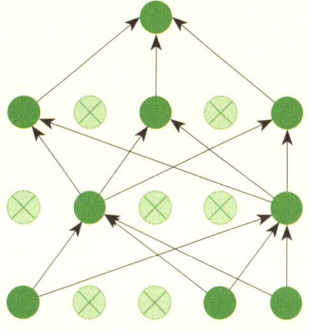
(b) After applying dropout

17. 에포크(Epochs)
전체 데이터를 반복 학습할 횟수
예) 수학 문제집 1권을 몇 번이나 풀게 할 것인가

18. 배치 사이즈(Batch Size)
정답을 확인하기 전 한 번에 학습시킬 관측치 양
예) 수학 문제집에서 몇 개의 문제를 풀고 정답을 확인할 것인가

19. 조기종료(Early Stop)
Epochs 횟수만큼 학습을 시키기 전에 더 이상 성능이 좋아지지 않으면 반복 학습을 멈추도록 하는 기준
성능 n회까지 향상하지 않으면 조기종료
Early Stop = 5인 경우, 학습한 결과. 5번 연속으로 같은 성능이 반복되어 더 이상 성능 향상이 없으면 학습 중지

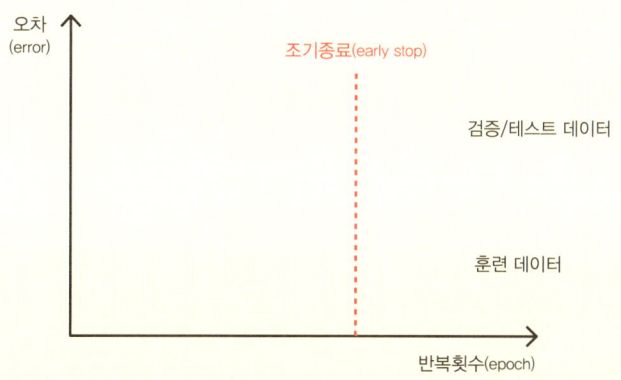

20. optimizer
인공신경망 최적화 함수

21. learning Rate
인공신경망 학습률
최적화 함수가 최적의 가중치를 찾기 위해 학습해나가는 정도

22. 교차 검증 fold 수
학습 중간 검증 평가 횟수
학습할 데이터를 k개로 분할하여 학습이 잘 되는지 평가하는 횟수

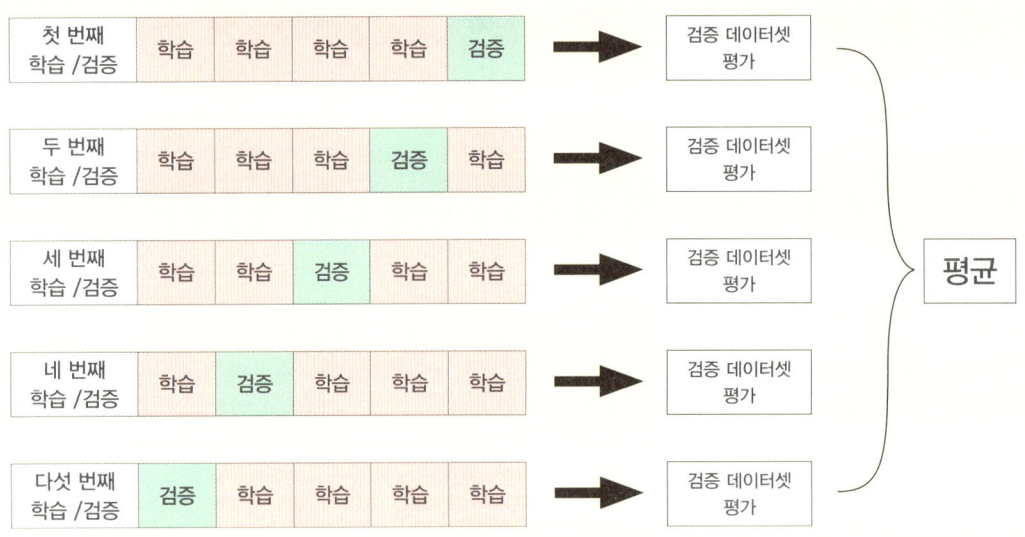

K = 5일 때, 교차검증

23. accuracy
classifier 모델로 학습한 후 모델의 예측 정확도
1에 가까울수록 예측을 잘하는 모델

24. MSE
평균제곱오차(mean square error)
예측한 값이 실젯값과 얼마나 차이가 있는지를 나타내는 척도 중 하나
수치가 적을수록 오차가 적은 모델
MSE = (측정값 − 실젯값)^2 / 데이터 개수

25. MAE

평균절대오차(mean absolute error)

예측한 값이 실젯값과 얼마나 차이가 있는지를 나타내는 척도 중 하나

수치가 적을수록 오차가 적은 모델

MAE = ｜측정값 − 실젯값｜ / 데이터 개수

MEMO

MEMO

MEMO

MEMO

본 책에 대한 문의사항은 AICE 홈페이지(https://aice.study)의 FAQ를 참고하거나 help@aice.study로 보내주세요.

AICE JUNIOR 이론편

초판 1쇄 인쇄	2024년 1월 10일
초판 1쇄 발행	2024년 1월 20일

지은이	최정원·박지훈·서성원·김형기·권현기·오채은
감수자	KT NexR Data Science팀
발행인	이재진
Udemy사업단장	박민규
편집	이덕
디자인	Desig 김진영
마케팅	최혜진 이인국
제작	정석훈

브랜드	웅진윙스
주소	경기도 파주시 회동길 20
문의전화	02-2075-1157(편집) 031-956-7089(마케팅)
홈페이지	www.wjbooks.co.kr
페이스북	www.facebook.com/wjbook
포스트	post.naver.com/wj_booking

발행처	㈜웅진씽크빅
출판신고	1980년 3월 29일 제406-2077-000046호
ISBN	978-89-01-27757-8 13000

*웅진윙스는 ㈜웅진씽크빅 단행본사업본부의 브랜드입니다.
*저작권법에 의해 보호를 받는 저작물이므로 무단 전재와 무단 복제를 금지하며,
 이 책 내용의 전부 또는 일부를 이용하려면 반드시 저작권자와 ㈜웅진씽크빅의 서면 동의를 받아야 합니다.
*이 책에 사용된 일부 이미지는 저작권자와 연락이 닿지 않았습니다. 저작권자를 찾는 대로 저작권 사용료를 협의하여 지불하겠습니다.
*책값은 뒤표지에 있습니다.
*잘못된 책은 구입하신 곳에서 바꾸어드립니다.